国务院侨务办公室立项
彭磷基外招生人才培养改革基金资助

笃行汉语·专业汉语系列

蔡丽 著

华文趣味教学理论与实践

暨南大学出版社
JINAN UNIVERSITY PRESS

中国·广州

图书在版编目（CIP）数据

华文趣味教学理论与实践／蔡丽著. —广州：暨南大学出版社，2015.8
（笃行汉语·专业汉语系列）
ISBN 978 - 7 - 5668 - 1312 - 1

Ⅰ.①华…　Ⅱ.①蔡…　Ⅲ.①汉语—对外汉语教学—教学研究　Ⅳ.①H195.3

中国版本图书馆 CIP 数据核字（2015）第 006444 号

出版发行：暨南大学出版社

地　　址：中国广州暨南大学
电　　话：总编室（8620）85221601
　　　　　　营销部（8620）85225284　85228291　85228292（邮购）
传　　真：（8620）85221583（办公室）　85223774（营销部）
邮　　编：510630
网　　址：http：//www.jnupress.com　http：//press.jnu.edu.cn

排　　版：广州良弓广告有限公司
印　　刷：湛江日报社印刷厂

开　　本：787mm×1092mm　1/16
印　　张：18.125
字　　数：355 千
版　　次：2015 年 8 月第 1 版
印　　次：2015 年 8 月第 1 次

定　　价：39.80 元

（暨大版图书如有印装质量问题，请与出版社总编室联系调换）

总　序

　　"笃行"一词见于《礼记·中庸》："博学之，审问之，慎思之，明辨之，笃行之。"作为治学或者学习活动的最后一个阶段，"笃行"意味着只有知识付诸实践才是一次学习活动的真正完成，也只有能够付诸实践的知识才是真正的知识。本书系命名为"笃行汉语"，兼有上述两种意思。

　　就作为第二语言的汉语教学而言，它的直接目的是学生汉语综合能力的养成和提高。服务于这个目标，我们一方面重视教材、教法的实践性，另一方面也充分认识到，在学习活动中，知识内化为能力和自觉的意识是一个复杂的、多重因素共同作用的过程。而且，越是到高级阶段，所需仰赖的纯语言学意义的知识的比例便越小。因此，本书系拟分为两大类四个系列。其中，语言技能系列、专业汉语系列旨在培养学生的基本汉语技能以及在某一领域（譬如商务活动、酒店旅游、汉语教学等）内运用汉语的能力；文学文化系列、课外读物系列主要针对中高级汉语程度的学生，强化其在跨文化交际活动中以文化行事的能力。就后一大类而言，它和坊间同类书籍的最大区别在于，它尤为重视培养学生的文化能力或以文化行事的能力，而不是单纯的知识学习、文化体验。

　　"忠信笃敬"是暨南大学所恪守的校训，"笃行"之意包含于其中；"忠信笃敬、知行合一、自强不息、和而不同"的暨南精神，更说明了暨南人对科学的实践精神的自觉承担。华文学院是暨南大学面向海外及港、澳、台地区开展华文教育、对外汉语教学和预科教育的国际化专门学院。学院师资力量雄厚，人才培养体系完善，学习条件优越，生活环境舒适。半个世纪以来，华文学院共培养了十万余名学子，遍及全球五大洲，桃李满天下。目前，华文学院已经成为位于中国南方的，集科学研究、教材研发、人才培养、师资培训于一体，在国内外享有盛誉的华文教育及对外汉语教学重镇，每年都有来自全球几十个国家和地区的数千名学生入读华文学院。2012 年，暨南大学华文教育研究院的成立，标志着华文学

DUXING HANYU
ZHUANYE HANYU XILIE
笃行汉语·专业汉语系列　　1

院的发展跨上了新的台阶。目前，华文教育研究院正在研发的华文水平测试、华文教师资格认证，以及各国别华文本土化教材的编写，都将为世界华文教育事业、汉语国际推广事业做出重要贡献。

笃行汉语书系以华文学院强大的师资力量、完善的课程体系和丰厚的教学实践经验为依托，所收入教材都是编写者在自身所承担课程的多轮讲授过程中积累、酝酿而出的。可以说，它出自经验丰富、学养深厚的一线教师之手，是华文学院汉语教学类课程建设的有机组成，具有极强的实战性、针对性，因此也必将对汉语学习者语言能力的提高有所助益。

暨南大学出版社是国务院侨务办公室主管、暨南大学主办的综合性大学出版社，多年来坚持"为教学科研服务，为侨务工作服务"的出版宗旨，尤其注重华文教育和传统文化类图书的开发，其中由暨南大学华文学院主编的《中文》和由北京华文学院主编的《汉语》教材全球发行量已超一千万册，是海外发行量最大的华文教材，受到海内外华文学习者的广泛赞誉。笃行汉语书系是华文学院与暨南大学出版社的又一次合作。我们相信，在双方的共同努力下，笃行汉语书系一定能够坚定地、持续地走下去，走出属于自己的一片天地！

笃行汉语书系编委会
2013 年 5 月于暨南园

目　录

总　序　/1

第一章　绪　论　/1
　　第一节　"华文趣味教学法"的内涵与设计理念　/1
　　第二节　"华文趣味教学法"设计与使用的原则　/3
　　第三节　"华文趣味教学法"设计与使用的要求　/7

第二章　读绕口令学华文　/11
　　第一节　绕口令的特点及其在华文学习中的作用　/11
　　第二节　绕口令选用的目标与方法　/12
　　第三节　绕口令精选与教学指导　/16
　　第四节　趣味绕口令活动设计示例　/34

第三章　读儿歌学华文　/40
　　第一节　儿歌的特点及其在华文学习中的作用　/40
　　第二节　儿歌选用的目标与方法　/42
　　第三节　儿歌精选与教学指导　/48
　　第四节　趣味儿歌活动设计示例　/61

第四章　猜谜语学华文　/66
　　第一节　谜语的特点及其在华文学习中的作用　/66
　　第二节　谜语选用的目标与方法　/67
　　第三节　谜语精选与教学指导　/72
　　第四节　趣味谜语活动设计示例　/94

第五章　讲故事学华文 /98

　　第一节　故事的特点及其在华文学习中的作用　/98

　　第二节　故事选用的目标与方法　/99

　　第三节　趣味故事活动设计示例　/111

第六章　读诗歌学华文 /120

　　第一节　诗歌的特点及其在华文学习中的作用　/120

　　第二节　诗歌选用的目标与方法　/121

　　第三节　诗歌精选与教学指导　/131

　　第四节　趣味诗歌活动设计示例　/162

第七章　做游戏学华文 /167

　　第一节　游戏的特点及其在华文学习中的作用和目标　/167

　　第二节　游戏设计和使用的原则与方法　/170

　　第三节　趣味游戏活动设计示例　/175

第八章　看图、画画学华文 /204

　　第一节　图画的特点及其在华文学习中的作用　/204

　　第二节　图画使用的目标与方法　/206

　　第三节　趣味图画活动设计示例　/221

第九章　唱歌学华文 /236

　　第一节　唱歌的特点及其在华文学习中的作用　/236

　　第二节　使用唱歌教学的目标与方法　/237

　　第三节　歌曲精选与教学指导　/243

　　第四节　趣味唱歌活动设计示例　/275

参考文献　/280

后　记　/283

第一章　绪　论

第一节　"华文趣味教学法"的内涵与设计理念

一、"华文趣味教学法"的内涵

不论何种语言，都需要经过反复、大量的练习才能掌握。在学习语言的过程中，大量的机械性操练与记忆很容易让学习者产生厌倦感，久而久之便失去对语言学习的耐心与信心。对于没有明确学习目标、缺乏自制力和内在学习动力的青少年而言，枯燥、单调、重复的语言训练更容易使他们产生学习上的畏难情绪和抵触心理。"兴趣是最好的老师"，毋庸讳言，兴趣对学习有巨大的促进作用。如果一个人对所学内容感兴趣，就会乐在其中、孜孜不倦，越学越爱学。兴趣往往并非天生的，特别是对语言学习的兴趣，需要教师的有效引导、精心培养和保护才能形成和发展。因此，要使青少年的华文能力获得发展，重要的是激发其学习华文的兴趣。如果学生对学习华文有了浓厚的兴趣，他们就会主动去看、去听，去动脑想、动嘴说、动手写，积极探索与尝试，这样就能促使其语言潜能得到很好的发展。

单纯地学习语言，任务性特征比较明显。相反，如果在一些学生比较感兴趣的活动中引导学生积极地用华文进行交际，为学生创造一种良好的语言学习与交际环境，使学生在玩中学、在学中玩，这样，语言学习的任务性特征就会明显减少，而其交际性、实用性则充分表现出来。学生可以在自己感兴趣的活动中不知不觉地学习华文，这种学习活动不但充满了趣味性，而且使语言学习变为一种无意学习，一种快乐学习。为此，我们希望通过设计一些趣味教学专题活动来提高学生学习华文的兴趣。每类专题活动都负载一定的教学设计理念，有其相应的教学目标、教学方式方法和教学手段，我们将这种寓华文学习于趣味之中的专题教学活动称为"华文趣味教学法"。

关于教学法，李泉（2012）论述了其四种含义：第一，指整个第二语言教学学科的理论和实践，即学科的代名词，如外语教学法、英语教学法。第二，指某种教学法流派，第二语言教学史上出现的语法翻译法、直接法、听说法、视听法、功能法、认知法、全身反应法、任务型教学法等都属于第二语言教学法流派，是基于某种教与学的理论形成的。第三，指教学过程中就具体教学内容所选择和使用的方式和方法。第四，指一般所说的课堂教学技巧。华文趣味教学法指的是针对特定教学目的设计的具有一定抽象性和概括性的教学方式方法，其性质属于上述教学法含义中的第三种，它包括教师和学生在教学过程中，为达到一定的教学目标，根据特定的教学内容，共同进行的一系列以兴趣为导向的专题活动的方式、方法、步骤、手段和技术要领的总和，是基于对众多成功语言教学经验抽象和概括的基础上形成的。华文趣味教学法强调语言学习过程中的愉悦感、轻松感，重视课堂教学中融洽互动、饶有趣味的学习气氛的营造，注重以教学内容为核心的针对性、创造性教学活动的设计。

二、"华文趣味教学法"的设计理念

许多学者认为，趣味性是对外汉语教学及教材编写的原则之一（吕必松，1996；赵贤州、陆有仪，1996；赵金铭，1998；刘珣，2000；李泉，2002 等）。不少学者还针对如何提高汉语教材及课堂教学的趣味性进行了研究（刘德联，1996；黄立，1997；刘颂浩，2000；李泉，2002；孟国，2005 等）。诚然，课堂教学的趣味性并不完全取决于教材，教师的教学理念及教学方法也对课堂效果起着至关重要的作用。华文教师应注重通过华文课堂教学的趣味性来提高学生学习华文的兴趣。如果学生对学习华文有了浓厚的兴趣，他们就会主动、积极地探索并运用华文，这样就能使其语言能力得到良好的发展。

根据青少年的心理特征以及中国国内青少年教育专家和教师们的经验，我们设计了对华文学习有明显促进作用的八种趣味教学活动，包括读绕口令学华文、读儿歌学华文、猜谜语学华文、讲故事学华文、读诗歌学华文、做游戏学华文、看图画画学华文、唱歌学华文。这八种教学活动分为两大类型，其中，绕口令、儿歌、故事、谜语、诗歌本身即是语言学习的内容，主要通过内容的趣味性来吸引学生；做游戏、看图画画、唱歌是增加语言教学趣味性的形式，主要通过形式的趣味性来吸引学生。在每一种专题教学活动中，我们都详细论述了这种活动的特点及其在华文教学中的积极作用。还进一步列举了在华文教学中使用这种教学活动的目标与方法，开展教学活动的具体过程以及在实施过程中应注意的关键性问题，并为此精选了有针对性的教学内容，拟定了可操作性强的教学说明。此外，我们还配合每个专题活动的特点，编写了许多代表性案例，通过示例展示了趣味教学活动设计的方法与思路。

"趣味教学法"的使用意在帮助提高学生学习华文的兴趣，本书中所选的内容旨在供教师参考使用，并非固定的教学内容。在使用时，教师应根据学生的学习情况有针对性地选择对学生学习华文有帮助的教学方法。例如，在纠正学生的发音问题、训练学生的语音能力时，可选用"读绕口令"的方法；在进行课堂语言训练时，可选用书中设计的一些游戏来增强训练的趣味性和实用性。如果教师使用的教材中有相关的内容，如故事、古诗、儿歌、谜语、歌曲等，教师也可借鉴本书提供的教学方法与思路进行教学。

学习一定要快乐，特别是对高中以前的孩子来说，学习过程中快乐是第一位的。当学生在学习华文的过程中遇到困难、产生畏难情绪时，一味地要求他们自制自控、坚持不懈并不合适。教育者、家长和学校，要尽力寻找有趣、有效的方法，让他们继续坚持并最终体会到学习华文的快乐、获得交际能力的快乐以及得到他人认可的快乐。希望本书设计的这些趣味教学方法能为海外华文教师的教学提供一定参考，能对进一步提高华文教师的教学效果有一定的帮助作用，让学习华文的孩子们学得快乐。

第二节　"华文趣味教学法"设计与使用的原则

一、针对性

华文趣味教学法的设计宗旨是为华文教学服务，是为了提高华文课堂教学的效率，因此，首先必须具有针对性。针对性的内涵可从以下三方面理解：

首先，每种趣味活动都要针对所教授的内容及教学目标来"量身定制"，不能为了趣味而趣味，脱离了语言教学内容载体的、孤立的趣味教学活动只是无意义的活动。

【示例】

一位老师教《瓦特发明了蒸汽机》这篇课文，为了提高学生的学习兴趣，在课堂上学完课文后安排唱歌环节，所练唱歌曲为"小星星"，歌词如下："一闪一闪亮晶晶，满天都是小星星。挂在天空放光明，好像许多小眼睛。一闪一闪亮晶晶，满天都是小星星。"

唱歌虽然是青少年喜爱的形式，但由于教师安排学生练唱歌曲的歌词内容与当堂课所学内容没有任何关联，无法通过唱歌这种形式达到与前面教学内容的呼应，这样的趣味活动安排就明显缺乏针对性。

其次，趣味活动的设计和使用要针对教学对象的年龄、心理特征设计，还要把握不同国别及文化传统的学习者的学习特点。像儿歌就适合针对幼儿及小学低年级儿童的华文教学使用，而诗歌则适合小学中高年级以及中学生使用。

再次，要针对不同课型的特点以及不同教学环节的要求来设计、选用趣味教学活动。像读绕口令这种活动，其作用主要是训练发音的准确性、发音器官的灵活性等，在语音训练阶段使用就非常合适，但如果在以读、写训练为主要目标的中高级精读课上，除在语音训练环节之外，绕口令的作用就无法与该课型的目标、特点紧密扣合。

最后，针对教学时间来设计和选用趣味教学活动。首先，不同地区、不同学制、不同教学性质的学校往往在华文课的课时设置方面有所不同，像一些全日制华文学校，周课时量较多，有的多达10余课时，相对而言，课堂教学时间比较充裕，就可以在课堂上多使用一些趣味教学活动。而一些华文课总学时较少的学校，有的周课时仅2课时，就不宜使用费时较多的趣味教学活动，而应选择和设计紧扣教学内容与教学目标、用时少而效率高的活动。例如，在教学笔顺时，单位教学时间少的课堂适合用"快速说笔顺"的方式来巩固学生对笔顺的掌握，"快速说笔顺"只要求学生快速说出教师给出的每个字中最容易错的笔顺，不要求一笔一笔书写出来，学生是用书空或默书的方式来数相应笔画的，用时较少；而单位教学时间多的课堂则可以使用"笔顺接龙"的活动，"笔顺接龙"要求两组学生上台，每组3人，每次每人写一个笔画，3人循环合作，完成整个字的书写，由于需要将每个字的每一笔都书写在黑板上，因此所需时间相对较多。其次，要根据每节课教学内容及教学时间的分配来安排趣味教学活动，要考虑每个活动的用时在该课时中所占的比例是否恰当。虽然趣味教学活动可以起到营造良好课堂气氛、调动学生学习积极性的作用，但它始终是为教学内容与教学目标服务的一种手段与形式，要注意活动设计与使用的教学效率，不宜喧宾夺主。

二、实用性

趣味教学活动应充分考虑课堂教学的特点，便于在教学中使用。具体来说，实用性体现在以下两个方面：

第一，要具有可操作性。所设计的趣味教学活动形式要有利于在课堂上组织开展，操作流程简单易行，便于教师的教和学生的学。就教学的形式而言，唱歌、跳舞、武术等都有利于营造学习华文的情境，我们设计了唱歌学华文，而未设计跳舞学华文、练武术学华文，因为唱歌易于在课堂条件下实现，而跳舞、武术则需要专门的练习场地，受空间条件限制，因此，可操作性较低。

第二，要具有可实现性。趣味活动涉及的相关内容或手段应易于被理解、接受、掌握，需要借助的场景、道具或教具应便于设计、制作或采集，不存在技术上的难度或障碍。像看动画学华文，是很吸引孩子的一种形式，但动画片的制作需要专门技术支持，非华文教师力所能及，而已有的动画片是基于娱乐宗旨设计制作的，不能完全扣合课堂教学的内容，因此，可实现性有限。此外，做树叶贴画、彩纸贴画、剪纸、折纸等做手工的方式也适合在课堂教学环境中用来促进华文学习，但此类活动不仅需要教师具备相应的才艺，而且需要配备较多的实物或图片辅助讲解，对教师的素养及备课要求较高，可实现性较其他主题活动也低一些，具备相应能力的教师也可以尝试使用这些教学活动形式。

三、灵活性

华文趣味教学法的设计和使用应具有一定的灵活性。灵活性首先体现在不受场地、学生人数、教学条件等方面的影响。

其次，还体现在具有可延展空间，不仅仅能用于某个语言点的教学，其方式方法也可延展至其他语言项目的教学中去。例如，像"打牌"这种活动，不仅可以用在语音阶段，也可以用于字词的操练，形式可以灵活多变。可以让学生打拼音牌，一个学生出声母牌，另一个学生出能与之搭配的韵母牌；也可以一个学生出拼音牌，另一个学生出与拼音对应的汉字牌；还可以一个学生出一个汉字牌，另一个学生出的汉字牌应能与这个字组成一个词等。

再次，活动形式应丰富多样，富于变化。能灵活运用多种手段、方式，借助多种媒介形式，让课堂教学方式稳中有变。

【示例】

一位老师教《在农场》这首儿歌，首先，老师采用挂图和贴图的形式引导学生说说他们认识的动物，老师结合儿歌内容设计了"牛、鸭、猪"三种动物的图片。接着，老师播放了一段儿歌视频，让学生看完后回答几个简单的问题。接着，带学生一段一段地学习儿歌，每学一段，分别采用了带学生一边有节奏地拍掌一边诵读、跟音乐唱读、边演边读的形式，让每个学生都能得到充分的演练机会。最后，请全体学生围成一圈，给每个学生发一个动物头饰，老师播放儿歌录音，要求学生跟着录音读儿歌，唱到自己所扮演的动物时就走到中间表演，其他同学一边读一边有节奏地拍掌。

这位教师在这堂课上，围绕所教学的儿歌内容，灵活运用了图画、表演、唱歌、游戏等教学形式，在课堂操练过程中学生参与度高，气氛热烈，学习效果良好。

此外，灵活性还体现在教学过程设计与教学环节安排上。我们在每个专题均归纳了各种教学活动的一般教学过程，但教学过程中所论及的各个教学环节的先后顺序并非固定不变的，而应具有一定的灵活性，教师应根据所教学内容的特点来进行有针对性的调整。例如，在故事教学中，我们论述的一般教学过程是故事导入、初习生词、初听故事、细读故事、品研故事、综合演练，通常情况下，可以先学习生词，再听故事，但有的故事，可能涉及日常生活中较少使用、不易于理解消化的词语和表达形式，如《守株待兔》等，这时，我们可以先安排看图片听故事，然后结合图片内容帮助学生细读故事，在细读故事的过程中学习其中出现的生词。

四、互动性

华文趣味教学法应立足于课堂上的师生、生生、生师多向互动，应尽量同时保证学生的参与面及参与度。首先，参与面要广。应保证班级的每个学生都有机会参与到活动中来，得到相应的语言训练。其次，参与度要高。这指的是大多数学生都有尽可能多的相对独立、自主的表现机会，而不是淹没于集体之中。参与的面与度都要与活动所用的时间成正比，活动所耗费的时间越多，要求参与的学生越多，参与的概率越高。

【示例】

一位老师教授《桥梁：实用汉语中级教程（上）》（第二版）（北京语言大学出版社2000年版）第十一课《热爱绿色》课文1~9自然段部分，用时45分钟。老师先检查课文预习理解情况，讲解重点词语。再讲解课文内容，环节包括：①请学生看两分钟课文后回答问题，教师评价。②请学生表演课文中买菜的过程，一位扮演学者，一位扮演老农，要求注意说话的语气。请了两组学生分别上去表演，表演用时15分钟。

课堂表演这种形式虽好，但本次教学安排的对话表演部分占用的时间偏多。本次表演的部分只是课文中的一小段，教师请四位同学分两组表演，共占用15分钟时间。总体来看，练习的内容比重、学生的参与比率与教学时间未成正比。此外，学生扮演角色进行对话适合初级阶段课堂教学使用，中级阶段由于课文篇幅较长，如要安排角色扮演的活动，应留为课后作业，安排学生课外预先准备，而在课堂上，通过复述、概括大意的方式训练语段更合适。

五、辅助性

华文趣味教学法是一种辅助性的教学手段或方法，教材及教学大纲设定的教学内容始终是课堂教学的主线。趣味教学法主要起到促进课堂教学效率，提高课堂教学效果，增加学生学习积极性的作用。趣味教学法既可以从内容方面起辅助作用，也可以从形式方面起辅助作用。例如，看图画画主要是从形式方面起到辅助教学作用，图画本身不能成为华文教学的教学内容。而唱歌则可以是教学内容，教学的内容就是一首中文歌曲，也可以仅仅是一种教学形式，用唱歌的方式来练习课文中需要掌握的语言材料，如学诗歌时，可以安排诗歌诵唱的环节来练习巩固，使学生对诗歌记忆深刻牢固。

第三节 "华文趣味教学法"设计与使用的要求

下面分课前设计、课中使用、课后完善三个阶段来陈述华文趣味教学法在设计和使用过程中的要求。

一、课前设计阶段

华文趣味教学法的设计应在备课过程中完成。从一堂课的整体设计出发，有针对性地安排趣味教学活动出现的环节、使用的程序与方法、完成的时间等。在设计时，应该做到：

1. 分析教学对象特点，使用适合教学对象的趣味教学活动

使用趣味教学活动是为了增加课堂学习的趣味性，让学生乐于学习，因此，所使用的趣味活动必须能为学生所喜欢。学生的年龄特点、心理特点、语言水平、学习风格等都是决定趣味教学活动设计与选用的重要因素。教师只有在全面分析、把握教学对象特点的基础上，有针对性地设计、选用适合教学对象的趣味教学活动，才能达到

教学效果的最大化。

【示例】

一位老师教小学二年级的学生《猴子掰玉米》这篇课文，老师先示范朗读课文一遍，再带学生读一遍，然后串讲课文，请同学就课文内容提问。之后进行了两项课堂活动，第一项是猜字谜，字谜的谜面如下：握别、十一也、提手做工、两个主人、格外大方、一夜又一夜、大丈夫不得出头、太阳挂在树顶上。所猜字均为课文中出现的字，包括：掰、地、扛、往、回、多、天、果。

第二项活动是看表演猜词语，老师每次请一个学生上台，给这位学生看纸条上写的词语，学生看完后表演，由台下的同学猜他看到的是什么词，老师给的词语如下：跑、摘、扔、蹦、跳、抱、扛、捧、掰。

这位教师的教学过程安排基本合理，能有意识地运用趣味教学方法来巩固学生对新课文的学习。两项活动中，第二项相对而言比较有针对性，教师所挑选的均是课文中出现的表示动作的词语，通过直观动作演示，不仅可加深学生对这些词语的理解，而且直观教学方式符合低年级学生的认知水平，表演的形式也为学生所喜爱。第一项活动采用猜谜的形式，猜谜虽然是学生喜欢的形式，但这些字谜的设计未能扣合教学对象的语言水平，谜面的难度远远高于谜底生字，学生难以猜出，容易产生挫败感，此外，教师所选的字并非都是生字。

2. 根据教学内容的特点和需要，使用恰当的趣味教学活动

下面结合两位老师采用图画这种趣味教学方式的例子，来说明应该如何根据教学内容来设计、使用趣味教学法。

【示例1】

一位老师教小学一年级学生《我的家》这篇课文，"这是我的家。我家有五口人，爷爷、奶奶、爸爸、妈妈和我。我爱我的家。"老师结合课文内容的特点，从课文讲解到操练都灵活运用图片进行教学。在课文操练环节，老师让学生说说自己的家，先展示了自制的人物图，在课文已有人物基础上，结合教学对象家庭成员的结构特点，增加了"哥哥、姐姐、弟弟、妹妹"，然后在黑板上画了一个大大的房子，再请学生上台，一边把相应的人物图贴在房子里，一边介绍自己的家。如果有几个弟弟，就在人物图旁边标上相应的数字，如下图：

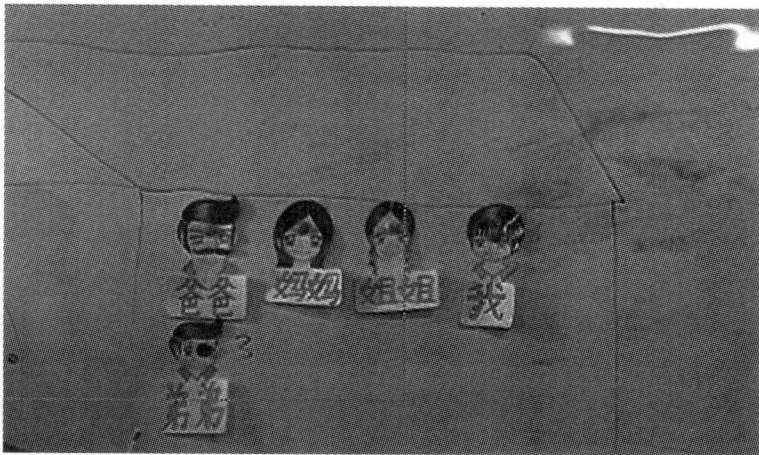

【示例2】

　　一位老师教小学四年级学生《掩耳盗铃》这则成语故事，老师先讲了一遍故事，再带学生读了一遍课文，学生再齐读一遍，接着，就展示了七张关于课文内容的图片，并发给七位同学，请他们按课文顺序将图片贴在黑板上。

　　两位教师都采用图画这种方式来辅助教学，第一位教师充分利用图画的优势，将介绍自己的家庭成员变得立体、直观、生动，而且图文配合，图片始终是辅助教学内容的手段。而第二位教师设计的图片排序这个活动，只是在学生读完课文后孤立地给图片排序，在这个活动中，没有任何文字信息，也没有采用边讲边贴的方式，于是，图片变成了这个活动的主导信息，未能与教学内容很有效地扣合起来。

　　3. 提前准备好教学素材

　　在设计趣味教学活动时，要将活动中可能用到的教学素材都写进去，并在教学前准备好相关素材，便于教学活动的有序开展。特别是教学过程中需要使用的声像材料，要尽量采用本地模式，不宜使用网上链接形式，以防止授课过程中出现因网络不畅而影响课堂教学安排的情况。

二、课中使用阶段

　　1. 合理组织趣味教学活动，做到分工合理、趣中有序

　　在使用华文趣味教学法时，要求教师具备较强的课堂组织管理能力，能够对课堂

收放自如。要重视活动氛围的营造，这就需要教师有饱满的教学热情，注重语气语调。同时，也应重视对学生参与活动的纪律引导，避免活动过程中出现学生之间因竞争激烈导致情绪失控的局面。

2. 恰当控制趣味教学活动的节奏与时间

在学生参与趣味教学活动的过程中，教师始终要注意控制活动的节奏与时间，不能完全任由学生自由表现。例如，当学生参与活动过程中出现混乱无序情况时，教师应及时补充说明活动的规则与要求，并通过有效示范引导学生步入正轨。活动反复进行几次之后，教师需要观察学生的情绪，当学生对一个活动的兴奋点消失、注意力开始转移时，教师应及时结束活动，进入下一个教学环节。

3. 及时引导，有效点拨，充分发挥学生的主动作用和教师的主导作用

例如，当学生出现表达困难、语言重复、词不达意的情况时，教师应及时点拨；当学生所说与操练主题无关时，教师应及时将话题拉回课堂；当学生在思考过程中，出现方向正确而思路狭窄的情况时，教师应及时开启学生思路。

三、课后完善阶段

1. 及时进行适当的教学反思

每次进行完趣味教学活动，应及时对活动完成的过程、效果进行总结思考，全面评定活动的意义、目的、作用以及形式的有效性、针对性等，哪些是值得肯定之处，哪些是需要调整与改进之处，且付诸文字，作为下次活动开展的参考。

2. 对新设计、首次使用的趣味教学活动及时进行评估

应从活动开展的时间、完成情况、实际成效等方面对新设计、首次使用的趣味教学活动进行评估，指出其适用性及局限性。由此确定该项活动是否值得再次使用，以及再次使用时如何避免缺失、取得更理想的效果。

第二章　读绕口令学华文

第一节　绕口令的特点及其在华文学习中的作用

一、绕口令的含义

所谓绕口令，是利用声母、韵母或声调等方面容易混淆的字、词编成的一种绕口的小令。由于存在大量的读音相近的字、词，说快了，读音就容易发生错误，因此，也叫"拗口令"。绕口令是民间文学中一种比较独特的语言艺术形式。

二、绕口令在华文学习中的作用

读绕口令是一种有趣又有益的语言练习活动。绕口令在语言教学中常常被用来训练发音的准确性、流利性以及发音器官的灵活性。无论是在以汉语作为母语的语文教学，还是在以汉语作为第二语言的教学中，均不乏利用绕口令进行语音训练的例子。在以其他语言作为第二语言的教学中，也存在使用绕口令教学的实例。例如，在英语教学中，中国一些中小学英语教材，如《快乐英语》、《英语（新标准)》（小学版）、《初中英语教材》（人教版）等均含有少量英文绕口令。英语教学研究者认为在课堂教学中引入绕口令不仅可以提高学生学习英语的兴趣，还可以有效地改进口语训练效果、增加他们的词汇量和语言知识，收到意想不到的极佳教学效果。[①] 薛红霞（2004）论述了在俄语教学中使用绕口令的原则与方法，认为在俄语实践课上有针对性地运用绕口令，不但能够唤起学生的学习兴趣及竞争意识，增加学生的词汇量，巩固言语知

---

① 参见刘炜：《绕口令在英语教学中的运用》，《山东师范大学外国语学院学报》（基础英语教育）2013 年第 1 期。

识，更能有效地帮助学生克服言语中的中国腔，在俄语教学中达到事半功倍的效果。

在华文教学中，绕口令在训练语音能力方面的作用体现在以下几个方面：

1. 绕口令是利用声母、韵母或声调等方面容易混淆的字、词编成的，在训练区分相似读音的能力方面有很强的针对性

在绕口令中，某组相似读音集中在一段简短的语言文字中高频出现，学生在反复练习过程中，相关发音部位就能得到充分的锻炼，这就好比练习广播体操一样，在上肢运动中上肢能得到最有效、最到位、最科学的锻炼。同时，发音方法也在对比中得以强化。例如，"波波拔萝卜，婆婆帮波波。婆婆爬山坡，波波拉婆婆。婆婆疼波波，波波爱婆婆。"这则绕口令，共 30 个字，是以韵母 o 为主要配合对象，重点训练声母 b 和 p，其中，含声母 b 的音节出现 13 次，含声母 p 的音节出现 12 次，共计 25 个含训练语音对象的字，占 83%。通过这则绕口令，可使学生对双唇音的发音方法得到强化，同时，可提高送气音与不送气音的听辨及发音能力。

2. 绕口令往往短小生动，活泼有趣，读起来朗朗上口

绕口令在形式上往往采用相对整齐的句式，句尾押韵。例如："圆圈圆，圈圆圈，园园娟娟画圆圈。娟娟画的圈连圈，园园画的圈套圈。娟娟园园比圆圈，看谁画的圆圈圆。"这则绕口令，共 7 句，以韵母 üan 为主要练习对象，描述了一幅娟娟、园园两个小朋友比赛画圆圈的画面，句句押韵，富于节奏感，诵读起来既简单又有趣。

3. 绕口令一般都有一定的具体意义，极富生活气息，因此，利用绕口令进行语音训练比单纯的拼音练习更富有趣味性

绕口令的用字用词贴近生活，所描述的往往是生活中常见的画面，或诙谐幽默，或活泼生动，易于被学习者掌握。在华文教学中，教师如果经常指导学生练习绕口令，对青少年的语言及思维发展具有极大的促进作用，不仅能锻炼他们准确地读好字音的能力，帮助学生提高吐字清晰度，提高口头表达能力，而且能够启发学生的思维，增长学生见识，促使其思维敏捷、口齿伶俐。

第二节　绕口令选用的目标与方法

一、使用绕口令教学活动的目标

1. 培养学生准确的发音及辨音能力

在华文教学中利用绕口令作为训练材料的首要目的就是培养学生准确的发音及辨

音能力。每种语言都有属于自己的一套发音体系，对各发音部位的使用习惯也不尽相同，在华文语音学习阶段，要使学生尽快熟悉华文的发音规律，掌握主要发音方法，并使相应发音部位得到充分的训练。因此，教师在使用绕口令时，一定要清楚每则绕口令针对性训练的是什么语音单位，是声母、韵母、声调，还是兼顾几个方面的内容，了解重点训练的发音部位和发音方法，最大限度地发挥绕口令的积极作用。

2. 使学生吐字清晰，口齿伶俐，提高表达速度

良好的口头表达能力表现为语言规范、口齿清晰、语速恰当、中心突出、富有激情、用词用语得体。通过绕口令的训练，可对学生吐字咬字清晰度方面起到良好的促进作用，同时由于相应发音部位得到充分训练，口齿伶俐度也会明显增加，还能提高表达的速度。

3. 启发学生的思维，促使思维敏捷

在绕口令中，相似的字音往往交替高频复现，加之，诵读绕口令的节奏一般较快，要在较短的时间内迅速对不同语音做出快速反应，理解其中所表达的不同事物，也是对快速思维的一种有效训练。

二、绕口令活动的一般教学过程

1. 示范朗读绕口令

在开始教学时，教师先示范朗读绕口令。示范朗读时，可先说明练习这则绕口令的目的，主要训练哪些声母、韵母或声调。示范朗读的同时，展示绕口令的文字内容，还可配上相应的插图。

范读时，教师应尽量根据绕口令的特点，读得生动、有趣，富有节奏、韵律感，以吸引学生的注意力，激发他们学习的欲望。

2. 带学生朗读，初步感知绕口令

在这一阶段教师可适当读慢些，要求学生读准每个字音。朗读的形式可多样化，教师带读、全班齐读、分组朗读、个人朗读等形式交替进行，使每一次同一教学环节的教学形式都富有一定的变化。

3. 解释绕口令

绕口令往往采用诗歌的形式，语义凝练，教师可借助图片、动作、实物、表情等直观方式帮助学生理解绕口令的内容，让学生在理解的基础上练习。

4. 找出易读错字词，专项练读

引导学生一起分析绕口令中带有重点训练音的音节，例如，《字纸与柿子》："撕

张字纸包柿子，包包柿子给侄子，侄子吃了红柿子，撕了包柿子的字纸。"这则绕口令主要是用来训练 z 和 zh、s 和 sh 的，引导学生一起将这则绕口令中含有这几个声母的音节标出来，包括含声母 z 的音节"字、子"，含声母 zh 的音节"张、纸、侄"，含声母 s 的音节"撕"，含声母 sh 的音节"柿"，并且进行专项朗读训练。

5. 训练学生用较快的速度流畅地朗读

在学生初步感知绕口令、理解绕口令内容并掌握了重点字词朗读要领的基础上，就可以进一步要求学生在读准的基础上加快朗读的速度，由此训练发音器官的灵活性。

6. 反复熟读，要求读得快速而清楚

安排自由操练的时间，让学生反复练习，要求在熟读的基础上一遍比一遍快，但一定要读清楚，教师巡视课堂，个别指导。

7. 检验练习效果，可组织读绕口令比赛

为了增加学生学习的积极性，可让学生进行读绕口令的比赛，看谁读得好。判别的标准是：①读音准确；②音节清晰；③快速流畅。也可以针对绕口令的特点设计一些有针对性的活动，使教学方式灵活多变。

三、绕口令教学活动中应注意的问题

教学生读绕口令要讲求一定的方法，要让学生有兴趣学。因此，在教学过程中，教师应该注意以下两个方面的问题：

1. 速度由慢到快

对学生来说，学说绕口令是为了练唇舌、练语言、练记忆、练思维，只要他们能把相关绕口令说得清楚、连贯、流利、完整就可以了，不必像专业曲艺演员表演那样快速伶俐、舌如飞簧。如果教师过于求快，不仅容易导致学生吐字发音含混不清，达不到练习发音能力的目的，而且也会加重学生的心理负担，影响绕口令练习的效果。因此，初教学生学说绕口令时，教师千万不要求快，要教得慢一些，让学生把每一个字的字音都念得准确无误，把每一句话都说得清楚连贯，然后再逐渐加快速度。为了更好地做到这一点，教师可采取词语分解的办法使学生读出节奏感。分解停顿的单位应由小到大慢慢扩展。一般来说，读第一遍时，以词语为停顿单位，每读完一个词停顿一会儿；第二遍，根据绕口令的内容，将一句话分成几个词组，每读完一个词组停顿一会儿；第三遍，每读完一句才停顿一会儿。

以"麻妈妈骑马，马慢，麻妈妈骂马。"这则绕口令为例：

第一遍：麻妈妈—骑—马，马—慢，麻妈妈—骂—马。

第二遍：麻妈妈—骑马，马慢，麻妈妈—骂马。

第三遍：麻妈妈骑马，马慢，麻妈妈骂马。

再以"唐唐端糖汤上堂，汤淌糖汤烫了唐唐。"这则绕口令为例：

第一遍：唐唐—端—糖汤—上—堂，汤—淌—糖汤—烫了—唐唐。

第二遍：唐唐—端糖汤—上堂，汤淌—糖汤—烫了唐唐。

第三遍：唐唐端糖汤上堂，汤淌糖汤烫了唐唐。

这样操练，可使学生头脑中对这则绕口令的印象由浅入深，能准确地理解其中词语的含义，也使他们对其中极易混同的声、韵、调能够很好地加以区分和把握，读起来也会连贯得多。

2. 发音由准至精

准，就是发音清楚，咬字准确。绕口令作为一种有趣的语言游戏，同时也是一项复杂的语言活动。一方面，大量的同音异调、相近字音、叠字重句是绕口令形式上的鲜明特色，在朗读时，稍微不注意，便会出现差错。另一方面，说绕口令时，需要唇、舌、齿等发音器官的整体协调性。舌头的部位、嘴唇的形状、口腔的开闭等，都直接影响着发音的准确与否。因此，教学生学说绕口令，必须注重一个"准"字。咬准每一个字音，读准每一个句子，才能真正发挥绕口令练习发音能力的作用。

3. 划分语节，读出节奏感

教师在示范朗读绕口令时，应注意根据每则绕口令的内容特点，恰当地划分好语节，注意读出节奏感、韵律感。例如，"波波拔萝卜，婆婆帮波波。婆婆爬山坡，波波拉婆婆。婆婆疼波波，波波爱婆婆。"这则绕口令，每五字一句，可以一句两顿，句中一顿，句尾一顿，全篇采用二三拍，读为"波波/拔萝卜，婆婆/帮波波。婆婆/爬山坡，波波/拉婆婆。婆婆/疼波波，波波/爱婆婆。"而"宝宝吹泡泡，泡泡跑了。宝宝摸泡泡，泡泡爆了。泡泡没了，宝宝跑了。"这则绕口令，各句字数不完全一致，各句的节奏也不相同，可以读为"宝宝/吹泡泡，泡泡/跑了。宝宝/摸泡泡，泡泡/爆了。泡泡/没了，宝宝/跑了。"这则绕口令要读出俏皮的味道，需要在语气上有变化。

4. 练习要勤

勤，就是要勤于练习，坚持不懈。教学生学说绕口令，不是一件容易的事情，为此，教师可以从以下几个方面多下功夫。

第一，小组帮练，相互正音。让学生长时间单独练说绕口令，可能会使他们感到有些枯燥，将学生分成几个人一个小组一起练习，小组成员之间相互纠错，可减少他们的畏难情绪，激发练习兴趣，使学生的吐字发音更为准确清楚。练习结束后，可以小组为单位来检查练习效果，要求小组成员分工合作完成绕口令的朗读，为了保证小组朗读的效果，每个成员都会积极帮助其他成员完成相应的任务。

第二，充分利用课外时间，随时训练。除了让学生在课堂上练习之外，可要求学生在课外自行练习，如在家里练、玩时练等，让学生随时随地得到练习，使语言表达能力得以不断提高。

第三，公开演练，增强信心。当学生练到一定程度时，往往期望得到别人的赞许。这时，教师可鼓励学生在众人面前大胆表演，这样做既容易激起好胜心，锻炼他们的胆量，也能增强他们的自信心。

5. 由短到长，由易到难

先练短的绕口令，再练长的绕口令。这种由易到难、循序渐进的方式既有利于提高学生的兴趣，也有利于学生逐渐掌握说绕口令的技巧。教师如果急于求成，一开始就让学生练习长长的绕口令，便会使他们感到有些吃力。

6. 构建画面，强化形象思维

绕口令言简意赅，短短几句话、几十个字就能勾勒出一个完整的故事，且在声、韵、调方面独具特色，体现出汉字的独特魅力。教师在教学生学说绕口令时要加以正确的引导，努力强化他们的形象思维，使其头脑中产生正确的联想，进而产生一种画面感，这有利于提高学生的兴趣，增进其感悟力，强化其记忆力，促使他们尽快地学会所学的绕口令。如"麻妈妈骑马，马慢，麻妈妈骂马。"这则绕口令，就巧妙地把"妈、麻、马、骂"几个同声韵异调的字组合在一起，构成了一幅诙谐活泼、富有情调的生活小景，教师如果能通过引导，使学生眼前浮现出一幅急性子的麻妈妈"骂马"的画面，自然会使学生的学习兴趣大增。

第三节　绕口令精选与教学指导

一、绕口令选编要求

教师在选用绕口令时，要根据学生的年龄特征、语言水平等来选择适合他们练习的绕口令，主要考虑以下两个方面：第一，绕口令的内容是否贴近学生的生活；第二，绕口令的长度及音节搭配是否适合学习者的语言水平。

教师还可以根据学生对语音的掌握情况自编一些简单、有针对性的绕口令。例如，有一天上课时，笔者发现学生对 in 和 ing 还是发得不好，区别不明显，如果再用以前的绕口令，学生会没有新鲜感，于是，就即兴编了这样一则绕口令：

今今和晶晶去眼镜店配眼镜。
今今说金色的眼镜比银色的眼镜精美，
晶晶说银色的眼镜比金色的眼镜精美。

在这一则绕口令中"今、银、金"是前鼻音，而"晶、镜、精"是后鼻音，语音训练的针对性很明显，而且有故事情节，此外还使用了学生学过的"比"字句。通过这个例子，我们不难看出，其实编绕口令并不是一件十分困难的事，不求编得如何完美，只要能达到训练学生的语音能力的目的就可以了。我们提倡，在教学过程中，教师应及时发现学生在读音上存在的问题，然后想办法设计一些有针对性的训练内容。

二、绕口令精选与教学说明

下面是从各类材料中收集或创编的适合青少年练习的绕口令，我们根据绕口令的字音情况将这些绕口令按重点练习的内容分成了声母类、韵母类和声调类三个类别，每则绕口令之后均配备了教学说明，供教师教学时参考选用。

（一）声母类

1. 练习 b 和 p

《波波和婆婆》
波波拔萝卜，婆婆帮波波。
婆婆爬山坡，波波拉婆婆。
婆婆疼波波，波波爱婆婆。

教学说明：这则绕口令主要用于练习声母 b 和 p，其中含声母 b 的音节有"波、拔、卜、帮"，共出现 13 次，约占 43%；含声母 p 的音节有"婆、爬、坡"，共出现

12 次，约占 40%。绕口令展现了波波与婆婆祖孙二人互相关心、互相帮助的温暖画面，教学时可以配上相关的图片，这则绕口令在训练语音的同时，还可以潜移默化地让学生感受尊老爱幼的传统美德。

《宝宝吹泡泡》
宝宝吹泡泡，泡泡跑了。
宝宝摸泡泡，泡泡爆了。
泡泡没了，宝宝跑了。

教学说明：这则绕口令主要用于练习声母 b 和 p，其中含声母 b 的音节有"宝、爆"，共出现 7 次，约占 27%；含声母 p 的音节有"泡、跑"，共出现 12 次，约占 46%。绕口令的内容生动有趣，简明易懂，适合低年级学生及初学华文者使用。朗读时注意语气语调，读出淘气宝宝吹泡泡、摸泡泡、泡泡爆、宝宝跑的生动感觉。

2. 练习 d 和 t

《白石塔》
白石白又滑，搬来白石搭白塔。
白石塔，白石搭，
白石搭白塔，白塔白石搭。
搭好白石塔，白塔白又滑。

教学说明：这则绕口令主要用于练习声母 d 和 t，其中含声母 d 的音节是"搭"，共出现 5 次，约占 13%；含声母 t 的音节是"塔"，共出现 6 次，约占 16%。虽然含声母 d 和 t 的音节占全部绕口令音节的整体比例只有 29%，但是其单字出现频率相对而言还是很高的。由于"搭、塔"不仅读音相近，字形也相近，因此，对学生而言，是很"绕"的一则绕口令。朗读时要注意节奏的把握，可采用读快板的方式，读出一种跳跃的感觉。

3. 练习 l 和 n

《六六和妞妞》
六六妞妞去放牛，大牛小牛有六头。
六六拉着大牛走，妞妞牵着小牛遛。

六头牛，牛六头，

六六妞妞、妞妞六六都爱牛。

教学说明：这则绕口令主要用于练习声母 l 和 n，其中含声母 l 的音节是"六、拉、遛"，共出现 13 次，约占 29%；含声母 n 的音节是"妞、牛"，共出现 16 次，约占 36%。朗读这则绕口令时，在停顿方面可以稍加处理，读为"六六/妞妞/去放牛，大牛/小牛/有六头。六六/拉着/大牛/走（啊），妞妞/牵着/小牛/遛。六头/牛（啊），牛/六头，六六妞妞、妞妞六六/都/爱/牛。"还可以根据每句的意思加上少量动作。

4. 练习 f 和 h

《画凤凰》

凤凰墙上画凤凰，

红凤凰、蓝凤凰、粉红凤凰、黄凤凰。

教学说明：这则绕口令主要用于练习声母 f 和 h，其中含声母 f 的音节是"凤、粉"，共出现 7 次，占 35%；含声母 h 的音节是"凰、画、红、黄"，共出现 10 次，占 50%。

《风吹灰》

风吹灰飞，灰飞花上花堆灰。

风吹花灰灰飞去，灰在风里飞又飞。

教学说明：这则绕口令主要用于练习声母 f 和 h，其中含声母 f 的音节是"风、飞"，共出现 8 次，占 32%；含声母 h 的音节是"灰、花"，共出现 9 次，占 36%。这则绕口令相对而言难度较高，"灰、飞"容易混淆，再加上"风、花"，此外，绕口令的场景日常生活中不常见到，适合有一定基础的学生使用。

5. 练习 g 和 h

《小花鼓》

一面小花鼓，鼓上画老虎。

妞妞敲破鼓，拿块布来补。

不知是布补鼓，还是布补虎。

教学说明：这则绕口令是以韵母 u 为主要配合对象，用于练习声母 g 和 h，其中含声母 g 的音节是"鼓"，共出现 4 次，约占 13%；含声母 h 的音节是"花、画、虎"，共出现 4 次，约占 13%。这则绕口令要读出童趣，可以一边击掌，一边有节奏地朗读，节奏处理建议如下：一面/小花鼓——，鼓上/画老虎——。妞妞/敲破鼓——，拿块/布来补——。不知是/布补鼓/，还是/布补虎——。"——"表示声音适当拉长。

6. 练习 g、k 和 h

《王婆夸瓜又夸花》
王婆卖瓜又卖花，一边卖来一边夸。
又夸花，又夸瓜。
夸瓜大，夸花好。
瓜大，花好，笑哈哈。

教学说明：这则绕口令主要用于练习声母 g、k 和 h，其中含声母 g 的音节是"瓜"，共出现 4 次，约占 12%；含声母 k 的音节是"夸"，共出现 5 次，约占 15%；含声母 h 的音节是"花、好、哈"，共出现 8 次，约占 24%。同时，还辅助练习了韵母 ua，包含韵母 ua 的音节是"夸、瓜、花"，共出现 13 次，约占 39%。

7. 练习 j 和 q

《七加一》
七加一，七减一，加完减完等于几？
七加一，七减一，加完减完还是七。

教学说明：这则绕口令主要用于练习声母 j 和 q，其中含声母 j 的音节是"加、减、几"，共出现 9 次，约占 35%；含声母 q 的音节是"七"，共出现 5 次，约占 19%。

8. 练习 j、q 和 x

《漆匠和锡匠》
七巷一个漆匠，西巷一个锡匠。

七巷漆匠用了西巷锡匠的锡，西巷锡匠拿了七巷漆匠的漆。

七巷漆匠气西巷锡匠用了漆，西巷锡匠讥七巷漆匠拿了锡。

教学说明： 这则绕口令以韵母 i［i］和 iang 为主要配合对象，用于练习声母 j、q 和 x，其中含声母 j 的音节是"匠、讥"，共出现 11 次，约占 18%；含声母 q 的音节是"七、漆、气"，共出现 13 次，约占 22%；含声母 x 的音节是"巷、西、锡"，共出现 21 次，占 35%。这则绕口令的场景日常生活中不常见到，适合有一定基础的学生使用。

9. 练习 q 和 x

《鞋子和茄子》
一个孩子，拿双鞋子。
看见茄子，放下鞋子。
捡起茄子，忘了鞋子。

教学说明： 这则绕口令主要用于练习声母 q 和 x，其中含声母 q 的音节是"茄、起"，共出现 3 次，约占 13%；含声母 x 的音节是"鞋、下"，共出现 4 次，约占 17%。这则绕口令句句以"子"收尾，短小押韵，注意尾字"子"的轻声读法，同时，注意读出孩子捡了茄子丢了鞋子这种马马虎虎、粗心大意表现的诙谐感。

10. 练习 z 和 zh，s 和 sh

《字纸与柿子》
撕张字纸包柿子，包包柿子给侄子，
侄子吃了红柿子，撕了包柿子的字纸。

教学说明： 这则绕口令主要用于练习声母 z 和 zh、s 和 sh，其中含声母 z 的音节是"字、子"，共出现 8 次，约占 28%；含声母 zh 的音节是"张、纸、侄"，共出现 5 次，约占 17%；含声母 s 的音节是"撕"，共出现 2 次，约占 7%；含声母 sh 的音节是"柿"，共出现 4 次，约占 14%。这则绕口令共四句，前三句均为七字一句，最后一句为八个字，注意节奏的变化，可读为"撕张/字纸/包柿子，包包/柿子/给侄子，侄子/吃了/红柿子，撕了/包柿子的/字纸"，每个节拍中的几个字都是首字（加点的字）重读，尾字轻读。

11. 练习 c 和 ch

《蚕和蝉》

这是蚕，那是蝉。

蚕常在叶里藏，蝉常在林里唱。

教学说明：这则绕口令以韵母 an 和 ang 为主要配合对象，用于练习声母 c 和 ch，其中含声母 c 的音节是"蚕、藏"，共出现 3 次、约占 17%；含声母 ch 的音节是"蝉、常、唱"，共出现 5 次、约占 28%。这则绕口令前两句为三字一句，后两句为六字一句，读这则绕口令时，注意节奏及重音的变化，可读为"这是/蚕，那是/蝉。蚕/常在/叶里/藏，蝉/常在/林里/唱"。

12. 练习 s、sh 和 x

《四与十》

四和十，十和四，十四和四十，四十和十四。

说好四和十，得靠舌头和牙齿。

谁说四十是"细席"，他的舌头没用力；

谁说十四是"实事"，他的舌头没伸直。

认真学，常练习，十四、四十、四十四。

教学说明：这则绕口令主要用于练习声母 s 和 sh，其中含声母 s 的音节是"四"，共出现 13 次，约占 19%；含声母 sh 的音节是"十、舌、谁、说、是、实、事、伸"，共出现 25 次，约占 36%。除了 s 和 sh 这组舌尖前和舌尖后音的对比外，这则绕口令还将二者与舌面音 x 进行了对比，含声母 x 的音节是"细、席、学、习"，共出现 4 次，约占 6%。

《小四和小石》

小四约小石学写字，小石约小四看电视。

小四不看电视只想学写字，小石不学写字只想看电视。

教学说明：这则绕口令主要用于练习声母 s、sh 和 x，其中含声母 s 的音节是"四"，共出现 3 次，约占 8%；含声母 sh 的音节是"石、视"，共出现 6 次，约占

16%；含声母 x 的音节是"小、学、写、想"，共出现 14 次，约占 37%。同时，这则绕口令对于声调也有一定的训练作用，主要通过"四、石、字、视"四个声韵相近的音节体现，包括第二声和第四声。

14. 练习 zh、ch 和 sh

《学时事》

史老师，讲时事，常学时事长知识。

时事学习看报纸，报纸登的是时事，心里装着天下事。

教学说明：这则绕口令主要用于练习翘舌音声母 zh、ch 和 sh，以 zh 和 sh 为主，其中含声母 zh 的音节是"长、知、纸、装、着"，共出现 6 次，约占 18%；含声母 ch 的音节是"常"，共出现 1 次，约占 3%；含声母 sh 的音节是"史、师、时、事、识、是"，共出现 13 次，约占 38%。这则绕口令适合用说快板的形式朗读，铿锵跳跃，节奏处理建议如下：史老师，讲时事，常学/时事/长知识。时事/学习/看报纸，报纸/登的/是时事，心里/装着/天下事。

14. 练习 z、c 和 s

《葱和松》

东院想栽葱，西院想栽松。

是东院栽葱，还是西院栽松。

教学说明：这则绕口令主要用于练习平舌音声母 z、c 和 s，其中含声母 z 的音节是"栽"，共出现 4 次，约占 19%；含声母 c 的音节是"葱"，共出现 2 次，约占 10%；含声母 s 的音节是"松"，共出现 2 次，约占 10%。这则绕口令每句均以韵母为"ong"的"葱、松"收尾，短小押韵，可采用尾字加重的读法，建议如下：东院/想栽葱，西院/想栽松。是/东院/栽葱，还是/西院/栽松。

《子词丝》

四十四个字和词，编成了一首子、词、丝的绕口辞。

桃子、李子、梨子、栗子、橘子、柿子、松子、瓜子，栽满院子、村子和寨子。

刀子、斧子、锯子、凿子、锤子、刨子、尺子，做出桌子、椅子和柜子。

名词、动词、数词、量词、代词、副词、助词、连词，造成语词、诗词和唱词。

蚕丝、生丝、热丝、拉丝、染丝、晒丝、纺丝、织丝，自制粗细丝、人造丝。

教学说明：这则绕口令主要用于练习平舌音声母 z、c 和 s，其中含声母 z 的音节是"字、子、栽、凿、做、造、自"，共出现 28 次，约占 24%；含声母 c 的音节是"词、辞、村、蚕、粗"，共出现 17 次，约占 15%；含声母 s 的音节是"四、丝、松"，共出现 14 次，约占 12%。同时，这则绕口令也可用于平翘舌音对比训练，含翘舌音声母 zh、ch 和 sh 的音节包括"寨、桌、助、织、制，成、锤、尺、出、唱、十、柿、数、诗、生、晒"，上述音节共出现 17 次，约占 15%。这则绕口令较长，共 116 个字，既有送气和不送气音的对比，又有擦音和塞擦音的对比，还有平舌音和翘舌音的对比，而且涉及较多的非常用名词，适合有一定基础的学生使用。

15. 练习 d 和 t，g 和 h

《虎和兔》

坡上有只大老虎，坡下有只小灰兔。

坡上老虎饿肚肚，想吃坡下小灰兔。

虎追兔，兔躲虎，老虎满坡找灰兔，刺儿扎痛虎屁股。

气坏了老虎，乐坏了灰兔。

教学说明：这则绕口令主要用于练习声母 d 和 t，g 和 h，其中含声母 d 的音节是"躲、肚"，共出现 3 次，约占 5%；含声母 t 的音节是"兔、痛"，共出现 7 次，约占 12%。含声母 g 的音节是"股"，共出现 1 次，约占 2%；含声母 h 的音节是"虎、灰、坏"，共出现 12 次，约占 21%。这则绕口令描绘了一幅饥肠辘辘的老虎满坡追灰兔却追不着的诙谐画面，朗读时注意生动活泼，可读出老虎无可奈何、小兔可爱灵活的感觉。

（二）韵母类

1. 练习 a 和 ua

《娃娃和妈妈》

娃娃画画，妈妈绣花。

娃娃画绣花的妈妈，妈妈绣画画的娃娃。

教学说明：这则绕口令主要用于练习韵母 a 和 ua，其中含韵母 a 的音节是"妈"，共出现 6 次，占 25%；含韵母 ua 的音节是"娃、画、花"，共出现 13 次，约占 54%。

2. 练习 an 和 uan

《帆船》

大帆船，小帆船，竖起桅杆撑起船。

风吹帆，帆引船，帆船顺风转海湾。

教学说明：这则绕口令主要用于练习韵母 an 和 uan，其中含韵母 an 的音节是"帆、杆"，共出现 6 次，约占 23%；含韵母 uan 的音节是"船、转、湾"，共出现 7 次，约占 27%。朗读这则绕口令注意节奏要铿锵跳跃，处理建议如下：

大帆船，小帆船，竖起/桅杆//撑起/船。　　　风吹帆，帆引船，帆船/

×××，×××，×× ××／×× ×。　　　×××，×××，××

顺风/转海湾。

××／×× ×。

3. 练习 ang 和 iang

《羊和狼》

东边来了一只小山羊，西边来了一只大灰狼。

它们一起走到小桥上，小山羊不让大灰狼，大灰狼也不让小山羊。

小山羊叫大灰狼让小山羊，大灰狼叫小山羊让大灰狼。

羊不让狼，狼不让羊，扑通一起掉到河中央。

教学说明：这则绕口令主要用于练习韵母 ang 和 iang，其中含韵母 ang 的音节是"狼、让、上"，共出现 15 次，约占 18%；含韵母 iang 的音节是"羊、央"，共出现 9 次，约占 11%。这则绕口令每句都比较长，适合用讲故事的语气来朗读，要求读得绘声绘色，把羊和狼你不让我、我不让你的情景表现出来。

4. 练习 ao 和 iao

《白庙和白猫》

白庙外蹲一只白猫，白庙里有一顶白帽。

白庙外的白猫看见了白帽，叼着白庙里的白帽跑出了白庙。

教学说明：这则绕口令主要用于练习韵母 ao 和 iao，其中含韵母 ao 的音节是"猫、帽、跑"，共出现 6 次，占 15%；含韵母 iao 的音节是"庙、叼"，共出现 6 次，占 15%。同时，在这则绕口令中韵母 ai 和 uai 出现的频率也不低，可作为训练的次重点，含 ai 的音节是"白"，共出现 10 次，占 25%；含 uai 的音节是"外"，共出现 2 次，占 5%。

《打枣歌》

出东门，过大桥，大桥底下一树枣。

青的多，红的少，拎着竿子去打枣。

一个枣，两个枣，三个枣，四个枣，五个枣，六个枣，七个枣，八个枣，九个枣，十个枣，十个枣，九个枣，八个枣，七个枣，六个枣，五个枣，四个枣，三个枣，两个枣，一个枣。

这段绕口令真是妙，一口气说完才算好！

教学说明：这则绕口令主要用于练习韵母 ao 和 iao，其中含韵母 ao 的音节是"枣、少、绕、好"，共出现 25 次，约占 25%；含韵母 iao 的音节是"桥、妙"，共出现 3 次，约占 3%。这则绕口令的语言整体难度不高，所表达的画面也易于理解，但由于绕口令较长，特别是数枣那一段，要求数得快而清晰，对学生来说，有一定的挑战性，但通过努力又能完成。在处理这段绕口令时，教师应注意读出节奏感，可以用稍快的速度示范读出，再让学生操练，练熟之后再要求学生加快。

5. 练习 ei 和 uei（ui）

《打水》

黑黑和灰灰，河边去打水。

水影动，水波追。

黑黑问灰灰，灰灰问黑黑，是谁的嘴吹动河里的水？

教学说明：这则绕口令主要用于练习韵母 ei 和 uei（ui），其中含韵母 ei 的音节是"黑"，共出现 6 次，约占 17%；含韵母 uei（ui）的音节是"灰、水、追、谁、嘴、吹"，共出现 14 次，约占 39%。

6. 练习 en 和 eng，ing

《盆和瓶》
桌上有个盆，盆里有个瓶。
砰，砰，砰。
不知是瓶碰盆，还是盆碰瓶。

教学说明： 这则绕口令主要用于练习韵母 en、eng 和 ing，其中含韵母 en 的音节是"盆"，共出现 4 次，约占 17%；含韵母 eng 的音节是"砰、碰"，共出现 5 次，约占 21%；含韵母 ing 的音节是"瓶"，共出现 3 次，约占 13%。这则绕口令各句字数不一，朗读时注意节奏的变化，建议处理为：桌上/有个盆，//盆里/有个瓶。//砰，/砰，/砰。//不知是/瓶碰盆，/还是/盆碰瓶。

7. 练习 i 和 ü

《吕里和李丽》
李丽栽了一园李，吕里栽了一院梨。
李丽摘李送吕里，吕里摘梨送李丽。
吕里向李丽学栽李，李丽向吕里学栽梨。
吕里和李丽，互相来学习。

教学说明： 这则绕口令主要用于练习韵母 i 和 ü，其中含韵母 i 的音节是"李、丽、里、梨、习"，共出现 25 次，约占 46%；含韵母 ü 的音节是"吕"，共出现 6 次，约占 11%。同时，绕口令使用了"李、丽、梨、里"等几个同声母韵母异调的字，包括第二、三、四声，也可用于声调训练。

《小吕和老李》
这天天下雨，体育局穿绿雨衣的小吕，去找穿绿运动衣的老李。穿绿雨衣的小吕，没找到穿绿运动衣的老李，穿绿运动衣的老李，也没见着穿绿雨衣的小吕。

教学说明： 这则绕口令主要用于练习韵母 i 和 ü，其中含韵母 i 的音节是"体、衣、李"，共出现 10 次，约占 16%；含韵母 ü 的音节是"雨、育、局、绿、吕"，共出现 15 次，约占 24%。

8. 练习 an、ian 和 uan

《蒜拌面》

蒜拌面，面拌蒜，吃蒜拌面算蒜瓣；

面拌蒜，蒜拌面，算吃蒜瓣面拌蒜。

教学说明：这则绕口令主要用于练习韵母 an、ian 和 uan，其中含韵母 an 的音节是"拌、瓣"，共出现 8 次，约占 31%；含韵母 ian 的音节是"面"，共出现 6 次，约占 23%；含韵母 uan 的音节是"蒜、算"，共出现 10 次，约占 38%。

9. 练习 in 和 ing

《北京和天津》

天津和北京，津京两个音。

一是前鼻音，一是后鼻音。

如果分不清，请你认真听。

教学说明：这则绕口令主要用于练习韵母 in 和 ing，其中含韵母 in 的音节是"津、音"，共出现 5 次，约占 17%；含韵母 ing 的音节是"京、清、请、听"，共出现 5 次，约占 17%。

10. 练习 eng 和 ing

《指示灯》

十字路口指示灯，红黄绿色分得清。

绿灯行，红灯停。红灯停，绿灯行。

教学说明：这则绕口令主要用于练习韵母 eng 和 ing，其中含韵母 eng 的音节是"灯"，共出现 5 次，约占 19%；含韵母 ing 的音节是"清、行、停"，共出现 5 次，约占 19%。

11. 练习 iong

《学游泳》

小涌勇敢学游泳，勇敢游泳是英雄。

教学说明：这则绕口令主要用于练习韵母 iong，含韵母 iong 的音节是"涌、勇、泳、雄"，共出现 6 次，约占 43%。其中"小涌"是人名，"涌、勇、泳"三字读音完全相同。朗读时，注意通过停顿、节奏帮助学生辨别意义，可处理为：小涌/勇敢/学/游泳，//勇敢/游泳/是/英雄。

12. 练习 uan 和 uang

《船和床》

那边划来一艘船，这边漂去一张床。

船床河中互相撞，不知是船撞床，还是床撞船。

教学说明：这则绕口令主要用于练习韵母 uan 和 uang，其中含韵母 uan 的音节是"船"，共出现 4 次，约占 13%；含韵母 uang 的音节是"床、撞"，共出现 7 次，约占 22%。朗读时的停顿与重读可处理为：那边/划来/一艘/船，/这边/漂去/一张/床。//船 床/河中/互相/撞，/不知是/船 撞 床，/还是/床 撞 船。

13. 练习 üan

《画圆圈》

圆圈圆，圈圆圈，园园娟娟画圆圈。

娟娟画的圈连圈，园园画的圈套圈。

娟娟园园比圆圈，看谁画的圆圈圆。

教学说明：这则绕口令主要用于练习韵母 üan，其中含韵母 üan 的音节是"圆、圈、园、娟"，共出现 29 次，约占 71%。朗读时注意节奏轻快，可略带跳跃感。

14. 练习 e

《鹅过河》

哥哥弟弟坡前坐，坡上卧着一只鹅，坡下流着一条河。

哥哥说："宽宽的河。"

弟弟说："白白的鹅。"

鹅要过河，河要渡鹅。

是鹅渡河，还是河渡鹅。

教学说明： 这则绕口令主要用于练习韵母 e，其中含韵母 e 的音节是"哥、鹅、河"，共出现 16 次，约占 31%。根据这则绕口令的内容特点，可采用描述式语气读出。

15. 练习 i 和 –i〔ɿ〕

《摘果》

一二三，三二一，一二三四五六七。

七个阿姨来摘果，七个花篮儿手中提。

七棵树上结七样儿，苹果、桃子、橘子、柿子、李子、栗子、梨。

教学说明： 这则绕口令主要用于练习韵母 i 和 –i〔ɿ〕，其中含韵母 i 的音节是"一、四、七、姨、提、李、栗、梨"，共出现 14 次，约占 29%；含韵母 –i〔ɿ〕的音节是"子"，共出现 5 次，约占 10%。

（三）声调类

1. 练习四声

《麻妈妈》

麻妈妈骑马，马慢，麻妈妈骂马。

教学说明： 这则绕口令主要用 ma 来练习四声，其中声韵组合为 ma 的字是"麻、妈、马、骂"，共出现 10 次，约占 83%。声调包括一声（妈）、二声（麻）、三声（马）、四声（骂）、轻声（"妈妈"的第二个字为轻声）。这则绕口令巧妙地把"妈、麻、马、骂"几个同声韵异调的字组合在一起，构成了一幅诙谐活泼、富有情调的生活小景，朗读时注意语气语调的处理，尽量通过声音展现出一幅急性子的麻妈妈"骂马"的画面。

《唐唐端糖汤》

唐唐端糖汤上堂，汤淌糖汤烫了唐唐。

教学说明： 这则绕口令主要用 tang 来练习四声，其中声韵组合为 tang 的字是"唐、糖、汤、堂、淌、烫"，共出现 12 次，约占 80%。声调包括一声（汤）、二声（唐、糖、堂）、三声（淌）、四声（烫）、轻声（"唐唐"是人名，第二个字为轻声）。这则绕口令为了使用 tang 这一音节，采用了几个日常生活较少使用的词，教师注意适当解释含义，包括：糖汤（指糖水或甜汤）、淌（流出来）。

2. 练习第一、二、三声

《电子蛙和电子娃》

杰杰有只电子蛙，姐姐有个电子娃。

杰杰、姐姐同玩耍，抱来电子蛙和电子娃。

教学说明：这则绕口令主要用韵母 ua 来练习第一、二、三声，其中含有韵母 ua 的字是"蛙、娃、耍"，共出现 5 次，约占 17%。声调包括一声（蛙）、二声（娃）、三声（耍）。同时，这则绕口令通过 jie 练习了二、三声和轻声，声韵组合为 jie 的字是"杰（第二声、轻声）、姐（第三声、轻声）"，共出现 8 次，约占 27%。

3. 练习第一、三声

《京剧与警句》

京剧叫京剧，警句叫警句。

京剧不能叫警句，警句不能叫京剧。

教学说明：这则绕口令主要用 jing 来练习第一、三声，其中含有 jing 的字是"京、警"，共出现 8 次，约占 33%。声调包括一声（京）、三声（警）。

4. 练习第一、四声

《兜装豆》

兜里装豆，豆装满兜，兜破漏豆。

倒出豆，补破兜。

补好兜，又装豆。

装满兜，又装豆。

装满豆，不漏豆。

教学说明：这则绕口令主要用韵母 ou 来练习第一、四声，其中含有韵母 ou 的字是"兜、豆、漏"，共出现 16 次，约占 44%。声调包括一声（兜）、四声（豆、漏）。

《书包和书报》

书包是书包，书报是书报。

书包是装书报的包，书报是学知识的书和报。

教学说明：这则绕口令主要用 bao 来练习第一、四声，其中含有 bao 的字是"包、报"，共出现 9 次，约占 32%。声调包括一声（包）、四声（报）。

5. 练习第二、四声

《妹妹添煤》

妹妹添煤，煤抹妹妹两眉煤。

教学说明：这则绕口令主要用 mei 来练习第二、四声，其中含有 mei 的字是"妹、煤、眉"，共出现 8 次，约占 73%。声调包括二声（煤、眉）、四声（妹）。

6. 练习第三、四声

《斗放豆》

黑豆放在黑斗里，黑斗里边放黑豆。

黑豆放黑斗，黑斗放黑豆。

不知是黑豆放黑斗，还是黑斗放黑豆。

教学说明：这则绕口令主要用 dou 来练习第三、四声，其中含有 dou 的字是"豆、斗"，共出现 12 次，约占 31%。声调包括三声（斗）、四声（豆）。

7. 练习第一、二、四声和轻声

《毛毛和猫猫》

毛毛有一顶红帽，猫猫有一身灰毛。

毛毛要猫猫的灰毛，猫猫要毛毛的红帽。

毛毛把红帽交给猫猫，猫猫给毛毛几根灰毛。

教学说明：这则绕口令主要用 mao 来练习第一、二、四声和轻声，其中含有 mao 的字是"毛、帽、猫"，共出现 26 次，约占 54%。声调包括一声（猫）、二声（毛）、四声（帽），"毛毛"的第二字为轻声。

8. 练习第一、三、四声和轻声

《接水》

威威、伟伟和卫卫，拿着水杯去接水。

威威让伟伟，伟伟让卫卫，卫卫让威威，没人先接水。

一二三，排好队，一个一个来接水。

教学说明：这则绕口令主要用韵母 uei（ui）来练习第一、三、四声和轻声，其中含有韵母 uei（ui）的字是"威、伟、卫、水、队"，共出现 23 次，约占 49%。声调包括一声（威）、三声（伟、水）、四声（卫、队），"威威、伟伟、卫卫"的第二字均为轻声。

9. 练习第二、三、四声

《小礼和小丽》

小礼家有梨，小丽家有李。

小礼帮小丽摘李，小丽帮小礼摘梨。

教学说明：这则绕口令主要用 li 来练习第二、三、四声，其中含有 li 的字是"礼、梨、丽、李"，共出现 10 次，约占 42%。声调包括二声（梨）、三声（礼、李）、四声（丽）。

三、绕口令在华文课堂教学中使用示例

在初学汉语时期，通常会有一个语音教学阶段，在这一阶段要系统学习汉语的声母、韵母、声调及声韵母组合规律等相关知识。过了拼音关，才能借助拼音，进一步学习汉字，才能顺利开展基础听说能力训练，为汉语学习打下基础。汉语的声母、韵母数量较多，需要分组分散训练。在进行分散的针对训练时，围绕重点训练语音，可恰当使用绕口令作为语音教学训练的素材。

示例：声母 d、t、n、l 教学

步骤一：教师先指导学生单独练习这几个声母的发音。

步骤二：朗读带有这几个声母的音节。可以把几个声母分别交叉进行对比操练，

设计音节时，要求选用汉语中已有的音节。如：

dā－tā－nā－lā　dū－tū　nú－lú　diē－tiē　nèi－lèi

上述五组音节，每组的韵母和声调均相同，仅声母不同，这样，不仅将学生的注意力集中在要掌握的声母上，而且让学生意识到声母有区别意义的作用，需要读准读好。

步骤三：朗读由带有这几个声母的音节组成的词语。如：

dǎitú　tānlán　náotóu　táolǐ　nítán　tuóniǎo

这些词语的声母均为 d、t、n、l，词语都有相应的意思，这样，可将语音训练与有效的语码感知结合起来，有利于学生今后的学习。

步骤四：诵读重点训练 d、t、n、l 的绕口令。如：

《白石塔》（练习 d 和 t）

白石白又滑，搬来白石搭白塔，

白石塔，白石搭。

白石搭白塔，白塔白石搭。

搭好白石塔，白塔白又滑。

《六六和妞妞》（练习 l 和 n）

六六妞妞去放牛，大牛小牛有六头。

六六拉着大牛走，妞妞牵着小牛遛。

六头牛，牛六头，

六六妞妞、妞妞六六都爱牛。

为帮助学生理解绕口令的意思，可配上相应的图片，加强直观性，尽量将学生的注意焦点引向语音的训练。

在经过由声母—单音节—双音节的基础训练之后，再选用有针对性的绕口令让学生操练，可使课堂训练的材料有层次、有梯度、有变化，从而提高学生参与训练的兴趣，同时，可增加学生学习的信心。

第四节　趣味绕口令活动设计示例

如前所述，绕口令本身是一种比较有趣的语音练习材料，通过内容的有趣来吸引学生积极参与课堂学习与操练过程。在此基础上，教师还可以设计一些针对绕口令教学的活动形式，在内容有趣的基础上增加形式的趣味性。下面我们设计了 10 个趣味活动，作为示例，旨在给教师们提供一定的参考思路，在实际教学过程中，教师可按照这些思路自主设计更多有趣又有针对性的活动。

趣味活动一：听绕口令，回答问题

老师给学生一段绕口令，先让学生学会这一段绕口令，再根据绕口令内容向学生提问，让学生思考后回答。以绕口令《小礼和小丽》为例：

1. 读绕口令

《小礼和小丽》

小礼家有梨，小丽家有李。

小礼帮小丽摘李，小丽帮小礼摘梨。

2. 老师提问

老师问："同学们想一想，小礼家有什么水果？小丽家有什么水果？"并在黑板挂上相应的图画，引导学生观察后回答。

3. 学生回答

请学生分别回答问题，并根据绕口令编故事。

趣味活动二：绕口令接龙

老师将全班学生分成几组，给学生一段绕口令，先让学生学会这段绕口令，再让每个小组的学生分别以组为单位练读绕口令。接下来，以小组为单位轮流上台演练，要求每人读一句，一个接一个依次读完绕口令，老师为每个小组计时，看哪个小组读得快、读得好。

绕口令接龙属于以小组为单位的操练，这类活动有以下几个优势：第一，增强合作意识，形成互学互助的学习风气。分配小组时，教师需注意成员之间汉语水平的搭配，在操练时引导每组成员相互正音。第二，小组集体上台演练，可以降低个体上台的焦虑情绪，同时，提高学生参与面及参与概率。第三，以组为单位计时，每个成员均须高度集中注意力，除保证自己诵读的那句准确无误外，还要做到组员之间的顺利衔接。这类活动适合用于练习绕口令阶段，可与个体练习交叉使用。

趣味活动三：看谁说得快又准

老师将全班学生分成几组，给学生一段绕口令（可根据学生的水平选择稍有难度的绕口令），先让学生学会这一段绕口令，再让学生分别读绕口令，老师为每个学生计时，看哪个学生读得快、读得好。同时，看谁读得最准，错误最少。如：

《子词丝》

四十四个字和词，编成了一首子、词、丝的绕口辞。

桃子、李子、梨子、栗子、橘子、柿子、松子、瓜子，栽满院子、村子和寨子。

刀子、斧子、锯子、凿子、锤子、刨子、尺子，做出桌子、椅子和柜子。

名词、动词、数词、量词、代词、副词、助词、连词，造成语词、诗词和唱词。

蚕丝、生丝、热丝、拉丝、染丝、晒丝、纺丝、织丝，自制粗细丝、人造丝。

这则绕口令主要用来训练平舌音和翘舌音，其中，包含平舌音声母 z、c、s 的音节分别包括字、子、栽、凿、造、自，词、辞、村、蚕、粗，四、丝、松；包含翘舌音声母 zh、ch、sh 的音节分别包括寨、桌、助、织、制、成、锤、尺、出、唱、十、首、柿、数、诗、生、晒。平、翘舌音多处交替出现，整体难度相对较大，适合中文程度较高一些的学生使用。

趣味活动四：接说绕口令

在学完一些绕口令后，老师可以组织学生有针对性地复习一下前面学过的绕口令，以便巩固学生的记忆，同时检查学生的语音掌握情况。这时，可采取游戏的形式。

老师将全班学生分成几组，对每组学生说一则绕口令的第一句，然后让各个小组的学生分别接说绕口令，要求每人说一句，一个接一个依次说完绕口令。老师为各个小组计分，看哪个小组记得的绕口令最多。

例如：

（1）老师对第一组学生说："波波拔萝卜"，这组学生就要一个一个把《波波和婆婆》这则绕口令后面的句子"（波波拔萝卜，）婆婆帮波波。婆婆爬山坡，波波拉婆婆。婆婆疼波波，波波爱婆婆。"说完。如果这组同学说完了，就给这一组加 1 分，如果不能说完整，就不得分。

（2）老师对其他组的学生各说一则绕口令的第一句，让他们接说，然后分别计分。依此反复进行。

（3）看看黑板上的计分，评出获胜的小组，对这个小组的学生进行表扬。

趣味活动五：自己创作绕口令

老师给学生一段绕口令，先让学生学会这一段绕口令，再给学生一些关键词语，让学生自己编新的绕口令。

（1）读绕口令。

《联系不是练习》

<u>联系</u>不是<u>练习</u>，<u>练习</u>不是<u>联系</u>。

不要把<u>练习</u>说成<u>联系</u>，也不要把<u>联系</u>读成<u>练习</u>。

（2）给出一些替换词，让学生模仿绕口令编新的绕口令。如：

晚上—网上	实事—事实
舞会—误会	汽车—骑车

（3）老师带学生一起读自己编的绕口令。

<u>晚上</u>不是<u>网上</u>，<u>网上</u>不是<u>晚上</u>。不要把<u>晚上</u>说成<u>网上</u>，也不要把<u>网上</u>读成<u>晚上</u>。

<u>实事</u>不是<u>事实</u>，<u>事实</u>不是<u>实事</u>。不要把<u>实事</u>说成<u>事实</u>，也不要把<u>事实</u>读成<u>实事</u>。

<u>舞会</u>不是<u>误会</u>，<u>误会</u>不是<u>舞会</u>。不要把<u>舞会</u>说成<u>误会</u>，也不要把<u>误会</u>读成<u>舞会</u>。

<u>汽车</u>不是<u>骑车</u>，<u>骑车</u>不是<u>汽车</u>。不要把<u>汽车</u>说成<u>骑车</u>，也不要把<u>骑车</u>读成<u>汽车</u>。

（4）让学生想一想，还有哪些字或词容易读错，想到了就把它们编成绕口令。看谁编得最多。

趣味活动六：绕口令小老师

（1）老师请学生课后自己去找一些绕口令，并让他们自己分析绕口令主要练习的是什么音，是声母、韵母、声调，还是几项的综合训练。

（2）先请一位学生上讲台当小老师，教同学们说他找的绕口令。让他选出班上一位读得最好的同学，让这位同学上来教大家说他准备的绕口令。

（3）老师进行综合评价，评出本次绕口令训练中"最佳小老师"和"表现最好的学生"。

趣味活动七：绕口令团体挑战赛

由老师先准备好一张绕口令海报，上面写一则绕口令。老师应根据学生的语音面貌选择由需要重点训练的音组成的绕口令。

（1）将全班学生分为几组，每组约十至十五人。

（2）以组为单位，请各组组员轮流上台念出绕口令，每人均需上台。

（3）老师认定合格的学生才能过关。选出全部过关组和待定组。

（4）过关组以全部组员过关所用的时间为依据，用时较短的那组为优胜组。

（5）各组还可以选派代表挑战加分题，加分题的绕口令相对来说难一些，合格则每次加 1 分。挑战加分题结束后再选出最后的优胜组。

趣味活动八：绕口令擂台赛

（1）老师准备一些学生已经练习过的绕口令。先请学生自行练说。

（2）在讲台上设一个擂台，老师请准备好的学生上来说绕口令，每人限时一分钟。老师看每位学生在一分钟之内能读完几条绕口令。读得最多的为擂主。

（3）接下来上来的学生就向擂主发起挑战，如果说得更多，就成为新的擂主。

（4）评选出班级最终的擂主，授予奖励（为使气氛热烈，老师可事先准备好授奖音乐，在授奖时播放）。对其他当过擂主的学生也适当予以奖励。

趣味活动九：绕口令接力

老师给学生一段绕口令"走一步，扭一扭，见一棵柳树搂一搂。"，先让学生学会这一段绕口令。为使学生感兴趣，老师还可以教学生边说边做形象的动作。

（1）击鼓传花，花到谁的手上，谁就先说这则绕口令。边说边走到一位同学身边，对他（她）"搂一搂"。

（2）第二位要说"走两步，扭两扭，见两棵柳树搂两搂。"依此，数到十后又从一开始说。

（3）这则绕口令主要练习声母 n 和 l，因此这两个声母读得不好的学生就要重读一次。另外，读错或读得不流利的学生要罚表演节目一个。

趣味活动十：绕口令游戏

如果绕口令的内容包含有一个情境或故事，而学生的年龄又比较小时，老师可以考虑使用游戏的方式教学生学说绕口令。下面以绕口令《瓜儿大》（练习声母 g－k）为例介绍一下游戏过程：

《瓜儿大》

西瓜队种冬瓜。东瓜队种西瓜。

西瓜队夸东瓜队的西瓜大。东瓜队夸西瓜队的冬瓜大。

1. 活动准备

（1）图片：冬瓜、西瓜各若干个。

（2）文字卡片："西瓜队"、"东瓜队"各一张。

2. 活动过程

（1）出示两个瓜队的标记，让学生初步感知东瓜队和西瓜队。

教师分别出示标记，告诉学生两个种瓜队的名称——东瓜队和西瓜队，并带领学生认读汉字。

（2）教师将图片贴在黑板上，并带学生朗读绕口令。

帮助学生练习发准"夸、瓜"两个字。教师引导学生讲述绕口令的内容。教师带领学生朗诵两遍，使学生基本上都能完整地念这则绕口令。

（3）教师介绍游戏方法，让学生了解游戏规则。

采用分组轮流念绕口令的方法进行游戏活动，老师将学生分成东瓜队和西瓜队两队，分别请两队的学生一对一对地轮流接说绕口令。念绕口令时，声音响亮清楚正确的一对就添上一个瓜。如果说错了就不给瓜。最后教师带领学生数一数、比一比，看哪一队的瓜最多，评出胜利者并给予奖励。

第三章 读儿歌学华文

第一节 儿歌的特点及其在华文学习中的作用

一、儿歌的特点

儿歌是以低幼龄儿童为主要接受对象的简短诗歌，它是儿童文学最古老也是最基本的体裁之一。儿歌是专门为幼儿编写的，其语言简练、句子短小，有韵律、有节奏，形象具体，容易记忆，是贴近儿童身心特点、属于儿童的文学样式。

儿歌在内容和形式上具有以下鲜明的特点：

第一，儿歌的内容形象生动，富有童趣，易于理解。儿歌的内容往往贴近幼儿的现实生活，幼儿一听就明白，不需要老师做过多解释。幼儿在学习儿歌时，不用刻意地去记忆，通过多种形式的反复诵读就能背诵下来。孩子从中获得了成就感，自然就容易产生学习积极性。

第二，儿歌篇幅简短，结构单一。儿歌的篇幅往往短小精巧，结构单纯而不复杂。常见的儿歌，一般有四句、六句或八句。就每句的字数看，有三字句、四字句、五字句、七字句、多字句，其中三字句、五字句、七字句是基本句式。短小简单，易学易唱。

第三，儿歌一般语言活泼，节奏明快，读起来朗朗上口。幼儿好动，又处于学习语言、提高语言表达能力的基础阶段与关键期，富有音乐感、节奏明快、生动活泼的儿歌语言可以引起幼儿的愉悦感，激发他们学习语言的积极性。

二、儿歌在华文学习中的作用

儿歌内容丰富多彩，富有趣味性、知识性，特别适合童年阶段的孩子，尤其适合学龄前儿童和学龄初期的孩子。不少语言教学工作者对儿歌在儿童语言学习过程中的作用进行了研究。唐露萍（2007）分析了儿歌在儿童早期语言发展中的作用，认为儿歌有助于早期语音刺激、早期词汇发展及早期语言表达能力的提高。昝淑华（2003）指出，儿歌因其充满童趣、富有动感、合辙押韵、朗朗上口的特点，符合少年儿童的心理与口味，为小学生所喜闻乐见。诵读儿歌有利于记忆词汇、培养语感、提高模仿能力、创设轻松愉快的课堂气氛。李芳芳（2008）认为，在小学英语课堂中，儿歌教学扮演着极其重要的角色，儿歌提供了一种有趣的和有潜在刺激的课文资源，这些资源能够形成一个广阔多样的非常有用的语言活动基础。在英语课堂中，使用儿歌可以减轻学习英语的困难，使课堂学习更加令人愉快。

在华文学习过程中，采用儿歌进行教学可以起到以下几方面的作用：

首先，在诵读儿歌的过程中，孩子们可以得到充分的语言训练。通过学习儿歌，可以增加语言的输入量，让学生积累常用的字词和表达方式，初步培养对汉语的语感；同时，掌握一定的发音方法，对汉语的节奏韵律形成一定的感性认识。总之，通过儿歌教学，可丰富幼儿的语言，锻炼幼儿的表达能力，培养孩子们学习汉语的积极情感，为今后进一步学习汉语打下基础。

其次，通过儿歌学习，孩子们可以学到大自然和生活中的许多基本常识。许多儿歌都蕴含着关于大千世界的丰富知识。比如："什么圆圆红彤彤？太阳圆圆红彤彤。什么圆圆响咚咚？小鼓圆圆响咚咚。什么圆圆蹦蹦跳？皮球圆圆蹦蹦跳。什么圆圆空中飘？气球圆圆空中飘。"这首儿歌采用问答的形式，让孩子们学会观察、思考形状相似的不同事物的特点，并准确形象地用汉语表达，其中出现了"红彤彤、响咚咚"这类 ABB 式的生动表达形式。再如，"月儿大，月儿圆，天上一个大月饼，够吃十五天。如果你不信，抬头看天边，十五月儿亮又圆，二十二三缺半片，二十七八细又弯，三十晚上看不见。"形象描绘了月亮的变化周期，有利于学生了解月亮阴晴圆缺的变化规律。诵读这样的儿歌，日积月累，孩子们不知不觉便获得了丰富多彩的知识。

再次，通过儿歌的学习，还可让孩子在朗诵的同时养成良好的生活习惯，培养礼貌的行为作风。有的儿歌把正确的行为规范作为内容，比如："幼儿园里一朵花，她的名字叫小丫，手儿脏了自己洗，脸蛋脏了自己擦，从小养成好习惯，干净娃娃人人夸。"告诉孩子要养成讲卫生的好习惯。"勤劳的小鸟起得早，拍拍翅膀学飞高。勤劳的小鸡起得早，伸伸脖子喔喔叫。勤劳的小朋友起得早，跑步做操身体好。"告诉孩子应该早起，坚持锻炼身体。"公园里，花儿开。红的红，白的白。花儿好看我不摘，大家夸我好乖乖。"则引导孩子养成爱护植物的观念。通过诵读这些儿歌，孩子们潜移默化地接受了正面的教育。

此外，儿歌还可以启发幼儿的思维，引导幼儿的想象等。儿歌大多采用了拟人、比喻、夸张等写作手法，有利于培养孩子们的想象力；还有的儿歌可启发幼儿的思维，如："一只青蛙一张嘴，两只眼睛四条腿；两只青蛙两张嘴，四只眼睛八条腿；三只青蛙三张嘴，六只眼睛十二条腿……"就可以锻炼幼儿数数、计算等方面的能力。

第二节　儿歌选用的目标与方法

一、使用儿歌开展教学活动的目标

1. 培养儿童准确的辨音及发音能力

儿歌需要反复诵读，由于儿歌也具有押韵的特点，读来朗朗上口，因此其有利于儿童的相应发音部位得到充分的训练，逐步形成汉语的语音意识及发音能力；在听读老师和其他同伴诵读的过程中，可促进其辨音能力的发展。

2. 使儿童吐字清晰，口齿伶俐，提高表达速度

熟读儿歌，通过对发音部位的反复刺激，可增强儿童的口腔开合控制能力，使唇、齿、舌、腭等发音器官配合能力得到有效训练，从而提高儿童吐字发音的清晰度，增强表达的流畅度，使表达速度得到提升。

3. 通过诵读儿歌，培养儿童学习汉语的兴趣

例如，汉语拼音学习对孩子来说是比较枯燥的，然而一位教师在教孩子学韵母 an 时，展示了一幅天安门的图片，然后利用儿歌进行教学，"小 a 和小 n，手拿 a 和 n，来到天安门，变成好朋友，成了 an，an，an。"这种方式一下就被孩子们接受了，枯燥的语音学习立刻变得生动、直观、有趣了。可见，儿歌是面向儿童的汉语教学中非常值得充分使用的一种形式。

二、儿歌教学的一般教学过程

1. 范读儿歌

教师先简单介绍要学习的内容，出示与儿歌相关的直观教具，如图片、实物等，

然后完整地示范朗读儿歌，激发学生学习的欲望。

2. 初步感知儿歌

教师带学生读一遍儿歌，尽量读慢些，要求学生读准每个字音，也让学生初步体验诵读这首儿歌的感觉，让他们觉得这是一项自己通过努力可以完成的任务。

3. 讲解儿歌内容

教师适当解释儿歌的基本意思，让学生在理解的基础上练习，要求学生注意根据儿歌的内容恰当地停顿，注意读儿歌时的语气和表情。

4. 强化操练

找出儿歌中学生容易读错的字词，让学生反复练读，要求能背诵下来。幼儿学习语言的关键是要多模仿，重视语言的有效输入量，积累一定的字词，培养学生对华文的语感，因此，每首儿歌都应争取让学生背诵下来。记忆的语言材料越多，语码有效提取的可能性就越高。

5. 表演儿歌

教师带学生一起背诵儿歌，可要求学生根据儿歌的内容适当添加一些简单的动作，增加读儿歌的游戏性、趣味性。

6. 设计活动环节

为了增加学生学习的积极性，可让学生进行读儿歌的比赛，看谁读得好。判别的标准是：①读音准确，咬字清晰；②停顿恰当，快速流畅；③表情丰富，动作恰当。

三、儿歌教学活动中应注意的问题

进行儿歌教学的目的是用一种适合孩子的生动有趣、实用高效的教学方法，来帮助孩子们得到良好的华文启蒙教育，培养学生学习华文的兴趣。

幼儿心理研究专家们的研究表明，幼儿的认知具有以下几个明显的特征：

第一，幼儿喜欢重复。例如，当孩子们学会了"为什么要……?"这句话时，就会不厌其烦地问下去，"为什么要去幼儿园?""为什么要睡觉?""为什么要吃饭?""为什么要关掉电视?"即使所问问题已经得到大人的解答，过不了多久，孩子又会再次提出相同的问题。孩子生长发育的过程也是大脑潜能发展的过程，需要不断地接受新信息，不断地学习与成长，而幼儿大脑中所保存下来的信息，正是通过反复的再现和刺激实现的。

第二，幼儿喜欢变化。当孩子们的知识不断增加，他们就开始越来越喜欢变化，机械的、雷同的重复就不再能满足他们的要求了。例如，当父母给孩子读一首他已经熟悉的儿歌时，孩子可能会说："妈妈，怎么又是这个？这个不好听，念一首新的。"但是，当父母使用另外一种有趣的、新鲜的方式，重复这首孩子已经熟悉的儿歌时，孩子就会津津有味地认真听下去了。这个时期的孩子们，开始喜欢变化的重复、有趣的重复。

第三，幼儿喜欢探索。孩子们喜欢在纸上、桌子上、墙壁上、地板上涂涂画画，还经常会为了满足好奇心而拆掉不该拆掉的物品。这是因为孩子们在逐渐地长大，他们不满足于大人们的间接说教，希望自己动手，渴望亲力亲为，要通过各种直观自主的感观体验去感受生活，探索神奇的世界和未知的领域。

了解了儿童的学习心理特征之后，教师们在教学儿歌时就可以更有针对性了。

第一，孩子在学习时喜欢重复，也需要重复，这是孩子的认知特点所决定的。而说华文又恰恰是需要长期的重复与练习，以及交际场景的不断重现才能练就的本领。因此，对于每一首儿歌，教师都应想办法用各种形式让学生反复练习，直到他们记住为止。教师可以在以下几个方面做到有变化的重复：首先，在语言处理方面，应注意声音抑扬顿挫、起伏变化，富有感情色彩。教师在孩子们面前，应像父母一样声音温柔、轻声细语，让孩子感到亲切、安全；应用富于变化的声音和语气来朗诵儿歌。其次，教师的外在形象应配合教学内容适当变化。教师可以利用头饰、面具、胸前的小粘贴等简单的变化配合儿歌教学，给学生一些新鲜感，这样做可以帮助教学收到令人满意的效果。再次，在幼儿教学中，教具是必不可少的。适当的教具变化，容易引起孩子们的好奇心，便于孩子们理解知识点，也便于教学活动的开展。教师平常可以收集一些可用来制作教具的物品，如彩色卡纸、瓶子、罐子、盒子、箱子等，并有意识地培养自己的教具制作能力。

第二，在教学中，教师要记住自己只是充当着引导者的角色，学生才是学习的主体。教师应给学生充分的想象、表现和发挥的空间。由于孩子喜欢探索，所以他们对外语学习通常都有着较强的好奇心，很想去了解它、探究它。如果这时教师安排的教学活动是很有趣味性的，这就正好迎合了学生的这份好奇，而学生在这时的学习兴趣是最强的，学习的效率也是最高的。如果教师的教学枯燥无味，学生就会逐渐失去对华文的那份好奇，这样会直接影响学生对华文的兴趣和他们将来华文学习的效果。教师让学生多发言、多参与，他们就会跃跃欲试，从而使华文教学的气氛活跃有趣。

第三，利用儿歌进行教学时，要注意结合学生的学习水平选择适合他们学习的儿歌。每次教学的新知识点要适量，教学目标应适合孩子的认知范围和特点。任何急功近利、强迫孩子学习超过他们理解力的教学内容，都会影响到教学的趣味性和孩子们的学习兴趣。有趣的教学是建立在孩子可认知的教学内容的基础上的，如果教学的内容是幼儿不能理解的，幼儿则无法与教师互动，教学的趣味性就无从谈起。教师对幼儿的要求过高，会让他们因学不会而缺乏学习的成功感，他们对华文的兴趣也就无从产生了，这样，会造成幼儿越学不好越没兴趣，越没兴趣就越学不好的恶性循环。所以，教师所制定的教学目标，一定要适合幼儿的认知范围和特点，这是确保趣味性教学的重要一环。每次教学的新知识点应适量。如果每次教学的新知识点过多，即使这些知识点是幼儿可以认知的，幼儿也会因很难在短时间内记住并消化这些知识点，而影响他们在教学中的互动，从而最终影响教学的趣味性。新知识适量点，才有可能做到教师易教，幼儿易学。

四、儿歌教学示例

在针对幼儿园及小学阶段学生编写的华文教材中，儿歌是极其常见的一种体裁，这种类型的课文深受学生欢迎。下面以贾益民主编、暨南大学出版社出版的《中文》（修订版）第二册第十课《春雨》的课文教学为例，具体展示儿歌教学设计的全过程。

一、教学对象
生活在海外的小学生（初学汉语者）

二、教学内容
本课是中国暨南大学出版社出版的《中文》（修订版）第二册第十课，课文是一首儿歌。儿歌既说出了植物生长的过程，又说出了春雨与种子发芽、禾苗长大、果树开花的关系，通过课文学习引导学生培养注意观察身边事物的习惯。

三、教学目标
1. 能准确地认读课文中的生字词，能用生动的语气流利地朗读课文。
2. 了解课文的主要内容，能回答老师提出的相关问题。
3. 能熟练运用课文中的重点句子"我要……"。
4. 培养学生热爱大自然的情感，养成观察身边事物的习惯。

四、教学重点
1. 能准确地认读课文中的生字词，能流利地朗读课文。
2. 了解课文的主要内容，能回答老师提出的相关问题。

五、教具准备
1. 与课文中具体事物相对应的图片。

2. 作为奖励用的卡通贴纸若干张。

六、教学时间

15 分钟。

七、教学步骤

（一）导入（约 1 分钟）

老师用 PPT 出示彩色图片一张（这张图片应包含了课文里描述的所有事物，包括春雨、发芽的种子、禾苗、果树、小朋友种植的画面），请学生看图后，想一想，说一说：春雨给大地带来了什么？在图中，你看到了什么？（引导学生说出"种子发芽、禾苗长大、果树变绿、花儿开了、小朋友种树……"）

（二）课文教学

1. 复习主要生字（看图认字：种、芽、苗、瓜、树，约 2 分钟）：

（1）教师出示图片，请学生说出相应的生字，然后组词组句。例如：出示右图，引导学生说出：芽—发芽—种子发芽，由生字到词语，再到课文中将要学习的句子，既复习了生字词，又为进一步学习课文奠定了基础。

（2）教师领读字词，让学生巩固字音。

2. 学习课文（约 8 分钟）。

（1）老师带读课文。

（2）老师请学生分角色朗读课文。

（3）老师朗读课文，请学生听，听完后，请学生不看书回答下面的问题：（前两次读课文学生是看着书读的，重点训练的是学生的认读能力；这一次老师读课文，要求学生不看书，训练的是学生的听辨能力。虽然都是读课文，但要求略有不同，对学生能力训练的侧重点亦不同，体现了综合课对学生听说读写技能进行全面训练的目标。）

A. 春雨来了，大家是怎么说的？

种子说什么？

禾苗说什么？

果树说什么？

小朋友说什么？

B. 你们在春天里还要做什么呢？（用"我要……"回答。此处，老师可事先准备一些春天里常见活动的图片，如爬山、划船、郊游、放风筝等等，以便于在课堂上组织学生讨论时有集中话题可说，可以先让学生开放式表述自己的想法，再引导学生集中看图讨论。）

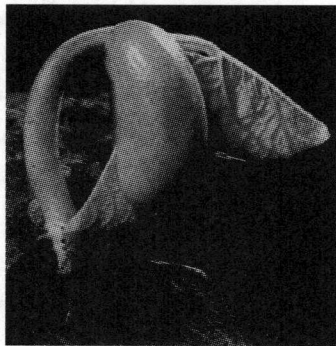

（4）讨论：除了课文里说的春雨之外，你在春天里，还观察到什么？学生分组讨论完后请学生回答。（此处，教师可准备一些关于春天的图画，最好选用与学生年龄相当的孩子画的"我眼中的春天"之类的图片，在学生说完之后，再一起看看别的孩子在春天里还观察到什么。）

（三）课堂练习（约4分钟）

1. 看提示，背说课文。（设计部分文字提示，一部分内容由学生自行完成。为加强学生对课文的印象，可以配合文字内容设计一些代表性的动作，通过多种感官刺激加深学生的印象。）

春　雨

滴答，滴答，

（　　　　），（　　　　）。

种子说："（　　　　　　　）。"

禾苗说："（　　　　　　　）。"

果树说："（　　　　　　　）。"

小朋友说："（　　　　　　　）。"

滴答，滴答，

（　　　　），（　　　　）。

2. 看图说课文。（根据课文的内容，分别在PPT上安排春雨、种子、禾苗、果树、小朋友的图片，引导学生根据图片信息来说课文。此环节已完全没有文字提示，但有一定的图片作为回忆课文内容的线索。）

3. 自由背说课文。（此时，已没有任何视觉提示信息，但可以通过做动作来引导学生独立背说课文。至此，通过逐步减少提示信息量的多种形式的说课文练习，学生应已能较为熟练地把课文背诵下来，达到了低年级通过背诵课文增加语言积累的目的。)

（四）布置课后练习

把课文大声读给爸爸妈妈听。

第三节　儿歌精选与教学指导

下面是从各种书籍中收集改编的一些有趣的儿歌（共 50 首），我们根据儿歌的内容将这些儿歌分成德育儿歌、常识儿歌、动植物和事物儿歌、游戏儿歌等几个类别。每首儿歌之后我们都配备了相应的教学指导说明。教师可根据学生的年龄特点、兴趣选择适合他们练习的儿歌，也可根据学生的情况自编一些简单的儿歌。

一、德育儿歌

德育儿歌是指对儿童进行道德教育引导的儿歌，主要包括人们公认的共同的生活行为准则和规范。通过这类儿歌，可增强学生的道德感，培养学生树立良好的社会公德，培养学生对社会、对家庭、对他人富有爱心；学会关心家庭、学校和社会；参与公益活动，发现自身价值；亲近自然，关爱自然；学习如何与人相处、与人合作，学会正确面对成功与失败；学会分辨是非善恶，形成积极的世界观、人生观与价值观。

1. 早起

勤劳的小鸟起得早，拍拍翅膀学飞高。勤劳的小鸡起得早，伸伸脖子喔喔叫。勤劳的宝宝起得早，跑步做操身体好。

教学说明：这则儿歌通过描述小鸟、小鸡和宝宝早起做有意义的事情的画面，引导小朋友养成早睡早起、勤于锻炼的健康生活习惯。每一句分别描述一个动物或人物，且都描写出了代表性动作，诵读时可引导孩子们边读边做"拍拍翅膀、伸伸脖子、跑步做操"的动作。

2. 起床歌

大公鸡，喔喔啼，小宝宝，早早起。衣服鞋袜自己穿，小小被子叠整齐。左看看，右瞧瞧，整整齐齐心欢喜。

教学说明：这则儿歌引导小朋友养成早起和自己的事情自己做的好习惯。教学这首儿歌时，还可引导小朋友们说说儿歌里的小朋友会做哪些事情、自己会做哪些事情。

3. 刷牙

小牙刷，手里拿，早晚都要刷刷牙。脏东西，都刷掉，满嘴小牙白花花。

教学说明：这则儿歌引导小朋友养成早晚坚持刷牙的好习惯，明白刷牙对于保护牙齿和身体健康的重要性。老师可组织小朋友们交流，自己用的是什么牙刷和牙膏，是怎样刷的。语言方面，让小朋友掌握怎样用"白花花"形容事物。

4. 洗澡

清清水，哗啦啦。肥皂泡，白花花。小毛巾，擦呀擦。爱干净，好娃娃。

教学说明：这则儿歌引导小朋友养成勤洗澡、爱干净的好习惯，可让小朋友们都说说为什么要洗澡，自己每天什么时间洗澡，是怎样洗的。

5. 干净的小丫

幼儿园里一朵花，她的名字叫小丫，手儿脏了自己洗，脸蛋脏了自己擦，从小养成好习惯，干净娃娃人人夸。

教学说明：这则儿歌引导小朋友养成讲卫生、爱干净的好习惯。注意讲解"幼儿园里一朵花"表达的是什么意思。

6. 幼儿园是我家

肩并肩，手拉手，幼儿园里好娃娃。不吵嘴，不打架，亲亲热热是一家。你的家，我的家，老师就像好妈妈。

教学说明：这则儿歌旨在培养小朋友对幼儿园的积极情感，告诉小朋友在幼儿园应该如何跟其他小朋友友好相处。

7. 花儿好看我不摘

公园里，花儿开。红的红，白的白。花儿好看我不摘，大家夸我小乖乖。

教学说明：这则儿歌旨在培养小朋友爱护花草树木的文明行为，让小朋友们明白花草树木都有生命，要爱护它们，学会跟其他人一起分享美好的事物。教师可以出示一些跟儿歌内容相关的图片，有正面的，也有负面的，让孩子们说说他们的感想，引导孩子们树立正确的是非观。

8. 拍手歌

你拍一，我拍一，天天早起练身体。你拍二，我拍二，天天要带小手绢儿。你拍三，我拍三，洗完脸换干净衣。你拍四，我拍四，对人礼貌笑眯眯。你拍五，我拍五，有痰不要随地吐。你拍六，我拍六，瓜皮果壳别乱丢。你拍七，我拍七，吃饭细嚼别着急。你拍八，我拍八，勤剪指甲常刷牙。你拍九，我拍九，饭前便后要洗手。你拍十，我拍十，脏的东西不要吃。

教学说明："拍手歌"是两个小朋友一组，一边相互拍手，一边诵唱的一种喜闻乐见的儿歌形式。这则儿歌旨在培养小朋友养成讲文明讲礼貌的好习惯，包括早起锻炼、勤洗勤换衣、对人友好、不随地吐痰、不乱丢果皮纸屑、吃饭要细嚼慢咽、勤剪指甲刷牙、饭前便后洗手、不吃脏东西等在日常生活中最常见的礼貌行为准则。可引导小朋友们讨论，自己做到了哪些，还有哪些需要努力，见到不文明的行为有什么感受等；教师还可出示一些图片，让小朋友说说哪些是对的、哪些不对以及为什么。例如，出示两张在地铁的照片，一张是让座的，一张是不让座的，让小朋友说自己的想法和理由。

9. 手脚勤快不懒惰

妈妈洗衣我送凳，爸爸骑车我开锁，奶奶浇花我端水，爷爷吃饭我放桌，别看人小全家夸，手脚勤快不懒惰。

教学说明：这则儿歌引导小朋友养成勤于劳动的好习惯，学会帮家人做力所能及的事情。可让小朋友们都说说自己平时有没有帮家人做一些事情，做过哪些事情，有什么感想。

10. 静悄悄

轻轻走，静悄悄，隔壁小弟在睡觉。张叔叔，搞设计，阿姨看书又看报。好孩子，懂礼貌，别人做事不打搅。

教学说明：这则儿歌引导小朋友养成文明礼貌的习惯，考虑他人，不自私。教师可引导小朋友们说说自己平常是怎么做的，有哪些做得对和不对的地方。

11. 让座

大汽车呀刚停下，一位奶奶上车啦。老奶奶，年纪大，我把座位让给她。老奶奶，把我夸，你真是个好娃娃。

教学说明：这则儿歌引导小朋友养成文明礼让的习惯，培养尊敬长辈、关爱老人的意识。教师可引导学生说说自己以前的让座经历。

12. 讲礼貌

爸爸妈妈去上班，把我送到幼儿园。我向爸爸招招手，我跟妈妈说再见。

教学说明：这则儿歌引导小朋友养成文明礼貌的习惯，强调跟家人和朋友告别的时候应该怎么说和怎么做。

13. 客人来了

小方凳，擦一擦，客人来了请坐下。小茶杯，洗干净，好请客人喝杯茶。

教学说明：这则儿歌引导小朋友养成文明礼貌的习惯，强调家里来了客人应该怎么招待。教师可请小朋友们说说家里来客人的经历，爸爸妈妈和自己是怎么招待客人的，小朋友来家里做客时打算怎么招待。

14. 送客人

握握手，客人走，我送客人到门口。挥挥手，点点头，客人走前我走后。

教学说明：这则儿歌引导小朋友养成文明礼貌的习惯，强调客人离开时应该怎么送别。教师可以请小朋友们根据儿歌内容进行表演。

15. 哪个看书好

丁丁和小宝，都在看图书。小狗和小猫，也来凑热闹。丁丁看图书，边看边动脑。小猫看见了，喵喵叫声好。小宝看图书，一下翻完了。小狗汪汪叫："你看懂多少?"我们小朋友,大家瞧一瞧,丁丁和小宝,哪个看书好?

教学说明:这则儿歌通过丁丁和小宝两个小朋友看书的不同表现对比,引导小朋友养成看书时认真阅读、边看边动脑的习惯。教学时,教师可以请小朋友们根据儿歌内容进行讨论,说说自己平时是怎么看书的,看过什么书,喜欢什么书。

16. 上课

上课专心来听讲,老师话儿记心上。举手发言要大胆,回答问题要响亮。

教学说明:这则儿歌引导小朋友养成上课认真听讲、大胆举手发言的好习惯。可请小朋友们都来说说自己上课的表现,哪些方面做得好,哪些方面还需要进步。

17. 做早操

小朋友,起得早,一二三四做早操,先学鸟儿飞,再学马儿跑,天天做操身体好。

教学说明:这则儿歌引导小朋友养成早起锻炼身体、努力学习的好习惯。

18. 玩具

小小玩具真美丽,天天和我做游戏。你玩小熊布娃娃,我搭积木造飞机。轻轻拿,轻轻放,不扔不摔要爱惜,不争不抢多快乐,做完游戏放整齐。

教学说明:这则儿歌引导小朋友养成爱惜玩具、与同伴分享的好习惯,可让小朋友们说说在玩玩具的时候应该怎么做,玩完玩具应该怎么做。教师还可以给出一组图片或者说一段话,分别呈现几个小朋友玩玩具时的不同表现,请大家评价哪个小朋友做得好。

二、常识儿歌

常识儿歌是指对儿童进行常识介绍的儿歌,包括自然常识、动植物常识、生活常识、交通安全常识、健康常识等。其中,自然常识又可分为天气常识、季节常识、气候常识等。

1. 春

春天到，小鸟叫，小草青青穿绿袄，杨柳树枝随风摇，桃花、梨花开得好。小蜜蜂，嗡嗡叫，采集花粉把蜜造。

教学说明：这是一则关于季节常识的儿歌，描绘了春天的景象。学习这则儿歌，可以让小朋友了解春天的特点，包括小鸟叫、青草绿、杨柳发枝、百花开放、蜜蜂采蜜等。在教学这则儿歌时，可引导小朋友们说说自己眼中的春天，自己在春天里的发现。

2. 夏

夏天到，知了叫，火红太阳当头照。树叶茂盛长得好，蔬菜瓜果真不少。湖里荷花香味飘，池塘青蛙呱呱叫。

教学说明：这是一则关于季节常识的儿歌，描绘了夏天的景象。学习这则儿歌，可以让小朋友了解夏天的特点，包括知了叫、太阳烈、树叶密、蔬菜瓜果多、荷花开、青蛙叫等。在教学这则儿歌时，可引导小朋友们说说自己眼中的夏天，自己在夏天里的发现。

3. 小雨点

小雨点，沙沙沙，落在花园里，花儿乐得张嘴巴。小雨点，沙沙沙，落在池塘里，鱼儿乐得摇尾巴。小雨点，沙沙沙，落在田野里，禾苗乐得向上爬。

教学说明：这是一则关于自然常识的儿歌，描绘了雨水给大地万物带来的变化。雨水让花儿开花，让禾苗长高，让鱼儿长大。在教学这则儿歌时，可以引导小朋友们说说雨还有什么作用。

4. 月亮歌

月儿大，月儿圆，天上有个大月饼，够吃十五天。如果你不信，抬头看看天，十五月儿亮又圆，二十二三缺半片，二十七八细又弯，三十晚上看不见。

教学说明：这是一则关于自然常识的儿歌，描绘了月亮的变化规律。在教学这则儿歌时，可让小朋友们说说自己所观察的月亮，每个月什么时候月亮最圆，什么时候弯弯的，什么时候看不见。

5. 晒太阳

太阳暖，太阳亮，太阳晒晒苗儿长，太阳晒晒果儿香，太阳晒晒真健康。

教学说明：这是一则关于自然常识的儿歌，描绘了太阳的特点和作用，让小朋友们明白太阳又暖又亮，可使禾苗生长、瓜果飘香、身体健康。在教学这则儿歌时，可引导小朋友们说说太阳的特点，包括形状、颜色、温度等方面，说说太阳有哪些作用。

6. 认方向

早晨起来，面向太阳，前面是东，后面是西，左面是北，右面是南。

教学说明：这是一则关于生活常识的儿歌，介绍了辨认方向的方法，可引导小朋友们学习如何辨别方向。

7. 问答歌

什么圆圆红彤彤？太阳圆圆红彤彤。什么圆圆响咚咚？小鼓圆圆响咚咚。什么圆圆蹦蹦跳？皮球圆圆蹦蹦跳。什么圆圆空中飘？气球圆圆空中飘。

教学说明：从内容来看，这是一则关于生活常识的儿歌，介绍了圆形物体太阳、小鼓、皮球、气球在颜色、声音、动态、重量等方面的特点。从形式来看，这是一则问答儿歌，在教学时，可让小朋友们用一问一答的形式来练习，先教学儿歌，学完后由教师或小朋友随机发问，其他小朋友来抢答，加强趣味性。还可引导小朋友根据这则儿歌的内容特点，继续编新的内容，如"什么圆圆甜滋滋、什么圆圆软绵绵"等。

8. 谁会这样

谁会飞呀，鸟会飞。鸟儿鸟儿怎样飞？拍拍翅膀飞呀飞。谁会游呀，鱼会游。鱼儿鱼儿怎样游？摇摇尾巴点点头。谁会跑呀，马会跑。马儿马儿怎样跑？四脚离地身不摇。

教学说明：从内容来看，这是一则关于动物常识的儿歌，描绘了鸟、鱼、马几种动物的动作特点。从形式来看，这是一则问答儿歌，在教这则儿歌时，可让小朋友们用一问一答的形式来练习，先教学儿歌，学完后由教师或小朋友随机发问，其他小朋友来抢答，加强趣味性。还可引导小朋友根据这则儿歌的内容特点，继续编新的内容，如"谁会叫啊，青蛙会叫。青蛙青蛙怎样叫？张大嘴巴呱呱叫"、"谁会爬呀，乌龟会爬。乌龟乌龟怎样爬？四脚向前慢慢爬"等。

9. 大马路

大马路，宽又宽，汽车电车跑不停。绿灯亮了向前行，红灯亮了停一停。交通规则牢牢记，叔叔夸我有本领。

教学说明：这是一则关于交通安全常识的儿歌，介绍了红灯停、绿灯行这一交通规则，引导小朋友养成遵守交通规则的习惯。教学时可引导小朋友们说说自己平时在马路上行走的表现，还可以让小朋友看与交通相关的图片，评价图片中的人物做得对不对。

10. 找妈妈

小蝌蚪，小尾巴，游来游去找妈妈。"妈妈，妈妈，你在哪儿？""来了，来了，妈妈来啦！"跳来一只大青蛙。

教学说明：这是一则关于动物常识的儿歌，介绍了小蝌蚪长大变成青蛙的常识，青蛙小的时候是蝌蚪，有尾巴没有脚，慢慢地脚长出来、尾巴消失、皮肤变绿。在教这则儿歌时，教师可选用相关图片或动画帮助小朋友理解这一变化的过程，还可以让小朋友自己养小蝌蚪，观察蝌蚪变青蛙的过程，在班级交流自己的所见所想。

三、动植物和事物儿歌

动植物和事物儿歌是以某种动植物或事物为描述内容的儿歌，主要描述它们在某些方面的特点。

1. 小小猪

小小猪，胖乎乎，耳朵大啊腿儿粗。走起路来尾巴摇，唱起歌儿呼噜噜。

教学说明：这则儿歌生动描绘了小猪的特点，包括胖乎乎、耳朵大、腿粗、走路及声音的特点等。诵读这首儿歌时可以根据儿歌内容辅以相应的动作，表现出小猪的憨态，引起小朋友们学习的兴趣。

2. 小白兔

小白兔，白又白，两只耳朵竖起来，爱吃萝卜和青菜，蹦蹦跳跳真可爱。

教学说明：这则儿歌生动描绘了小白兔的特点，包括白、耳朵竖立、爱吃的食物和行走的姿态。诵读这首儿歌时可以根据儿歌内容辅以相应的动作，表现出小白兔可爱的姿态，引起小朋友们学习的兴趣。

3. 乌龟

乌龟乌龟爬爬，天黑还没到家；乌龟乌龟走走，天黑还在门口。

教学说明：这则儿歌生动描绘了乌龟爬行缓慢的特点。诵读这首儿歌时可以根据儿歌内容辅以相应的动作，表现出乌龟爬行缓慢、笨重的姿态，引起小朋友们学习的兴趣。

4. 西瓜

大西瓜，圆又圆，切开变成两大碗。你一碗，我一碗，吃完红红肉，留下瓜皮当小船。

教学说明：这则儿歌生动描绘了西瓜的特点，包括西瓜的外形特点、果肉和瓜皮的特点，把西瓜分别比喻成碗、船，可培养小朋友的想象力。

5. 西红柿

西红柿，红又圆。水分多，味酸甜。生吃熟吃样样好，营养丰富味道鲜。

教学说明：这则儿歌生动描绘了西红柿的特点，包括颜色、外形、味道、营养等，让小朋友们对西红柿产生积极的情感，培养小朋友们健康的饮食习惯。

6. 苹果和香蕉

　　苹果圆，香蕉弯，你一半，我一半，一人一半吃得欢。心里乐，笑声甜，嘴巴笑成弯香蕉，脸儿乐成圆苹果。

　　教学说明：这则儿歌生动描绘了两个小朋友分享苹果和香蕉的友好欢乐情景，通过这则儿歌，一方面让小朋友们了解苹果和香蕉的外形特点，另一方面可培养小朋友们乐于分享的好习惯。儿歌中运用了比喻的修辞方法，将嘴巴比喻成香蕉，将脸儿比喻成苹果，生动形象地表现出孩子们欢快的心情。

7. 小黄瓜

　　小黄瓜，细又长，全身穿着绿衣裳。能做菜，能做汤，我们一起尝一尝。

　　教学说明：这则儿歌生动描绘了黄瓜的特点，包括外形、颜色、用途等，让小朋友们对黄瓜产生积极的情感，培养小朋友们健康的饮食习惯。儿歌中采用了拟人的修辞手法，"全身穿着绿衣裳"这句将黄瓜当作人来描写，"穿衣裳"本是人的动作，此处用来描绘黄瓜的颜色特点。

8. 布娃娃

　　布娃娃，布娃娃，大大的眼睛黑头发，一天到晚笑哈哈，又干净又听话，我来抱抱你呀，做你的好妈妈。

　　教学说明：这则儿歌生动描绘了布娃娃的特点，包括大眼睛、黑头发、笑哈哈、干净、听话等，同时培养小朋友爱护玩具的习惯。在教这首儿歌时，教师注意诵读的语气、节奏，读出天真可爱的味道。可引导小朋友们说说自己的布娃娃，引导小朋友们学会观察。

9. 眼睛

　　爸爸高兴，眯起眼睛。爸爸生气，瞪着眼睛。爸爸苦恼，闭起眼睛。

　　教学说明：这则儿歌生动描绘了眼睛表达出的情绪特点，包括高兴、生气、苦恼时眼睛的变化。在教这则儿歌时，可引导小朋友们说说一个人在高兴、生气、苦恼时还有哪些表现。还可以让小朋友们一起来做表情游戏，教师分别发出"高兴、生气、苦恼"的词语口令，小朋友们听到口令马上做出相应的表情。

四、游戏儿歌

游戏儿歌是描述、介绍或进行儿童游戏的儿歌，有的是描述儿童游戏或活动的画面与场景，如《打电话》、《吹泡泡》，有的是进行某种游戏时诵唱的内容，如《丢手绢》、《找朋友》。

1. 打电话

两个小娃娃，正在打电话。喂喂喂，你在干什么？哎哎哎，我在做游戏。

教学说明：这则儿歌生动描绘了两个小朋友模拟打电话的情景，在教这则儿歌时，教师可安排表演诵唱环节，一边读一边让小朋友们模拟儿歌内容进行表演。

2. 吹泡泡

吹泡泡，吹泡泡，泡泡映着小脸笑。一二三四五六七，五彩泡泡满天飘。

教学说明：这则儿歌生动描绘了吹泡泡的欢乐情景。吹泡泡是小朋友们都喜欢的活动，几乎每个小朋友都有过吹泡泡的经历，在教这则儿歌时，可让小朋友们说说自己吹泡泡的经历。

3. 擦天窗

天上有群小姑娘，手捧白云擦天窗，擦出满天亮星星，擦出一轮圆月亮。

教学说明：这则儿歌采用想象的手法生动描绘了天空的变化，天空中时而有白云，时而有星星，时而有月亮，儿歌将这些事物都当作天上一群小姑娘用手捧或擦出的作品，天真烂漫，适合小朋友们诵读。在教学这则儿歌时，教师可选用一些具有代表性的图片，营造良好的教学环境，还可引导小朋友们说说自己观察天空的感受。

4. 玩皮球

妈妈买个皮球，上面画只小猴，我来拍拍皮球，小猴翻着跟头。

教学说明：这则儿歌描绘了皮球的特点，皮球上画了只小猴，拍皮球时，皮球翻动，球上的小猴像在翻着跟头，描写细致生动、充满童趣。

5. 跳绳

花儿红，鸟儿叫，大树底下把绳跳。单脚跳，双脚跳，脚步越跳越灵巧。

教学说明：这则儿歌描绘了跳绳的画面，包括跳绳的外部环境和跳绳的动作变化。在教这则儿歌时，可以让小朋友们跳跳绳，体会单脚跳、双脚跳的变化，加深对儿歌内容的理解。

6. 摘星星

天上星，亮晶晶，地上路，数不清。我想摘下小星星，挂在路边当路灯。

教学说明：这则儿歌描绘了满天星星引起的遐想，表达了对星星的喜爱之情，充满童趣。

7. 新年好

新年好呀，新年好呀，祝贺大家新年好。我们唱歌，我们跳舞，祝贺大家新年好。

教学说明：这则儿歌描绘了新年到来时人们相互问好、唱歌跳舞欢庆的画面，通过这则儿歌，可以告诉小朋友们新年时如何向别人问好，体会新年到来时人们喜悦的心情。

8. 找朋友

找呀，找呀，找朋友，找到一个好朋友。敬个礼，握握手，你是我的好朋友。

教学说明：这是一则游戏儿歌，描绘了小朋友们友好相处的画面。教学时，可引导小朋友们一起玩游戏，让小朋友们围成一圈，一位小朋友出来找朋友，其他小朋友一起唱歌，唱到"找到一个好朋友"时，出来的小朋友可在任何一位小朋友面前停下来，跟他交朋友，边唱边做敬礼、握手的动作；然后由这位小朋友再出来继续寻找朋友。

9. 对对歌

一边多，一边少，一把铅笔一把刀。一个大，一个小，一个西瓜一颗枣。一边多，一边少，一群大雁一只鸟。一边大，一边小，一头肥猪一只猫。一个大，一个小，一棵大树一根草。一边跳，一边唱，大小多少记得牢。

教学说明：这则儿歌通过一系列事物的对比，让小朋友们理解大小多少的概念。每一句前面是多少或大小，后面是相应的比较的事物。教学时，教师可准备与儿歌内容相关的图片，将小朋友分成两个一组，用对答的形式来诵读儿歌。

10. 数青蛙

一只青蛙一张嘴，两只眼睛四条腿；两只青蛙两张嘴，四只眼睛八条腿；三只青蛙三张嘴，六只眼睛十二条腿；四只青蛙四张嘴，八只眼睛十六条腿……

教学说明：这是一则计数儿歌，训练小朋友们使用汉语数字的能力。儿歌具有开放性，可以根据小朋友们的能力提出相应要求，也可以采用个人竞赛或小组接龙的方式，看看哪个或哪组小朋友数得最多。

11. 放风筝

天青青，天青青，小朋友，放风筝。你放大蝴蝶，他放大蜻蜓，小弟没啥放，直把手帕往上扔。

教学说明：这则儿歌描绘了小朋友们放风筝的愉快画面，教学时，教师可选用相关的图片，包括各种动物形象的风筝，加深小朋友对儿歌内容的理解。

12. 手指谣

食指拇指碰碰，做只小鸡叫叫：叽，叽，叽。食指中指并拢，做把剪刀玩玩：嚓，嚓，嚓。五个手指捏紧，做个拳头敲敲：咚，咚，咚。伸出拇指翘翘，夸你戴上红花：好，好，好。小指小指勾勾，好朋友们笑笑：嘻，嘻，嘻。小手小手拍拍，大家歌儿唱唱：妙，妙，妙。

教学说明：这则儿歌形象生动地描绘了用不同手指表达不同事物或心情的方法。

儿歌中出现了各个手指的名称，多种动作、事物和拟声词，教学内容丰富，是极好的语言学习素材。儿歌的可操作性强，在教学时，可引导小朋友们根据儿歌内容一起来做手指操，调动小朋友们参与的积极性，提高学习效果。

13. 扮老公公

老公公，出来了，白胡子，白眉毛，点点头，弯弯腰。腿一滑，摔一跤，一摸胡子掉下来，乐得大家哈哈笑。

教学说明：这则儿歌描绘了小朋友扮老公公的诙谐幽默画面，形象描写了老公公的特点，包括白胡子、白眉毛、点头弯腰等，教学时，要让小朋友们根据儿歌内容进行表演。

第四节　趣味儿歌活动设计示例

在教学儿歌时，教师可针对学生的年龄特点设计一些有趣的活动形式。下面我们设计了 10 个趣味儿歌教学活动，作为示例，旨在给教师们提供一定的参考思路，在实际教学过程中，教师可按照这些思路自主设计更多有趣又有针对性的活动。

趣味活动一：读儿歌，回答问题

老师给学生一段儿歌，先让学生学会这一段儿歌，再根据儿歌内容向学生提问，让学生思考后回答。

1. 读儿歌

谁偷吃了甜蜂蜜

熊大妈，去赶集，回到家里生了气。桌上一罐甜蜂蜜，被谁偷吃见了底。熊大、熊二和熊三，三只小熊笑眯眯，你看着我，我看着你，都说没偷吃甜蜂蜜。

2. 老师问："小朋友们想一想，是谁偷吃了甜蜂蜜呀？"并在黑板挂上画，画中画着熊大妈和三只小熊，其中熊二嘴边还残留着一些蜂蜜，引导学生观察后回答。

3. 让学生回答问题，并说出自己是怎么想的。

趣味活动二：自己编儿歌

老师给学生一段儿歌，先让学生学会这一段儿歌，再给学生一些关键词语，让学生自己编新的儿歌。

1. 读儿歌

摇　篮

<u>蓝天</u>是摇篮，摇着<u>月</u>宝宝，<u>白云轻轻飘</u>，<u>月</u>宝宝睡着了。

2. 给出一些替换词，让学生模仿儿歌编新的儿歌。

替换词：小河　　　　虾　　水草　　摇

　　　　大地　　　　草　　风儿　　吹

　　　　妈妈的手　　小　　歌儿　　唱

3. 老师带学生一起读自己编的儿歌，让学生根据儿歌内容边读边加上一些简单的动作。

摇　篮

<u>蓝天</u>是摇篮，摇着<u>月</u>宝宝，<u>白云轻轻飘</u>，<u>月</u>宝宝睡着了。

<u>小河</u>是摇篮，摇着<u>虾</u>宝宝，<u>水草轻轻摇</u>，<u>虾</u>宝宝睡着了。

<u>大地</u>是摇篮，摇着<u>草</u>宝宝，<u>风儿轻轻吹</u>，<u>草</u>宝宝睡着了。

<u>妈妈的手</u>是摇篮，摇着<u>小</u>宝宝，<u>歌儿轻轻唱</u>，<u>小</u>宝宝睡着了。

4. 让学生自己发挥想象力，继续编儿歌。

趣味活动三：读儿歌，组织学生讨论

老师给学生一段儿歌，先让学生学会这一段儿歌，再根据儿歌内容向学生提问，让学生思考后说出自己的观点。

1. 读儿歌

猫妈妈请客

猫妈妈，要请客，吃的喝的摆一桌。小猫小猫真正馋，踩着椅子爬上桌。又吃菜，又吃饭，连夸鱼汤最好喝。扔了勺，翻了锅，筷子扔了一满桌。妈妈见了直摇头，客人来了吃什么？

2. 老师问："小朋友们想一想，小猫有哪些地方做得不对？为什么？"

3. 让学生相互讨论后回答问题，并说出自己是怎么想的。

趣味活动四：读儿歌，做游戏

老师给学生一段儿歌，先让学生学会这一段儿歌，再要一些学生读儿歌，另一些学生根据儿歌内容做动作（老师要根据儿歌内容事先让学生准备一些道具，在下面这则儿歌中需要的道具有上衣、书包、袜子、鞋子、竹篮），做完这个游戏后再让学生说出自己的观点。

1. 读儿歌

马虎鬼

小猴子，马虎鬼。拿着上衣伸进腿，拿着书包当帽子，拿着袜子擦擦嘴，鞋子刚刚穿一只，提着竹篮去打水，来到河边照一照，自己差点笑咧嘴。

2. 老师指定一个学生读儿歌，另一个学生根据儿歌内容做动作。做完后，让其他学生说说这个同学的动作做得对不对。（这个环节可以重复多次，分别请不同的学生读和做，让学生都得到练习的机会。）

3. 老师问："小朋友们想一想，小猴子有哪些地方做得不对？为什么？"

4. 让学生相互讨论后回答问题，并说说自己做事的时候会不会像小猴子那么马虎。

5. 集体做游戏：边读儿歌，边做动作。

趣味活动五：读儿歌，学汉字

老师给学生一段儿歌，先让学生学会这一段儿歌，再根据儿歌内容向学生提问，让学生思考后回答。

1. 读儿歌

门字歌

人字进门闪一闪，日字进门在中间。耳字进门听新闻，木字进门很清闲。马字进门闯天下，市字进门闹得欢。

2. 老师问："同学们想一想，这首儿歌里面一共有几个有相同偏旁的字？"引导学生观察后回答。

3. 学生找出所有有"门"字旁的字后，老师提问："哪个小朋友还认识其他带'门'字旁的字，能不能把它们都编成儿歌？"如果学生答不上来，老师可以进行适当的提示，如"问"、"闭"、"闷"等字怎么说？（例如：口字进门问一问，才字进门闭上眼，心字进门闷得慌。）

4. 用这种方法可以用于训练很多偏旁相同的字，适用于汉字复习。

趣味活动六：儿歌表演

老师给学生一段儿歌，先让学生学会这一段儿歌，再让学生根据儿歌内容自己编动作，让学生设计好动作后表演，看谁表演得最形象生动。

1. 读儿歌

小老鼠

小老鼠，上灯台。偷油吃，下不来。喵喵喵，猫来了，叽里咕噜滚下来。

2. 老师先让学生理解儿歌的内容，学会朗读儿歌。

3. 让学生根据儿歌内容编动作，请学生编好后举手，老师请他上台表演。

4. 一位学生上台表演时，其他学生在下面集体朗读儿歌。

5. 评比出表演得最好的学生，请他教大家他编的动作。

6. 全班同学一起边读儿歌边做动作。

趣味活动七：读儿歌，画画

老师给学生一段儿歌，先让学生学会这一段儿歌，再请学生根据儿歌内容自己画画，让学生画好后举手。

1. 读儿歌

放风筝

天青青，天青青，小朋友，放风筝。你放大蝴蝶，他放大蜻蜓，小弟没啥放，直把手帕往上扔。

2. 老师问："同学们想一想，这个儿歌里一共有几个小朋友？他们在干什么？你能把他们画出来吗？"并在黑板上写上儿歌，引导学生观察后画画。

3. 让学生将画好的画全贴在黑板上，请小朋友们选出画得最好的画。

4. 老师指着学生的画让学生们一起读这则儿歌。

趣味活动八：按要求说儿歌

学了一些儿歌之后，老师可组织学生将学过的儿歌温习一遍。这时，老师可以准备一些小图片，上面画着一些动物、植物或人物等，要求这些图片中所画的事物必须是学生学过的儿歌中出现过的。

1. 老师事先将图片准备好，放在一个小箱子里面。

2. 做丢手绢的游戏，被罚的小朋友上来从箱子里摸出一张图片，看图片上是什么，然后念一首有这个事物的儿歌。例如，摸到的图片上画的是一个布娃娃，小朋友就应说包含有"布娃娃"的儿歌，"布娃娃，布娃娃，大大的眼睛黑头发，一天到晚笑哈哈，又干净又听话，我来抱抱你呀，做你的好妈妈。"

3. 读得好的学生奖一朵大红花，最后看上过台的小朋友中哪些小朋友得到了红花，哪些没得到。评比出这次活动的优胜者，予以奖励。

趣味活动九：儿歌对对碰

老师给学生一些问答儿歌，先让学生学会这一段儿歌，再将学生分成两人一组，进行儿歌问答活动。

1. 读儿歌

问答歌

什么圆圆红彤彤？太阳圆圆红彤彤。什么圆圆响咚咚？小鼓圆圆响咚咚。什么圆圆蹦蹦跳？皮球圆圆蹦蹦跳。什么圆圆空中飘？气球圆圆空中飘。

2. 老师将小朋友分成两人一组，让小朋友们面对面坐好。先请左边的同学问，右边的同学回答。再请右边的同学问，左边的同学回答。

3. 全班同学都练习完后，请几组同学上来表演，鼓励学生朗读时配上一些动作。

趣味活动十：儿歌接力抢答赛

1. 老师将全班学生分成两个大组，各组组员按顺序一个接一个坐好，准备进行儿歌接力赛。

2. 老师说出任意一首儿歌的第一句，请小朋友们听后抢答，接说儿歌。哪组小朋友最先举手，就由这组的小朋友来接说儿歌。

3. 接说儿歌时，每名学生只说一句，说完后由后面的学生接着说，这样一个接一个直到把这首儿歌说完。第二轮抢答时，从第一轮的最后一个接说儿歌的学生开始接说。依此反复进行，保证每个学生都有说的机会。

4. 接说儿歌成功的小组得 1 分，接说儿歌失败的不得分。最后看哪个小组得分高，即为优胜组。

第四章　猜谜语学华文

第一节　谜语的特点及其在华文学习中的作用

猜谜语是人们非常喜爱的一种益智、休闲、娱乐活动。不仅在书面上广为传播，在口语中流传更为广泛。在中国，猜灯谜是元宵节的一种传统活动，几乎每个人都有过猜谜的经历，可以说出几个甚至几十个谜语。

在中国的幼儿园和中小学，猜谜语这种游戏一直作为开发智力的一种有效手段，中小学各学科都关注谜语，在语文教学活动中借助谜语，可增添情趣，活跃课堂，增强学生对语言文字的敏感性，激发学生的想象力和探究精神，此外，英语谜语、数学谜语、物理谜语等都进入了课堂①。猜谜能益智，这主要是因为它有趣味性强、寓意深刻的特点，必须运用灵感思维才能解开谜底，而灵感思维最需要的是联想能力和分析能力。此外，几乎每一则谜语都具有较强的知识性，是对生活中有关事物的高度形象化或对事物特点的高度抽象。因此，猜谜也是对学生理解能力的一种锻炼。

此外，相关研究表明，谜语不仅仅是文字游戏或智力活动，很多谜语能通过简练的文字，或隐喻，或幽默地折射出制谜者的思想情感。将猜谜运用到语文教学中，既能启发学生的思维，锻炼智力，又能拓展学生的知识，提高学习能力和文学修养。②谜语一般由谜面和谜底两部分构成。谜语通常运用比喻、拟人、象征等手法，以诗歌形式集中描绘某一事物特征。猜谜活动能使孩子们在猜测中接受知识，培养言语表达能力，如"云儿见了它让路，小树见了它招手，草儿见了它弯腰，花儿见了它点头"，这则谜语的语言生动、明快、有趣又富有韵律感，所以它能吸引孩子，让孩子在玩的过程中不知不觉学到大量词汇。

---

① 参见洪心：《谜语，为语文教学增添情趣》，《基础教育研究》2007 年第 9 期。
② 参见杨和能、韦建群：《用谜语激活课堂》，《中国民族教育》2007 年第 10 期。

第二节 谜语选用的目标与方法

一、使用谜语开展教学活动的目标

1. 让学生们在猜测中接受知识，扩大学生的词汇量，培养学生的语言交际能力

谜语往往是根据需要猜测的事物的特征，以精炼、形象的语言描述出来的，虽然只短短几句，却包含了丰富的知识。通过猜谜，可以扩大学生的知识面，增加学生汉语词汇量，同时在反复猜测的过程中，可以培养学生的汉语听说能力。

2. 促使学生用汉语进行思维，培养学生的汉语语感

在猜谜语的过程中，老师可要求同学们尽量用汉语来思考，用汉语来表达自己寻找答案的过程和理由，培养学生的汉语语感。

3. 启发学生的智力，促使思维敏捷

在猜谜语的过程中，需要经历观察、分析、推理等过程，可以训练学生的观察力、分析推理能力，开发学生的想象力和思维的发散程度，从而使学生思维变得更加敏捷。

二、谜语活动的一般教学过程

1. 先讲授谜语中的生字词

"谜语"教学的特殊性就在于教学是以猜谜的形式展开的。因此，教师要引导学生从字、词入手，在理解谜面的基础上，才能进一步仔细推理分析，最后找到谜底。如《中文》（修订版）第二册第七课的阅读课文《猜一猜》第一则："一棵小树五个杈，没有叶来没有花。五个树杈五支笔，写字画画儿全用它。"在此需要向学生讲解"棵、杈、支"等字；"没有叶来没有花"这句中用了一个衬音的"来"字，是为了让句子读来整齐上口，"来"是没有意义的，教师要通过其他相似例子帮助学生明白，如"一边高来一边低，一个高来一个瘦"；"五个树杈五支笔"这句话中省略了一个"是"字。

2. 说出谜语的谜面，请学生认真听清楚

教师在说谜面时应尽量根据学生的汉语水平来调整语速，可以多说几次，保证每

个学生都能听清楚，听明白。

3. 给学生一些时间思考谜语的谜底，可让学生相互讨论

根据班级学生的情况，可以采用个人思考、两人一组或四人一组思考等形式，比较而言，两人或四人一组的形式有利于赋予猜谜过程任务化的特点。学生共同完成寻找答案的任务，这样一方面可以形成小组之间竞争的气氛，另一方面又有利于降低个人的焦虑感，同时还能在小组成员之间营造积极的话题，引导他们利用汉语进行表达。

4. 请学生说出自己的答案，并说出为什么

在这个环节里，教师不要急于把正确答案告诉学生，可多找几个学生来说说自己的答案及原因，这样可以锻炼学生的表达能力，也可以借此了解学生的思维能力及推理能力。就算学生没有说出正确的答案，但如果他解释得很好，教师也要鼓励，以激发学生的积极性。教师也可以指定一些句式，让学生用这些句式来解说原因，如：因为……所以我猜是……

5. 教师将正确的答案告诉学生，并根据谜面分析如何找出正确的谜底

如《中文》（修订版）第三册第四课阅读课文《猜谜语》的第二则是"有时落在山腰，有时挂在树梢，有时像个圆盘，有时像把弯刀"。在教学中可抓住四个"有时"，引导学生发现，有时这样，有时那样，说明这个物体不是固定不变的，而会发生变化。那么怎么变呢？第一、二句可以引导学生抓住"落、挂"，通过讨论分析，引导学生理解这两句说明这个物体会移动，位置会发生变化。第三、四句"像圆盘、像弯刀"，说明这个物体形状也会变，再分析"在山腰、在树梢"，说明这个物体位置比较高。这样从字、词入手一环一环分析，就能引导学生准确地抓住事物特点，逐步让学生把握事物的全貌，学到一些推理分析方法，提高语言理解能力。

6. 巩固练习，熟读成诵

教师带大家一起说这则谜语的谜面，直到每个学生都记下这个谜语，并掌握谜语猜测的关键线索，能向他人出谜并引导猜谜。

三、谜语教学活动中应注意的问题

让学生猜谜语要讲求一定的方法，要让学生有兴趣学。因此，在教学过程中，教师应该注意以下几个方面的问题：

第一，教师在选取谜面时，要结合学生的情况，出一些贴近学生生活的、以常见事物为谜底的谜语，由浅入深，而不能出那些学生不熟悉的事物。例如，出字谜时，

学生未学过的字不要出，谜面比较含糊，形象性、寓意性不强的谜语也不要出。要注意语言的可懂性，要选择学生能懂的语言，不能出现过于复杂的词汇。

第二，在说谜面时，要注意语速，要尽量让学生听懂。学生听懂了，才会有猜谜的兴趣，因此，教师应注意谜语呈现方式的可懂性。

第三，可用一些游戏形式增加猜谜活动的趣味性。例如，准备一个箱子，里面装一些小奖品，猜对谜语的学生可以在箱子里摸一个奖品，这样可以增加学生参与的积极性。

第四，重视学生的观察力及思维能力训练。谜语教学可训练学生思维，教师在教学中不宜太快说出谜底，让学生不经过思考就得出谜底，这样，猜谜过程就没多大积极作用了。但也要防止设计太过复杂，使学生无法掌握推理方法，丧失学习兴趣。因此，在教学中教师要根据学生的特点巧妙引导学生的思维，既顺利找到谜底，又有效训练学生的观察力及思维能力。如这样一则谜语："高山不见一寸土，平地不见半亩田，江河湖海没有水，世界各国在眼前。"一位教师对此的设计过程如下：

对这则谜语，要先指导学生想一想，平时见到的高山、平地、江河湖海是什么样子？

接着可问：谜语里的高山为什么没有土？平地为什么没有田？江河湖海又为什么没有水呢？

学生第一个想法就是：那不是真的。

教师再问：什么物体可以把不是真正的高山、平地、江河湖海表现出来呢？

学生会提出种种答案：电视、图画、世界地图……

教师把这些答案一一写在黑板上，然后再让学生想想谜语的最后一句"世界各国在眼前"，看看黑板上哪个答案能将世界各国都展现在眼前。大多数学生便会想到是世界地图。

这样的推理和归纳过程，始终使学生处在紧张的思维之中，但又是大多数学生能理解消化的，可始终保证学生较高的学习兴趣，思维能力也得到提高。

第五，"谜语"只是用以提高学生学习华文兴趣的题材，语言训练才是华文课的基本任务。谜语教学不能只是让学生猜出谜底就算完成教学任务，仍然要进行语言文字训练。教师要引导学生从字词入手，经分析推理，抓住事物的特点，既猜出谜底，又提高思维能力。

谜语常运用对偶、夸张、比喻等修辞手法，巧妙地描写谜底的特征。同时，又往往以诗歌的形式来表达，富有音律感和音乐美。在教学中，不仅要让学生猜出谜底，而且还要使他们学会一些语言知识，并得到美的享受。如"云儿见它让路，小树见它招手，草儿见它弯腰，花儿见它点头。"这则谜语运用了拟人的手法，以让路、招手、弯腰、点头来写风吹过时云儿、小树、草儿、花儿的动态，生动地描画了"风"的形象。当学生猜出谜底后，就可进一步引导学生说说谜语中是怎样描写看不见的风的，从而培养学生的写作能力。

四、谜语教学示例

在针对幼儿园及小学阶段学生编写的华文教材中，谜语也是极其常见的一种体裁，这种类型的课文深受学生欢迎。下面以贾益民主编、暨南大学出版社出版的《中文》（修订版）第三册第四课《猜一猜》的课文教学为例，具体展示谜语教学设计的全过程。

一、教学对象
生活在海外的小学生（初学汉语者）。

二、教学内容
本课是中国暨南大学出版社出版的《中文》（修订版）第三册第四课，课文是两则谜语。第一则是事物谜，谜底是电话，第二则是动物谜，谜底是蜜蜂。谜语形象描写了电话和蜜蜂的特点，通过课文学习引导学生培养注意观察身边事物的习惯。本课重点是让学生了解猜谜的方法。

三、教学目标
1. 结合插图理解课文内容，知道电话、蜜蜂的一些特点，了解这两则谜语是怎样说明这些特点的，掌握猜谜的方法。
2. 能流利地朗读和背诵课文。
3. 养成观察身边事物的习惯。

四、教学重点
1. 能准确地认读课文中的生字词，能流利地朗读课文。
2. 了解课文的主要内容，知道这两则谜语是怎样说明事物的特点的，掌握猜谜的方法。

五、教具准备
1. 与课文中具体事物相对应的图片。

2. 作为奖励用的卡通贴纸若干张。

六、教学时间

45 分钟。

七、教学步骤

（一）直接导入，激发兴趣

小朋友，你们喜欢猜谜语吗？今天，我们就来学习《猜一猜》这篇课文，一起读课题。

（二）复习生字，初读谜语

1. 复习生字

（1）躲在谜语里的生字词上节课老师已经讲过了，大家还记得它们吗？老师来考考大家。（出示生字词，请学生单独认读。）

（2）指定小老师，请小老师领读，全班齐读，再开小火车读。

（3）老师说词语，请学生快速指相应的器官：眼睛、耳朵、嘴巴。

（4）展示图片，请学生说出相应的词语：传、采、蜜蜂、劳动。

2. 读读谜语

认识了躲在谜语里的生字词，相信小朋友能把谜语读得更好了。我们一起有感情地读读谜语。

（1）自读谜语。

（2）指名读谜语，读后纠正字音。

3. 试猜谜语，交流猜谜的方法

（1）大家知道谜底了吗？你们是怎样猜出来的呢？（请学生们分别说说自己的答案，以及找到这个答案的方法，引导学生用多种方法猜出谜底，鼓励创新，培养学生的求异思维。）

（2）结合学生生活经验来学习猜测，引导学生把生活和课堂结合起来。

提示学生：通过课文插图可以找到谜底，读懂谜语的每一句话才能猜出来。

第一则谜语：声音（丁零零）、用途（能说能听，不能看不能闻）

第二则谜语：声音（嗡嗡嗡）、本领（飞、传花粉、采花蜜）

（三）朗读谜语，背诵谜语

1. 谜语朗读大比拼

老师：学了谜语后大家可以让别人去猜，想一想，有什么好办法让别人喜欢你的谜语呢？（启发学生为了使别人喜欢自己的谜语，在说谜语时，可以加上表情，加上动作。还要注意发音要清晰准确，语气要生动。）

请学生们准备一下，比比看谁能把谜语说得更好。

2. 创设语境，练习表达

在回家的路上碰到了你的好朋友，你能给他猜猜我们今天学的谜语吗？

请一位同学演好朋友，一位同学给好朋友猜谜语。（要求背诵谜语。）

同学之间互相表演遇到不同的人（如叔叔、奶奶、阿姨等），请他们猜谜语。

（四）拓展训练，猜编谜语

1. 老师准备几则其他谜语，请同学们再一起猜一猜，谜面尽量是学生学过的生字词。可以采用分组比赛的形式，将全班分为几组抢答，抢答正确的小组每次得 3 分，看哪个组猜得多。

这节课所学的谜语中包含有鼻子、嘴巴、眼睛等器官名称，可以选择与器官相关的谜语来比赛，如"上边毛，下边毛，中间一颗黑葡萄，你要猜不着，对我瞧一瞧。""左边一个洞，右边一个洞，是香还是臭，问它就知道。"

2. 今天这节课，我们学习了猜谜的方法，小朋友的脑子里一定也有许多谜语，你能给大家猜猜你的谜语吗？（游戏：谜语达人比赛。）

第三节　谜语精选与教学指导

下面是从各类材料中收集的 100 条谜语，我们根据谜底特点将这些谜语分为动物谜、植物谜、事物谜、自然事物谜、字谜等几类。每则谜语之后都有相应的教学说明，简要分析了猜测谜语的主要思路，供教师选用。教师可根据学生的年龄选择适合他们练习的谜语，也可根据学生的情况自编一些简单的谜语。

（一）动物谜

动物谜是指所猜测的对象是某种动物。动物谜的谜面通常描写的都是某种动物最典型的特点，包括外形特点、声音特点、生活习性和动作特点等。

耳朵长，尾巴短，红眼睛，白毛衣，三瓣嘴儿，胆子小，蹦蹦跳跳真可爱。

教学说明：这则谜语的谜底是兔子。猜谜时注意引导学生从整体上抓住这个动物的外形特点，包括耳朵长、尾巴短、红眼睛、白毛、三瓣嘴；在此基础上，再进一步理解它的动作特点——蹦蹦跳跳；还有习性特点——胆小。教学之后，可以请小朋友们动手画一画。

人们都说它美丽，大红冠子花外衣，油亮脖子金黄脚，要比唱歌它第一。

教学说明：这则谜语的谜底是公鸡。猜谜时注意引导学生把握几个关键特征：第一，"大红冠子"指的是公鸡的鸡冠，鸡冠是鲜红色的，所以称为"大红冠子"；第二，"花外衣"是比拟，把公鸡的羽毛比作外衣，公鸡的羽毛是多种颜色组成的，因此说成"花外衣"；第三，"油亮脖子金黄脚"分别描写了脖子和脚的颜色特点；第四，"要比唱歌它第一"描写的是公鸡打鸣，声音高而亮，这里也是拟人的写法。在教学时，可以配上公鸡的图片，以便学生们准确把握谜面所描绘的各个部位的特点。

头戴红帽子，身穿白袍子，走路摆架子，说话伸脖子。

教学说明：这则谜语的谜底是鹅。猜谜时注意引导学生把握几个关键特征：第一，"头戴红帽子"描写的是鹅头顶那块红色凸起部位；第二，"身穿白袍子"描写的是鹅毛的颜色，白色；第三，"走路摆架子"描写的是鹅走动时的体态，摇摇摆摆的；第四，"说话伸脖子"描写的是鹅叫时的习惯性动作，伸长脖子。在引导学生猜谜时，可让大家想想什么动物头顶是红红的，羽毛是白的，走路摇摇摆摆的，喜欢伸长脖子。

小时四条腿，大时两条腿，老时三条腿。

教学说明：这则谜语的谜底是人。谜语描写了人在三个不同时期的主要行走特征，猜谜时注意引导学生把握几个关键特征：第一，"小时四条腿"描写了人在婴孩时期的特点，即爬行，手脚并用，可称为"四条腿"；第二，"大时两条腿"是指人在中青年时期，主要通过双腿来行走；第三，"老时三条腿"描写的是人到老年时期，因为身体机能退化，腿脚不便，需要借助拐杖行走，形象地描述为"三条腿"。

脸上长钩子，头边绑扇子，四根粗柱子，一条小辫子。

教学说明：这则谜语的谜底是大象。猜谜时注意引导学生把握几个关键特征：第一，"脸上长钩子"描写的是大象的鼻子，象鼻长长弯弯的，形状似钩；第二，"头边绑扇子"描写的是大象的耳朵，大象耳朵大如团扇；第三，"四根粗柱子"描写的是大象的四条腿，粗大，好像柱子一般；第四，"一条小辫子"描写的是大象的尾巴，细细长长，像姑娘扎的辫子。大象不是常见动物，在教学时，可以配上相应的图片，以便学生们准确把握谜面所描绘的各个部位的特点。

 说它是头牛，无法拉车走，说它力气小，却能背屋跑。

 教学说明：这则谜语的谜底是蜗牛。猜谜时注意引导学生把握几个关键特征：第一，"说它是头牛，无法拉车走"描述的是这个动物与"牛"有一定关联，但是力气不大；第二，"说它力气小，却能背屋跑"描述的是这个动物的形体特点，身上背着像屋子一样的东西。将两点结合起来，就可找到谜底，即蜗牛。蜗牛有"牛"字，它的力气不大，无法拉车，身体上有一个硬壳，像屋子一样。蜗牛也不是常见动物，在教学时，可以配上相应的图片，以便学生们准确把握谜面所描绘的各个部位的特点。

 名字叫小花，喜欢摇尾巴，夜晚睡门口，小偷最怕它。

 教学说明：这则谜语的谜底是狗。猜谜时注意引导学生把握几个关键特征：一是"喜欢摇尾巴"，二是"夜晚睡门口"，三是"小偷最怕它"，同时具有这三个特点的是狗。

 胡子不多两边翘，开口总说喵喵喵，一到黑夜眼似灯，白天总是睡大觉。

 教学说明：这则谜语的谜底是猫。最容易把握的关键特征是"开口总说喵喵喵"，描述了这个动物的声音，"喵喵喵"是猫的代表声音，因此可以初步确定谜底为猫。再进一步根据其他三句所描述的特点，可以肯定谜底是猫。

 小时穿黑衣，大时穿绿袍，水里过日子，岸上来睡觉。

 教学说明：这则谜语的谜底是青蛙。猜谜时注意引导学生把握几个关键特征：第一，"小时穿黑衣，大时穿绿袍"说明了这个动物的外形特点，是一种幼年和成年时期发生较大变化的动物，小的时候是黑色，长大后是绿色，可以初步确定为青蛙。青蛙幼年时是蝌蚪，黑色的，长大后变成绿色的青蛙。后两句进一步说明了这个动物的生活特点，可以同时在水里和陆地上生活，是两栖动物。

小小飞贼，脸上长针，抽别人血，养自己身。

教学说明：这则谜语的谜底是蚊子。猜谜时注意引导学生把握几个关键特征：第一是"脸上长针"，脸上长针的动物主要有蚊子、蜜蜂等；第二是"抽别人血"，说明这种动物爱吸食血液，两点结合起来可以确定是蚊子。

嘴像一把铲，脚像一把扇，走路爱摇晃，水上能划船。

教学说明：这则谜语的谜底是鸭子。谜面的四句话分别描述了这个动物嘴巴、脚的特点，走路的特征和主要本领，四个特征结合可以确定是鸭子。鸭子的嘴巴扁扁的，形状像铲子；鸭脚掌有蹼相连，形似扇子；鸭子行走时身体摇摇摆摆，能在水面上游动。

有个妈妈真奇怪，肚上有个皮口袋，不放萝卜不放菜，里边放个小乖乖。

教学说明：这则谜语的谜底是袋鼠。猜谜的关键特征是"肚上有个皮口袋"，肚子上有口袋的动物只有袋鼠。"里边放个小乖乖"指的是口袋里装的是袋鼠宝宝。

是鸡不长毛，是牛不耕田，是猫不捕鼠，是虎不上山。（猜四种动物）

教学说明：这则谜语的谜底分别是田鸡、蜗牛、熊猫、壁虎。这个谜语共有四个谜底，每一句表示一种动物，四句的思维方式一致。第一句"是鸡不长毛"，理解为"不长毛的鸡"，鸡都有羽毛，说明不是鸡，而是包含有"鸡"这个字的一种动物，田鸡。第二句理解为"不耕田的牛"，猜的是包含有"牛"这个字的一种动物，蜗牛。第三句理解为"不捕鼠的猫"，是包含有"猫"这个字的一种动物，熊猫。第四句理解为"不上山的虎"，是包含有"虎"这个字的一种动物，壁虎。

白衬衣，黑大褂，走起路来摇摇摇，冰天雪地都不怕。

教学说明：这则谜语的谜底是企鹅。猜谜时注意引导学生把握几个关键特征：第一，"白衬衣，黑大褂"描写了这个动物的表皮颜色特点，中间是白色，外面是黑色；第二，"走起路来摇摇摇"描写了这个动物行走时的特点，摇摇摆摆的；第三，"冰天雪地都不怕"描写了这个动物生存环境的特点，即生活在寒冷地带。三个特点结合起来，可知是企鹅。

有个老公公，胡子乱蓬蓬，洗个热水澡，浑身红彤彤。

教学说明：这则谜语的谜底是虾。猜谜时注意引导学生把握几个关键特征：第一，"有个老公公，胡子乱蓬蓬"描写的是这个动物的外形特点，"老公公"的典型特点是腰背弯曲，这是一种身体弯曲又有像胡须一样须的动物；第二，"洗个热水澡，浑身红彤彤"说明这种动物在热水里会变成红色，由此可引导学生想一想有什么动物本来不是红色，但在热水里煮一煮就变成了红色。两个特点结合起来，可知道谜底是虾。

（二）植物谜
植物谜是指所猜测的对象是某种植物。植物谜的谜面通常描写的也都是某种植物最典型的特点，包括形状、颜色、气味、大小、味道、营养价值、生长习性等。

一个小姑娘，坐在水中间，身穿粉红衣，阵阵放清香。

教学说明：这则谜语的谜底是荷花。这则谜语的谜面采用拟人的手法，将所猜植物当作人来写，"一个小姑娘，坐在水中间"表示这种植物生长在水中，"身穿粉红衣"表示其颜色是粉红色的，"阵阵放清香"描述的是这种植物的气味。常见的粉红色、有清香、长在水中央的正是荷花。

四季青，巴掌大，用手摸，像针扎。

教学说明：这则谜语的谜底是仙人掌。猜谜时注意引导学生把握几个关键特征：第一，"四季青"表示这种植物一年四季都是绿色的；第二，"巴掌大"说明了这种植物的形状和大小；第三，"用手摸，像针扎"说明这种植物上面长有尖刺。将以上几个特点合在一起，就能找到谜底，即仙人掌。教师可以准备一些仙人掌的图片，以便学生在猜测时进一步理解谜面所描述的特点。

黄屋子，红帐子，里面睡个白胖子。

　　教学说明：这则谜语的谜底是花生。猜谜时注意引导学生把握几个关键特征：第一，"黄屋子"说明表皮是黄色的、包裹在最外面的一层；第二，"红帐子"说明里面有一层红色的、薄薄的内皮；第三，"里面睡个白胖子"说明不仅最里面是白色的，而且形状比较饱满。由此，可知道谜底是花生。

　　弯弯像小船，香甜好滋味，黄衣白身体，软软好滋味。

　　教学说明：这则谜语的谜底是香蕉。猜谜时注意引导学生把握几个关键特征：第一，"弯弯像小船"描述的是外形特点；第二，"香甜好滋味"描述了味道特点，是香香甜甜的；第三，"黄衣白身体"描写了结构和颜色特点，分为内外两层，里面白色、外面黄色；第四，"软软好滋味"描写了口感特点，吃起来软软的。四个特点结合起来，可以得出谜底是香蕉。

　　红红的脸儿像苹果，又酸又甜营养多，既能做菜吃，又能当水果。

　　教学说明：这则谜语的谜底是西红柿。猜谜时注意引导学生把握几个关键特征：第一，"红红的脸儿像苹果"描写的是颜色特点；第二，"又酸又甜营养多"描写的是味道和营养特点；第三，"既能做菜吃，又能当水果"描写了其食用价值。三个特点结合起来，可以得出谜底是西红柿。

　　红公鸡，绿尾巴，一头钻进地底下。

　　教学说明：这则谜语的谜底是胡萝卜。猜谜时注意引导学生把握几个关键特征：第一，"红公鸡"将要猜测的植物比喻成公鸡，其颜色是红色；第二，"绿尾巴"说明长有部分绿叶；第三，"一头钻进地底下"说明这种植物是长在泥土里的。长在泥土里，红色的，有露在外面的绿叶，结合这三个特点，便可知这种植物是胡萝卜。

　　白公鸡，绿尾巴，一头钻进地底下。

　　教学说明：这则谜语的谜底是白萝卜。这则谜语与上一则谜语的相似度很高，仅第一句改为"白公鸡"。长在泥土里，白色的，有露在外面的绿叶，综合起来便可知这种植物是白萝卜。

看着是绿的，吃的是红的，吐出来是黑的。

教学说明：这则谜语的谜底是西瓜。猜谜时注意引导学生把握几个关键特征：第一，"看着是绿的"指其表皮是绿色的；第二，"吃的是红的"指其可食用部分是红色的；第三，"吐出来是黑的"说明这种东西食用时需要吐黑籽。外绿内红有黑籽、可食用的是西瓜。

小时能吃味道鲜，老时能用有人砍，虽说不是钢和铁，浑身骨节压不弯。

教学说明：这则谜语的谜底是竹子。猜谜时注意引导学生把握几个关键特征：第一，"小时能吃味道鲜"不仅说明这种植物小时可以食用，而且味道鲜美；第二，"老时能用有人砍"，"砍"字说明这种植物长大后变得坚硬；第三，"虽说不是钢和铁，浑身骨节压不弯"说明这种植物分成许多节，而且挺拔直立。谜底是竹子，竹子小时候是竹笋，竹笋鲜嫩可口，长大后变脆变硬，有许多竹节，用途很多。教师可配不同生长时期的竹子的图片供学生观察。

高高绿杆儿，圆圆金黄脸，最爱向太阳，天天笑不停。

教学说明：这则谜语的谜底是向日葵。这个谜语中最关键的特征是"最爱向太阳"，当然，向阳的植物有许多种，再从"圆圆金黄脸"这一句，可知其形似圆盘，加之是金黄色的，便可以知道是向日葵。"高高绿杆儿"可以作为辅助猜测线索，描述的是向日葵下面的杆的颜色和外形特点。最后一句"天天笑不停"没有猜测线索，仅仅是为了使谜面形成整齐的绝句式而编写的。

（三）事物谜

所谓事物谜，是与自然事物谜相对的一类谜语，这类谜语描述的是某种人造的物品，可分为电器、日用品、体育用品、文化用品、服饰用品、家具、交通工具等小类。由于事物的范围较为广泛，因此在谜面之后可以列出谜底所属小类，以缩小猜测范围、降低猜测难度。

有个东西真奇怪，它把灰尘当饭菜，有了灰尘它清除，保持清洁人人爱。（打一家用电器）

教学说明：这则谜语的谜底是吸尘器。这则谜语的关键特征是这个东西能吸食灰尘，是用来清除灰尘的，由此可知是吸尘器。第二、三句是寻找谜底的主要线索所在，第一、四句不是猜谜线索，而是构成谜面的衬句。

一个柜子真奇妙，电流接通才能用。放进蔬菜、水果、肉，取出一摸冷冰冰。（打一家用电器）

教学说明：这则谜语的谜底是电冰箱。猜谜时注意引导学生把握几个关键特征：第一，"一个柜子真奇妙"说明其形状是柜子；第二，"电流接通才能用"说明需要用电，是一种电器；第三，"放进蔬菜、水果、肉"说明了其用途，是用来储存各种新鲜食物的；第四，"取出一摸冷冰冰"说明其作用，是将放入其中的食物冷却。由此可知谜底是电冰箱。

头戴塑料帽，身穿彩色袍，用手挤一挤，入口变白泡。（打一日用品）

教学说明：这则谜语的谜底是牙膏。猜谜时注意引导学生把握几个关键特征：第一，"头戴塑料帽"说明这个物品有盖子，一般是塑料制成的；第二，"身穿彩色袍"说明其主体部分是彩色的；第三，"用手挤一挤，入口变白泡"说明其使用方法，需要用手挤入口中，并且会变成白泡。放入口中又能变成白泡的东西只有牙膏，因此，后两句是猜测的最关键信息，前两句是辅助猜测线索。

没到手抢它，到手就扔它，越是喜欢它，越是要打它。（打一体育用品）

教学说明：这则谜语的谜底是篮球。猜谜时注意引导学生把握几个关键特征：先看第三、四句"越是喜欢它，越是要打它"说明这个物品是用来"打"的，可与"打"组合的事物名词常见的有"电话、球、毛衣、游戏机"等；再通过第一、二句"没到手抢它，到手就扔它"来排除上面的可选答案，是用手来玩的，多人一起争抢，抢到后还要扔出去。结合以上特征，可以知道谜底是篮球。

有圆又有方，你要写错字，找它来帮忙。（打一文具）

教学说明：这则谜语的谜底是橡皮。猜谜时注意引导学生把握几个关键特征：第一，"有圆又有方"说明其形状，有圆形的，也有方形的；第二，"你要写错字，找它来帮忙"要整体理解，说明是写错字的时候用的一种东西。写错字的时候常用橡皮来擦除，当然，现在还有涂改带、涂改液、涂改纸等也可以起到改正错字的作用，但结合"有圆又有方"这个特点，可以得出谜底是橡皮。

腿长脚尖，爱画圆圈。（打一文具）

教学说明：这则谜语的谜底是圆规。这则谜语的关键特征是"爱画圆圈"，用来画圆圈的工具是圆规，再通过第一句"腿长脚尖"进一步明确圆规的外形特点，确认谜底。

丁零零，丁零零，一头说话一头听。俩人不见面，说话听得清。（打一用品）

教学说明：这则谜语的谜底是电话。猜谜时注意引导学生把握几个关键特征：第一，"丁零零，丁零零"描写这个物品的声音，有类似声音的事物如电话、铃铛、门铃等；第二，"一头说话一头听"说明这个物品的特点是可以听、说，可以确定是电话；第三，进一步描写使用这个物品时的情景，两个人不见面，但是可以听清彼此说话的声音，这是一条辅助性线索。

一个画家真奇怪，画画不用笔和彩，朝它面前站一站，咔嚓一声画下来。（打一用品）

教学说明：这则谜语的谜底是照相机。猜谜时注意引导学生把握几个关键特征：第一，"一个画家真奇怪，画画不用笔和彩"说明这个物品的作用，是用来画图的，但是不用笔和颜料；第二，"朝它面前站一站，咔嚓一声画下来"描写其画画的方式，从"咔嚓一声"可以知道这是照相机。

看看像块糕，不能用嘴咬，洗衣和洗澡，浑身出白泡。（打一日用品）

教学说明：这则谜语的谜底是肥皂。猜谜时注意引导学生把握几个关键特征：第一，"看看像块糕，不能用嘴咬"说明其形状特点，像蛋糕的形状，但是不能吃；第二，"洗衣和洗澡，浑身出白泡"说明其使用特点，洗衣服和洗澡的时候用的，而且会冒出白泡，由此可知是肥皂。

　　浑身都是毛，常在水中泡，和你常贴脸，天天离不了。（打一日用品）

　　教学说明：这则谜语的谜底是毛巾。猜谜时注意引导学生把握几个关键特征：第一，"浑身都是毛"说明其外形特点，有许多毛；第二，"常在水中泡"说明使用特点，主要在水中使用；第三，"和你常贴脸，天天离不了"说明其用途，是每天用来与脸部接触的事物。结合这三个特征，可知道谜底是毛巾。

　　你哭他也哭，你笑他也笑。正面看得着，背面找不到。脸上脏不脏，看它就知道。（打一用品）

　　教学说明：这则谜语的谜底是镜子。这则谜语一共三大句六小句，描写了这个事物的三个特点，第一是呈现动作，第二是正面才有作用，第三是可以通过它看到自己的脸，由此可知是镜子。镜子的背面涂有水银，看不到东西，而正面可以清晰呈现相应的人或事物。

　　小帐篷，圆又圆，雨天满街走，晴天家中闲。（打一用品）

　　教学说明：这则谜语的谜底是雨伞。猜谜时注意引导学生把握几个关键特征：第一，"小帐篷，圆又圆"描述了这个事物的外形特点，像圆圆的帐篷；第二，"雨天满街走，晴天家中闲"说明其使用特点，在下雨天的时候，大街上随处可见，而晴天的时候不需要用它。由此可知谜底是雨伞。雨伞撑开后像圆圆的帐篷，主要在下雨的时候使用，天晴的时候很少有人使用。

　　大像西瓜，轻像羽毛，不生翅膀，飞得老高。（打一用品）

　　教学说明：这则谜语的谜底是气球。猜谜时注意引导学生把握几个关键特征：第一，"大像西瓜"说明这个物品的体积特点，像西瓜般大小；第二，"轻像羽毛"说明这个物品的重量特点，很轻；第三，"不生翅膀，飞得老高"描写了这个物品最典型的特点，可以飞到空中。根据这三个特点，可以猜出谜底是气球。

高山不见一寸土，平地不见半亩田，江河湖海没有水，世界各国在眼前。（打一用品）

教学说明：这则谜语的谜底是世界地图。猜谜时注意引导学生把握几个关键特征：第一，"高山不见一寸土"，可以看到山，但是没有土，说明不是真的山；第二，"平地不见半亩田"，可以看到平地，但是看不到农田，说明也不是真的平地；第三，"江河湖海没有水"，可以看到江河湖海，但是没有水，说明也不是真的江河湖海；第四，"世界各国在眼前"说明可以同时看到世界上的每个国家。由此可知谜底是世界地图。

对这则谜语，要先指导学生想一想，平时见到的高山、平地、江河湖海是什么样子？接着可问：谜语里的高山为什么没有土？平地为什么没有田？江河湖海又为什么没有水呢？引导学生形成一个想法，就是：那不是真的。教师再问：什么物体可以把不是真正的高山、平地、江河湖海表现出来呢？学生会提出种种答案：电视、图画、世界地图……教师可以把这些答案一一写在黑板上，然后再让学生想想谜语的最后一句"世界各国在眼前"，看看黑板上哪个答案能将世界各国都展现在眼前。大多数学生便会想到是世界地图。这样的推理和归纳，使学生处在紧张的思维之中，学习兴趣更高，思维能力也得到提高。

有山没石头，有城没高楼，有路没人走，有河没水流。（打一用品）

教学说明：这则谜语的谜底是地图。猜谜时注意引导学生把握几个关键特征：第一，"有山没石头"，可以看到山，但是没有石头，说明不是真的山；第二，"有城没高楼"，可以看到城市，但是却看不到高楼大厦，说明也不是真的城市；第三，"有路没人走"，可以看到道路，但是没有人，说明也不是真的道路；第四，"有河没水流"，可以同时看到河，但是没有水，说明也不是真的河流。由此可知，谜底是地图。

一匹怪马，就两只脚，踩它双脚，抓它双角，它就会跑。（打一交通工具）

教学说明：这则谜语的谜底是自行车。猜谜时注意引导学生把握几个关键特征：第一，"一匹怪马，就两只脚"，马都有四只脚，说明它不是马，而是一种比拟，与马有共同点——能跑；第二，"踩它双脚，抓它双角，它就会跑"说明让它跑动的方法是"踩双脚，抓双角"，踩动就可跑动的是自行车，"抓双角"就是指抓住自行车的龙头。由此，可以确认谜底是自行车。

稀奇古怪两只船，没有桨来没有帆，白天载人四处走，晚上横卧在床前。（打一用品）

教学说明：这则谜语的谜底是鞋子。猜谜时注意引导学生把握几个关键特征：第一，"稀奇古怪两只船，没有桨来没有帆"，没有桨没有帆，说明不是真的船，但是形状像船，有两只；第二，"白天载人四处走，晚上横卧在床前"，说明不仅是白天用的，晚上睡觉时不用，而且是人用的。由此可知这个用品是鞋子。

有面没有口，有腿没有手，长有四只脚，就是不会走。（打一用品）

教学说明：这则谜语的谜底是桌子。猜谜时注意引导学生把握几个关键特征：第一，"有面没有口"说明这个物品有面；第二，"有腿没有手"说明这个物品只有腿；第三，"长有四只脚，就是不会走"说明这个物品有四只脚，但是不能移动，脚是用来支撑的，四条腿、有一面，这个物品就是桌子。

有嘴不能说，有肚不吃菜，白水装进去，黄水吐出来。（打一用品）

教学说明：这则谜语的谜底是茶壶。猜谜时注意引导学生把握几个关键特征：第一，"有嘴不能说"说明这个物品有嘴；第二，"有肚不吃菜"说明这个物品有个肚子；第三，"白水装进去，黄水吐出来"说明这个物品可以用来装水，而且水装进去后颜色会变化。由此可知谜底是茶壶。

有位好老师，教你学知识，难字帮你读，它却不说话。（打一学习工具）

教学说明：这则谜语的谜底是字典或词典。猜谜时注意引导学生把握几个关键特征：第一，"有位好老师，教你学知识"说明这个工具可以用来学知识；第二，"难字帮你读，它却不说话"，不认识的难字它能认，但是不能发出声音。由此可知谜底是字典或词典。

（四） 自然事物谜

云儿见了它让路，小树见了它招手，草儿见了它弯腰，花儿见了它点头。

教学说明：这则谜语的谜底是风。猜谜时注意引导学生把握几个关键特征：第一，"云儿见了它让路"说明云儿遇到它会散开；第二，"小树见了它招手"说明小树遇到它会摆动枝条；第三，"草儿见了它弯腰"说明草儿遇到它会弯曲；第四，"花儿见了它点头"说明花儿见到它也会摇晃。在自然界，能让云、树、草、花动的就是风。

这则谜语运用了拟人的手法，以"让路、招手、弯腰、点头"来写风吹过时云儿、小树、草儿、花儿的动态，生动地描画了"风"的形象。当学生猜出谜底后，教师可以进一步讲讲谜语中是怎样描写看不见的风的，提高学生的观察和写作能力。

千根线，万根线，落在水里看不见。

教学说明：这则谜语的谜底是雨。猜谜时注意引导学生把握几个关键特征：第一，"千根线，万根线"说明这个事物数量多，形状像线；第二，"落在水里看不见"说明这个事物掉入水中后会消失。这个事物就是雨。

说它是盐，可是它不咸；说它是糖，可是它不甜；用手抓一把，全都变成水。

教学说明：这则谜语的谜底是雪。猜谜时注意引导学生把握几个关键特征：第一，"说它是盐，可是它不咸"说明其外形像盐，但是没有咸味；第二，"说它是糖，可是它不甜"说明其外形像糖，但是没有甜味。从这两句可知这个事物的外形颜色与盐、糖相同，是白色的细小颗粒。第三，"用手抓一把，全都变成水"说明它可以用手抓起来，是固体，但是手抓起来之后会变成液体。由此可知是雪。

看不见，摸不着，不香不臭没味道，说它宝贵到处有，动物植物离不了。

教学说明：这则谜语的谜底是空气。猜谜时注意引导学生把握几个关键特征：第一，"看不见，摸不着"说明它是无形的；第二，"不香不臭没味道"说明它没有特殊的气味；第三，"说它宝贵到处有，动物植物离不了"说明它不仅到处都有，而且动植物都离不开它。由此可知它是空气。

不洗还干净，洗了不干净，不洗有人吃，洗了没有用。

教学说明：这则谜语的谜底是水。猜谜时注意引导学生把握几个关键特征：第一，"不洗还干净，洗了不干净"说明它与一般物品不同，一般物品是洗了就干净，不洗不干净，而它正好相反；第二，"不洗有人吃，洗了没有用"，说明它可以食用但是洗过之后却不能食用。洗东西用的是水，东西干净了，而水却脏了；净水可以喝，但是洗过东西的水就不能喝了。由此可知谜底是水。

一个球，热烘烘，落在西，出在东。

教学说明：这则谜语的谜底是太阳。猜谜时注意引导学生把握几个关键特征：第一，"一个球"说明这个事物的形状是球形；第二，"热烘烘"说明其温度高；第三，"落在西，出在东"说明这个事物位置变化的方位特点，从东边出来，从西边落下去。结合这三个特点，可知谜底是太阳。

像云不是云，像烟不是烟，风吹轻轻飘，日出慢慢散。

教学说明：这则谜语的谜底是雾。猜谜时注意引导学生把握几个关键特征：第一，"像云不是云，像烟不是烟"说明其外形特点，与云、烟相似，但不是云、烟；第二，"风吹轻轻飘，日出慢慢散"说明它可以被风吹动，太阳一出来就会消散。由此可知谜底为雾。

一座天桥高又高，五颜六色真好看，雨后才往天边挂，行人汽车不能上。

教学说明：这则谜语的谜底是彩虹。猜谜时注意引导学生把握几个关键特征：第一，"一座天桥高又高"说明其形状似桥；第二，"五颜六色真好看"说明其颜色特点；第三，"雨后才往天边挂"说明它不仅在雨后才会出现，而且出现在天空；第四，"行人汽车不能上"说明它不是真的桥。由此可以推断，谜底为彩虹。

一个好朋友，天天跟着我。有时在前走，有时在后走。想和他说话，他却不开口。

教学说明：这则谜语的谜底是影子。猜谜时注意引导学生把握几个关键特征：第一，"一个好朋友，天天跟着我"说明它跟人每天都在一起；第二，"有时在前走，有时在后走"说明其位置特点，有时在前面，有时在后面；第三，"想和他说话，他却不开口"，说明"他"不能跟人交流，不是一般意义上的"好朋友"。天天伴随着人，时前时后的事物是影子。

有时落在山腰，有时挂在树梢，有时像个圆盘，有时像把弯刀。

教学说明：这则谜语的谜底是月亮。在教学中可抓住四个"有时"，引导学生发现，有时这样，有时那样，说明这个物体不是固定不变的，而会发生变化。那么怎么变呢？第一、二句可以引导学生抓住"落、挂"，通过讨论分析，引导学生理解这两句说明这个物体会移动，位置会发生变化。第三、四句"像圆盘、像弯刀"，说明这个物体形状也会变，再分析"在山腰、在树梢"，说明这个物体位置比较高。通过上述分析，就可以找到谜底"月亮"。

（五）字谜

字谜的谜面本身都有一定的字面意义，但猜测字谜主要是借助谜面寻找构字的线索，往往需要将字面意义进行转化理解，尽量从中得到与字形或字义相关的启示。每个字谜的设计方法均不完全相同，大多数字谜是用几句意思相连的话从一个角度来描述一个字，而也有一些字谜从几个不同的角度来描述同一个字。多数字谜从字形角度入手，也有一些字谜从字义角度入手，还有的从兼顾字形和字义角度入手。在教学时，教师需要根据每则字谜的特点引导启发学生寻找猜测线索，掌握猜测方法。

田中。

教学说明：这则字谜的谜底是十。猜测的思路是："田"字的中间。

太阳西边落，月亮东边挂。

教学说明：这则字谜的谜底是明。猜测的思路是："太阳西边落"中，"太阳"写为"日"，在这个字的西边，左西右东，即字的左边为"日"；"月亮东边挂"，即"月"字在这个字的东边，即字的右边为"月"，合起来就是"明"。

值钱不值钱，全看这两点。

教学说明：这则字谜的谜底是金。猜测的思路是："全"字加上两点，可以组成"金"字，"金"可表示黄金，是一种值钱的金属，而"全"字不代表值钱的事物，"全"与"金"的差异就在于是否有两点，所以说"值钱不值钱，全看这两点"。

人人参加运动会。

教学说明：这则字谜的谜底是云。猜测的思路是："人人参加运动会"中"人人"字面意思为每个人，这里表示每个字，"参加运动会"是指加入了"运动会"这三个字，连起来理解就是指"运动会"这三个字里都有的那个字，就是"云"。

半个月。

教学说明：这则字谜的谜底是胖。猜测的思路是："半个月"指半月，理解为"半"和"月"组成的字，是"胖"。

我没有他有，天没有地有。

教学说明：这则字谜的谜底是也。猜测的思路是："我没有他有"理解为"我"字里没有而"他"字中有，"天没有地有"理解为"天"字里没有而"地"字里有，"他"、"地"里共同有的就是"也"。

文武合一。

教学说明：这则字谜的谜底是斌。猜测的思路是："文"字和"武"字合在一起，即"斌"。

森林大火。

教学说明：这则字谜的谜底是焚。猜测的思路是："森林"指一个字，"大火"指一个字，"森林"可以"林"来表示，"大火"可以"火"来表示，"林"和"火"

即构成"焚"。

日复一日。

教学说明：这则字谜的谜底是昌。猜测的思路是："日复一日"是一日又一日的意思，这里的"日"理解为"日"字，即一个日字又一个日字，那就是"昌"。

王大妈，白大妈，一起坐在石头上。

教学说明：这则字谜的谜底是碧。猜测的思路是："王大妈"指"王"字，"白大妈"指"白"字，"一起坐在石头上"指"王"、"白"在"石"字的上面，即"碧"。

画时圆，写时方，冬时短，夏时长。

教学说明：这则字谜的谜底是日。猜测的思路是："画时圆"是说这个事物用图画出来的时候是圆的，描述的是这个事物的外形特点；"写时方"是说这个事物用汉字写的时候是方的，描述的是其字形特点；"冬时短、夏时长"是说这个事物在冬天出来的时间短，而在夏天出来的时间长。

十个哥哥。

教学说明：这则字谜的谜底是克。猜测的思路是："十个哥哥"可简化为"十"、"哥"，这两个字不能构成一个新字，因此需要将其转化为意义相同的另一个字，将"哥"转化为"兄"，"十"、"兄"可以构成"克"字。

七十二小时。

教学说明：这则字谜的谜底是晶。猜测的思路是：七十二小时是三天，三个"天"字不能构成一个新字，"天"可以转化为"日"，三个"日"字可以构成"晶"。

课桌椅样样齐备。

　　教学说明：这则字谜的谜底是木。猜测的思路是："课桌椅"在这里理解为"课桌椅"这三个字，"样样齐备"是"都有"的意思，"课桌椅"三个字中都有的部件就是"木"。

　　手上没有拿东西。

　　教学说明：这则字谜的谜底是控。猜测的思路是："手上没有拿东西"即"手空"，"手"和"空"不能构成一个字，可将"手"转化为"扌"，二者结合就是"控"。

　　挥手告别。

　　教学说明：这则字谜的谜底是军。猜测的思路是："挥"这个字是由"扌"、"军"两个部件构成，"告别"是离开的意思，"手告别"，就是去掉提手旁，变成"军"。

　　一只狗，两个口，谁遇它，谁发愁。

　　教学说明：这则字谜的谜底是哭。猜测的思路是谜语前两句描述的是这个字的字形特点，"狗"即"犬"，"一只狗"表示一个"犬"字，"两个口"表示两个"口"字，"犬"和两个"口"构成"哭"；后两句"谁遇它，谁发愁"描述的是"哭"的字义特点。

　　复习。

　　教学说明：这则字谜的谜底是羽。猜测的思路是："复"是再一次的意思，"复习"就是两个"习"字，也就是"羽"。

　　一箭穿心。

　　教学说明：这则字谜的谜底是必。猜测的思路是："一箭穿心"表示"心"字中间有一根箭，箭的形状与撇相似，即"心"字中间有一撇，就形成"必"。

抓一半，跑一半

教学说明：这则字谜的谜底是抱或捉。猜测的思路是："抓一半"理解为"抓"字的一半，"跑一半"理解为"跑"字的一半，"抓、跑"字的部件分别是"扌"、"爪"，"𧾷"、"包"，前后两组部件可以构成的字是"抱"或"捉"。

人人离座。

教学说明：这则字谜的谜底是庄。猜测的思路是："人人离座"表示"人"字离开"座"这个字，就成了"庄"。

去掉一竖。

教学说明：这则字谜的谜底是云。猜测的思路是："去掉一竖"理解为"去"字掉了一竖，就是"云"。

你有他有，众人都有，我却没有。

教学说明：这则字谜的谜底是人。猜测的思路是："你有他有"理解为"你"、"他"字里都有，"众人都有"的部件理解为"众"、"人"字里有，"我却没有"的部件理解为"我"字里没有，"你"、"他"、"众"、"人"里都共同有的就是"人"。

你多心了。

教学说明：这则字谜的谜底是您。猜测的思路是："你"字多"心"字，就是"您"。

内中有人。

教学说明：这则字谜的谜底是肉。猜测的思路是："内"字中间有一个"人"字，即"肉"。

没有木材。

教学说明：这则字谜的谜底是才。猜测的思路是："没有木材"理解为"没有木的材"，即没有"木"字的"材"字，也就是"才"。

两个月。

教学说明：这则字谜的谜底是朋。猜测的思路是：两个"月"字，即"朋"。

给一半，留一半。

教学说明：这则字谜的谜底是细。猜测的思路是："给一半"理解为"给"字的一半，"留一半"理解为"留"字的一半，"给、留"字的四个部件拆分后可以构成的字是"细"。

千里相逢。

教学说明：这则字谜的谜底是重。猜测的思路是："千"字和"里"字相逢，即"千"字和"里"字在一起构成的字，就是"重"。

千言万语。

教学说明：这则字谜的谜底是够。猜测的思路是："千言万语"是话多的意思，"话"和"多"无法构成一个字，需要找一个既与"话"意思相近，又可以与"多"构成一个字的"句"来代替，于是组成"够"。

人人都走横道线。

教学说明：这则字谜的谜底是丛。猜测的思路是："人人"表示两个"人"字，"走横道线"表示两个"人"字在一横上，就是"丛"。

只走一半。

教学说明：这则字谜的谜底是足。猜测的思路是："只走一半"理解为"只"字的一半，"走"字的一半，"只、走"两字的四个部件拆分后可以构成的字是"足"。

天天大扫除。

教学说明：这则字谜的谜底是二。猜测的思路是："天"、"天"两个字的"大"扫除，"天"去掉"大"是"一"，两个"一"合成一个字，就是"二"。

日进一尺。

教学说明：这则字谜的谜底是昼。猜测的思路是："日"字进入"尺"字，就是"昼"。

推开又来。

教学说明：这则字谜的谜底是摊。猜测的思路是："推开"是把"推"字分开的意思，"又来"是在中间放进一个"又"字，"推"字的两个部件分别是"扌"、"隹"，中间放入"又"，就形成"摊"字。

一百只耳朵。

教学说明：这则字谜的谜底是陌。猜测的思路是："一百只耳朵"取其"百"、"耳"之意，"耳"可转为"阝"，"百"与"阝"形成"陌"。

王先生站在水边。

教学说明：这则字谜的谜底是汪。猜测的思路是："王先生"取其"王"字，"站在水边"，表示与水相关的偏旁，"氵"或"冫"，将它们分别与"王"字组配，可组成的字是"汪"。

十字加口又加草。

教学说明：这则字谜的谜底是苦。猜测的思路是："十"字加"口"字加"草"

字，"十"字加"口"字可以构成"古"字，再与"草"字相拼，"草"可以是本来的字形，也可转化为"艹"，能与"古"字拼成一个字的是"艹"，拼合之后构成"苦"字。

三人行。

教学说明：这则字谜的谜底是众。猜测的思路是："三人行"表示三个"人"字共同出现，就是"众"。

一个女孩，头戴帽子，坐在木椅上。

教学说明：这则字谜的谜底是案。猜测的思路是："一个女孩"表示"女"字，"头戴帽子"表示"宀"，"女"字上面加上"宀"，为"安"字；"坐在木椅上"表示在"木"字之上，"安"字在"木"字之上构成"案"字。

童字不站立，量字少了旦。

教学说明：这则字谜的谜底是里。猜测的思路是：这两句都是描述同一个字，"童字不站立"表示"童"字没有"立"，即"里"；"量字少了旦"表示"量"字没有"旦"，也是"里"。

叔叔进来了，房子静悄悄。

教学说明：这则字谜的谜底是寂。这则谜语的谜面线索相对其他谜语要复杂一些，第一句是字形方面的线索，"叔叔进来了"表示多了一个"叔"字；第二句中"房子"是字形线索，表示"宀"，"叔"进入"宀"，形成"寂"，"静悄悄"是字义线索，表示的是组成后的"寂"字的字义。

远看像鸟不是鸟，长只眼睛变成鸟。

教学说明：这则字谜的谜底是乌。猜测的思路是："远看像鸟不是鸟"是说这个字的字形与"鸟"相似，"长只眼睛变成鸟"描述的是这个字与"鸟"字的差异，没有"眼睛"可理解为没有"鸟"字中间那一点,即"乌"。

一日一里路。

教学说明:这则字谜的谜底是量。猜测的思路是:"一日"表示"一"、"日"两个字,"一里路"表示"里"字,"一"、"日"、"里"三个字可以组成"量"字。

站在土旁。

教学说明:这则字谜的谜底是垃。猜测的思路是:"站在土旁",取其"站"、"土","站"不能与"土"拼合为一字,而"站"与"立"同义,"立"与"土"可拼合为"垃"字。

第四节　趣味谜语活动设计示例

趣味活动一:我说你来猜

1. 老师请学生课后自己去找一些谜语,上课的时候请同学们将自己知道的谜语说出来让大家猜。

2. 看哪个学生会说的谜语最多,选出班级谜语大王。

3. 看哪个学生猜出的谜底最多,选出班级猜谜大王。

趣味活动二:击鼓传花猜谜语

1. 老师准备小鼓一个,花儿一朵。

2. 让学生坐成一个圆圈,老师敲鼓,学生传花儿。鼓声停时,花儿传到哪个学生手上,就由其他学生出一个谜语让这位学生猜。如果猜中了,其他学生就一起说:"对对对,快坐下。"并继续进行游戏。如果猜错了,其他学生就一起说:"错错错,要惩罚。"这个学生就要表演一个节目。

3. 依此反复进行。

趣味活动三:放鞭炮

1. 老师在卡片上写一些谜语,将这些卡片放入红色爆竹筒中。

2. 老师说："老师这里有一个大鞭炮，如果你猜对了鞭炮里的谜语，鞭炮就会点燃为你庆祝。谁想来试一试？"

3. 请一位学生上来抽出卡片，老师让学生们一起说："节日到，放鞭炮。什么炮？"这位学生就要举起卡片读出谜语，然后说出谜底，说完后去点爆竹。如果他猜对了，下面的学生跟他一起把刚才的谜语说一遍，并模拟爆竹的声音："噼—啪！"如果猜错了，下面的学生就模拟哑炮的声音："嗤—哑炮！"

4. 为了节省游戏的时间，老师可以请一组学生一起上来，进行组内学生的竞赛，比一比哪位同学点燃的爆竹最多，也可以进行小组之间的比赛，比一比哪一组点燃的爆竹最多。

趣味活动四：谜语牌

1. 老师请学生课后自己做一些谜语卡片，要求每个学生做二十张卡片，十张上写谜面，十张上写谜底。

2. 将学生分成两人一组，打"谜语牌"。请各组组员用自己做的谜底卡片与对方的谜底卡片进行交换。

3. 每个参与者手中都有二十张卡片，十张是自己写的谜面卡，十张是对方写的谜底卡。一方先出一张"谜面牌"，然后由对方出谜底牌。如果所出的"牌"对了，对方的牌就被赢过来了。如果错了，自己的牌就被对方赢去了。然后换另一方出"谜面牌"，依此反复进行。

4. 最后看谁赢的牌多。在开心的玩耍中，学生们不仅不知不觉地复习了谜语中的字词等，而且训练了思维。

趣味活动五：找朋友

1. 老师按班级学生的人数先准备好卡片，其中一半卡片上写谜面，另一半卡片上写谜底。

2. 给每位学生发一张卡片，请学生将卡片拿在胸前。

3. 请学生们拿着卡片去找自己的朋友，看哪些学生最先找到自己的朋友。

趣味活动六：谜语竞赛

1. 老师出一份谜语竞赛试卷，内容可包括各种类型的谜语，也可以专门出字谜。

2. 请学生在规定时间内答卷。

3. 看哪位学生答出的谜语最多。评比出前三名，并颁发奖品或奖状。

趣味活动七：连连看

1. 老师在黑板的一边写上若干谜面，另一边写谜底。

2. 请学生上来将谜面与谜底连起来。

3. 然后请坐在左边的学生一起说谜面，坐在右边的学生一起说谜底。

趣味活动八：大西瓜小西瓜

1. 让学生坐成一圈，口中喊"大西瓜"或者"小西瓜"的口令，同时用动作比画出西瓜的模样，动作要与所喊口令相反。当口令是"小西瓜"时，要比画大西瓜；口令是"大西瓜"时，要比画小西瓜。

2. 如果学生说的口令与动作有错误就视为违规。另外，连续三人口令相同，第三人也视为违规。对违规者处以说一则谜语的处罚。

3. 等其他学生说出谜底后进行下一轮"大西瓜小西瓜"游戏。这样在猜谜语时加入一些小的考验，学生会觉得更有兴趣。

趣味活动九：数六游戏

1. 让学生坐成一圈，一个一个用汉语报数字，要求不能说六或六的倍数。如果说了，就算违规。例如，当前面的学生报"五"时，应跳过"六"报"七"，如果报"六"就违规了。

2. 违规的学生要边说边用动作表达一则谜语让其他学生猜。如果其他学生猜不出，这个学生要将谜底说出，并解释为什么会是这个谜底；然后带大家一起说这则谜语。

3. 依此反复进行。

这样既练习了汉语数字，又训练了学生的快速反应能力。更重要的是，让学生在游戏中锻炼了表达、解说、复述及理解能力。

趣味活动十：寻找字谜大王

1. 请学生将课文中的某个字用谜语说出来，让大家猜猜他说的是哪个字。

2. 看哪个学生编的字谜最多，选出字谜大王。与此同时，看哪个学生猜出的谜底最多，选出猜字谜大王。

活动说明：在识字活动中猜字谜、编字谜，能调动学生识字的兴趣并巩固生字。老师可以事先准备多种字谜，一开始是老师来出字谜。例如：什么圆圆像盘子（日）？什么弯弯像小船（月）？什么清清哗哗流（水）？两人土上蹲（坐），一人门里蹲

（闪）等。然后引导学生开动脑筋自编谜语，学生就会自己去发现，自己去编字谜。

　　编字谜可放在识字前的自学生字环节，也可放在巩固识字环节。字谜编得好的学生，可获得"编谜大王"的称号，教师还可适当对这些学生予以一些奖励。

第五章　讲故事学华文

第一节　故事的特点及其在华文学习中的作用

一、故事的特点

故事是非常受青少年欢迎的一种文学体裁。故事以人物、情节和悬念为支柱，往往包含充实的主题、生动的情节和鲜明的人物形象，内容丰富多彩，描写形象直观，画面感强，充满趣味性，能够充分地调动学生的思维，丰富学生的情感体验，因此对青少年具有极大吸引力，是激发并保持其学习兴趣的有效形式。可以说，听故事是没有年龄之分的，学生无论年龄大小，都乐于享受故事的趣味。

有经验的老师往往很善于在教学过程中巧妙穿插故事，通过一个个与教学目标和内容相关的小故事，来激发学生的好奇心和求知欲。学生一旦对所学内容产生了好奇心，就会积极、执着地去探索、去尝试。这样一来，学习效果自然就好了。

二、故事在华文学习中的作用

关于故事在语言教学中的作用和意义，周梦瑜（2008）认为故事可以丰富学生的语言素材，提高语言交际教学效果；丰富学生的情感体验，帮助学生形成健全的人格；发展学生思维力，帮助学生形成良好的学习策略；拓展学生的视野，培养学生跨文化的交际能力。在故事呈现的过程中，教师通过不断地重复教学内容降低了学习的难度，丰富了学生的词汇量；故事中的对话使语言变成自然的言语交际，发展学生的对话能力及交际能力。故事为学生提供了大量的、真实的、自然的、符合语言情境的语言材料，在接受语言输入的过程中，学生又结合自身的经验，产生语言的输出，从而有效地提高语言表达能力，达到运用语言进行交际的目标。

教学实践证明，在语言教学中，故事是非常好的教学素材。课堂上使用故事可以把枯燥的问题趣味化，抽象的问题具体化，复杂的问题简明化，深刻的问题通俗化，从而充分调动学生的积极性，使学生的注意力集中起来，让学生在和谐的气氛中增强学习意识，提高学习兴趣，帮助学生学习运用语言。

故事往往蕴含着一定的人生哲理，是对学生进行德育的重要手段。例如，寓言故事是一种带有讽刺或劝诫性的故事，一般篇幅短小而含义深刻，往往用拟人手法说明道理或进行劝谕、讽刺。再如，童话故事是儿童文学的一种常见体裁，常以神奇的想象、优美的形象表现人们美好的理想、憧憬、愿望，富于幻想而又浅显易懂，用儿童可以接受的视角反映世界和生活，促进儿童良好品格的培养。因此，通过故事教学，能培养青少年良好的品德，启发学生的心灵，无形传达生活教育，帮助学生认识客观世界，思考和建立生活价值观，提升学生的文化气息。

第二节　故事选用的目标与方法

一、使用故事进行教学活动的目标

1. 调动学生的学习积极性，增强学习意识，提高学习兴趣

故事可以营造良好的语境，帮助学生在喜爱的情境中理解生字词的意思，特别是对其中感兴趣的短语和句子，记得牢固，学习效果非常好。故事具有一定的娱乐性，学生在饶有兴趣的听的过程中，容易进入无意学习的状态，学习的焦虑感和任务感大大降低，有利于保持学习劲头。故事顺应了孩子好玩好动、好奇心强的天性，符合儿童在学习语言过程中意思先行的特点，因而能产生良好的教学效果。

2. 训练学生的理解能力、记忆力、复述能力及成段表达能力

故事通常包括人物、时间、地点、事情的起因、经过、结果等要素，结构清晰，层次分明，内容紧凑，有利于学生理解与记忆。故事教学可以使学生在"模仿"中学、在"表演"中学，让学生创造性地使用语言，从而培养复述能力及成段表达能力。

3. 培养青少年良好的品德，启发孩子的心灵，帮助学生认识客观世界、思考和建立生活价值观

故事往往采用拟人、比喻、夸张等手法，塑造众多特点鲜明的人物形象，富于幻

想，情节奇特，不仅可以提高学生的听、说能力，还可以发展学生的想象力和创新精神。通过故事所映射出来的为人处事的道理，可以启迪学生，潜移默化地引导他们树立正确的是非观、道德观和价值观。

二、故事的一般教学过程

（一）故事导入

告诉学生今天要讲的故事主题。讲故事前，问学生一些与故事内容相关的问题，可让学生讨论思考后再回答。这个环节可让学生在听故事前对故事中的相关内容有初步了解，可以缓解学生听故事时的紧张情绪，提高学生听的效率，为学生理解故事奠定良好的基础。

（二）初习生词

借助图片学习生词，可采用让学生看图说出关键词的方式。这个环节是讲解故事中的生词，使学生熟悉这些词语的读音，了解这些词的意义及用法，为听故事扫除障碍。也可以将生词教学安排在故事教学之前独立进行，学完生词再进行故事教学。

（三）初听故事

教师讲故事，让学生认真听，讲故事前可先提出几个问题让学生听后回答。为加深印象，集中学生的注意力，教师可把这些问题板书在黑板上。在讲故事之前提问，可以使学生在听的过程中更好地把握听的重点和关键信息。讲完故事后，请学生回答教师讲故事前提出的问题，可以配上相应图画帮助学生作答。这个环节是检查学生听的情况，教师可适当进行引导，并根据情况决定是否需要重复故事内容。

（四）细读故事

教师根据故事情节与内容，将课文分为几大部分，分段进行精读精讲。在每一部分的学习过程中，提出一些与这部分内容相关的细节性问题，对重点字词句进行细致处理。抓取每部分关键的人物语言、神态、动作等描写，引导学生细细品味。有条件的情况下，还可搭配音乐、图片、视频等，进一步加深学生对故事内容的理解。

（五）品研故事

引导学生一起发表学习故事后的感想，故事的解读往往是多面的，不同的学生会有不同的看法。例如，读《狐狸和葡萄》这个故事，有的学生会认为狐狸得不到想要的还为自己的放弃找理由的这种做法是不对的；有的学生觉得狐狸很会安慰自己，心态很好；有的学生可能只是觉得狐狸很好笑；还有的学生会替狐狸想想究竟怎样做才可以吃到葡萄。因此，教师不宜刻意宣讲说教，而应多倾听学生的看法，鼓励学生大胆提问和表达观点，引导学生发散思维，扩展思路。如果学生的想法明显偏离了是非善恶的正常轨道，教师应先了解这种想法是怎么产生的，再告诉学生这种想法有哪些不恰当的地方，引导学生树立积极的人生观、价值观。

此外，还可让学生说说对故事中人物的喜恶，喜欢哪个人物，不喜欢哪个人物，为什么；如何评价某个人物的某种行为等。

（六）综合演练

常用的方式有分角色朗读、根据所给词语讲故事、根据提示复述、看图复述、表演故事、排列句子顺序、根据故事画画、续写或改写故事等。根据上述几种方式在语言训练中的作用，我们分为读说、读写两大类来具体阐述。

1. 读说能力训练类

读说能力训练的方式包括分角色朗读、根据所给词语讲故事、根据提示复述、看图复述、分角色表演、编演故事剧。又可分为诵读类、讲述类、表演类三个小类。

分角色朗读属于诵读类练习形式。分角色朗读要求根据故事情节和每个人物的性格特点，用恰当的语气再现情景和人物，需要建立在学生对故事内容完全理解、对人物形象准确把握的基础上，尝试合理运用语气、语调来生动传达人物特点。分角色朗读是对学生阅读及口头表达能力的综合训练，有助于加深学生对作品的理解，是故事教学中常用的语言训练方式之一。

分角色朗读与普通朗读的不同在于它需要朗读者结合对作品的理解进行人物形象的再创造，虽然是对语言文字本身的一种再现，无须进行语码加工，但同样是一种创造性的输出。分角色朗读有多种形式，常见的形式是教师请几位学生分别扮演故事中的角色，进行朗读，其他学生听评。这种形式在单位时间内参与的人数相对较少，适合人数较少的班级使用。在班级人数较多的情况下，教师可以采用分组分角色的形式，根据故事中角色的数量将全班学生分组，如果有 5 个角色，则分为 5 人一组，每组自行进行分角色朗读练习，再请代表组上台来表演；还有一种形式是将全班分为 5 个组，每组的同学担任一个角色的朗读任务，练习时全组围坐在一起进行，要求集中讨论恰当的朗读方式，练习完成后请每组选代表上台朗读。

根据所给词语讲故事、根据提示复述、看图复述均属于讲述类练习形式，是在理解作品的基础上，依据一定的线索再现故事。在这个过程中，学生需要对语言进行创造性的运用，将头脑中已有的故事情节及人物形象通过自己再加工的语言形式表现出来，是一种完全意义上的语言输出过程，是对学生口头表达能力的综合训练形式。其中，根据提示复述、看图复述与根据所给词语讲故事又有所不同，复述重在叙述，能将故事情节完整表达出来即可，不要求语气语调上的生动形象；而讲故事重在"讲"，是比复述更高层次的要求，除了需要情节完整，还需要配合适当的动作、语气、表情等。

根据所给词语讲故事、根据提示复述、看图复述的共同之处在于三者都给学生提供了一定的讲述线索，而非让学生凭空复述。对于刚接触的故事内容要在短时间完全记住并用学生未熟练掌握的第二语言讲述出来，其难度较大，因此，需要降低难度，将训练的重心放在训练学生成段讲述即可，不需要同时强求学生对故事内容的完全记忆。

分角色表演、编演故事剧属于表演类练习形式。表演类练习对学生的要求较诵读类更高，是一种脱离教材文本的更接近自由表达的过程。

2. 读写能力训练类

排列句子顺序侧重训练学生的语段衔接能力，需要在理解各句意思的基础上，依据一定的逻辑关系将一组句子排列成一个语段，这中间涉及关联词和副词的理解、代词的用法、省略方式的运用、句式的特点等多种因素。

根据故事画画是请学生根据故事内容进行绘画并讲述自己的画，将语言学习与绘画糅合在一起，符合美国哈佛大学著名教育学家加得纳提出的儿童多元智能教育理论，有利于发展学生的想象力、创造力及语言表达能力。画画的过程是学生用绘画的手段对故事内容进行重新建构的过程，是建立在对语言理解基础之上的，虽然建构的载体是图画，但强化的是学生对故事情节和人物的理解。需要注意的是，画完之后需要请学生展示并介绍自己的绘画作品，为什么这样画，突出了什么情况或什么人物。也可以请学生在图画之下配上简要的文字内容，将学生优秀作品装订成册，这样就构成了故事连环画集。

续写或改写故事是侧重写的能力训练的形式，要求学生在学完故事之后进行续写或改写。例如，《狼和小羊》这篇课文仅描述了狼为了吃羊而找的三次借口，并未讲述最后结果是什么，小羊是否被狼吃掉了？学生在读完故事后会有一定的好奇心，此时就可以请学生自己来设计故事的结局，都来写写小羊最后怎么样了。再如，《卖火柴的小女孩》原来的结局是小女孩在除夕夜冻死了，这个结局让许多学生难过不已，教师可以在学生们唏嘘不已之时让大家一起动笔来重写小女孩的结局，写完后在班上一起分享。这一方面锻炼了语言表达能力，另一方面也可开拓思维与想象力。

此外，可以事先准备故事相关的视频、音频等教学材料，播放给学生听，加深学生的直观印象，深化对故事的理解。

综合演练这个环节旨在锻炼学生的理解、记忆及表述能力，是一种语言综合训练。在这个环节，学生要完成的任务难度最大，教师在布置好任务、明确了角色后，在学生练习过程中要善于观察，要及时进行指导，特别是帮助学生准确把握人物特点、恰当表达语气等，从而使学生的能力在完成任务的过程中切切实实得到提高。

三、故事教学活动中应注意的问题

（一）讲述故事时的注意事项

第一，要选择合适的故事。教师应根据学生的语言水平、年龄特点、兴趣爱好等选择多数学生感兴趣的故事。此外，所讲的故事不宜太长，毕竟儿童的专注能力有限，一旦超过极限，彼此的不耐烦反而容易成为学习兴趣的杀手。

第二，为增强故事教学的趣味性，教师可根据故事情节事先准备一些简单的道具、头饰、图片等。特别是在初讲故事环节，可以选择一些与故事内容密切相关、生动有趣的图片，借助 PPT，按照教师讲故事的语速和情节进展自动播放，并配以适当的背景音乐，营造浓厚的故事情境，同时也可加深直观印象，增进对故事内容的理解。例如，一位教师讲《四只小兔》这个故事，故事中共有兔妈妈和 4 只小兔共 5 个人物，以人物对话为主体。由于教师本人的声音变化度不明显，无法形象区分故事中兔妈妈和 4 只小兔分别所说的话，为了帮助学生听辨清楚，教师就准备了 5 个头像，每到一个人物，就举起相应的头像，这样，学生就非常清楚现在说话的是故事中的哪个人物了。

第三，讲故事时，注意声音要富于变化。要用不一样的声音，不一样的语言。讲故事，不必拘谨严肃，也不要害羞，教师可以根据故事情节变换自己的声音、语言，进入故事情节，自然流露人物对话的感觉。例如，水牛爷爷上场时，用低沉浑厚的声音，语速放慢；轮到小老鼠的戏时，可以用纤细微弱的声音，语速可适当加快。事实上，故事情节本身就是很好的启发工具，可以启发学生对不同知觉的感受力，发展学生的模仿力、想象力和创造力。

第四，讲故事时，教师要注意合理地打断学生的提问。一些表现欲较强的学生，尤其是学龄前期的儿童不易内化他们的思考过程，当有疑问或见解时，往往很快就发表出来。如果教师没有耐心听他讲完自己的看法，板起脸孔来指责他不该打断教师说话，不仅会伤害师生关系，而且学生很可能以后也不敢再多说什么，这样会扼杀学生发挥思考能力和创造力的机会。因此，如果遇到这种情况，教师可以停下来，等学生说完，但是不要回应他的话题，继续讲故事，教师可以提醒他慢慢听，精彩结果马上就要到了。在这样的过程中，学生可以学习耐心、体会用更细致的思路，找寻探索结果的趣味。最好的做法是在讲故事之前对学生提出明确要求，在故事时间，说故事的人还没有结束前不能随便提问，看哪个学生做得最好。

第五，讲故事重在激发学生学习华文的兴趣，要让学生得到一种在幻想、有趣的境界中单纯的娱乐效果，因此，不应在学生听完故事后马上加上生硬的说教内容，这样会让学生觉得无趣。教师的主要任务是让学生明白故事的主要内容，对其中道理的点评点到即止，引导学生自己思考与讨论。

（二）提问的注意事项

第一，讲完故事之后适当地提问，可以检查学生听故事的效果，促进师生互动，增加课堂反馈。但是不宜用考试、盘问的方式验收学生对故事内容吸收了多少，而应尽量以技巧性、引导式的方法，测知学生对故事的了解、领会程度及学生的价值观。问如"你喜不喜欢这个故事啊？""你知道这个故事告诉我们什么吗？""为什么故事最后会……？"这类关于故事情节的问题，是延伸故事的趣味和情景的一种好方式。

第二，提问应注意其价值与意义，不能为提问而提问。在学生对故事内容有整体把握后，教师应通过提问将学生的注意力引向故事的最精彩之处，点出故事中关键的人物语言、神态、动作等描写，引导学生细细品味。这样可丰富学生的词汇，促进其正确、深层地理解故事。

例如，一位教师教《中文》（修订版）第六册第四课《埋在地里的金子》这篇课文时，提了以下问题：

示例（一）

1. 老农民有三个儿子，他们虽然都长大了，但是个个都不喜欢做什么？

2. 老农民在地里埋了什么东西？

3. 最后他们有没有找到金子？

这三个问题都不需要思考，只需读一遍课文就能从中找到答案（干活儿、没有埋什么、没有找到），无法从遣词造句、深入把握文章大意等角度帮助学生深化理解。

如果采用下面这组提问，效果就会大不一样：

> 示例（二）
>
> 1. 老农民有三个儿子，他们都有什么特点？
> 2. 老农民告诉儿子们怎样做就能挖到金子？
> 3. 三个儿子有没有下功夫挖地？从课文中哪些词句可以看出来。
> 4. 为什么说三块地的产量比往年高得多？
> 5. 老农民说的"金子"指的是什么？

示例（二）共5个问题，分别对应于5个自然段，每个自然段都有一个相应的提问，分别侧重句子、词语和综合理解。示例（二）中的问题1与示例（一）中的问题1的内容一样，但是提问角度不同，示例（一）中问题1只需回答"干活儿"，而示例（二）中问题1需用"他们虽然都长大了，但是个个都不喜欢干活儿，无法养活自己。"整个长句来回答。问题2是关于第二自然段的，答案是"只要肯出力气，下功夫挖地，就一定会挖到金子"，练习了"出力气、下功夫"这组近义词，以及"只要……就"这个复句句式。问题3是关于第三自然段的，相关的描写包括"挖了一天又一天、全挖遍了、挖了一遍又一遍"，通过这个问题可以引导学生关注描写的细节，学习如何把一件事写生动。问题4是关于第四自然段的，让学生明白如何把事情写具体，答案是"他们三人打下的粮食，两年都吃不完"，如果没有这一句，"高得多"到底是高多少就是模糊的。问题5是关于第五自然段的，也是整个故事希望表达的中心思想，"只有勤劳，才能富起来"。

一套教材的各册之间、各课之间往往都是前后衔接、逐步递进的关系。因此，教师教学时要整体和系统地把握前后课文之间的关联，所教内容在教材中处于什么地位，对培养学生能力素质方面应起到什么样的作用。具体到故事教学，教材中往往会编入许多不同类型的故事，有的教材采用单元式结构，同一个单元同一种文体，在教学时教师就应注意这一个单元中的故事是否是同一类型。如果是同一类型的故事，那么它们在教学价值上有何不同，每篇故事的特色是什么，教学时应该突出或侧重哪些方面，这些都需要教师在教学设计阶段考虑并通过提问的方式引起学生注意。例如，《中文》（修订版）第四册第六课《猴子捞月亮》是一则童话故事，该课是第四册第二单元的第三篇课文，教材在第三册出现过几则类似的童话、寓言故事，如《龟兔赛跑》、《小猫钓鱼》、《狼来了》，而后面几册将继续学习类似题材的故事。通过分析教材，可以发现教材在以故事为主要体裁的单元的编排主线之一是引导学生学会如何描写，其中《小马过河》侧重训练学生学习人物语言描写的方法，而《猴子捞月亮》

的重点在于训练如何进行动作描写，因此，如何通过动作描写表现人物特点是本课的学习重点之一。那么在设计问题时就应该体现这个重点，通过一定方式的提问让学生掌握这种描写方法，可以设计以下问题：

示例（三）

1. 猴子们在井边玩，发现月亮掉到井里了，它们着急吗？从哪些句子可以看出它们很着急？怎样可以读出着急的心情？

2. 大猴子提出了什么建议？

3. 猴子们是怎么捞月亮的？

4. 小猴子的手碰到水面时发生了什么情况？为什么会这样？

第三，提问要注意层次性。在不同的教学环节，提问的难易程度应有所区别。在初讲故事之后，提问的问题应该是表层的、关于故事梗概的。例如，一位教师在讲《汉语》（修订版）第七册第十五课《龟兔赛跑》这个故事时，初讲故事之后提出了下面的问题：

示例（四）

1. 小兔子和乌龟谁跑得快？为什么？

2. 小兔子和乌龟赛跑，谁赢了？

3. 小兔子为什么输掉了比赛？

4. 你觉得小兔子醒来以后会怎么想？

而在精读故事环节，则提出了一些具体、细致，关于课文具体描写亮点的问题。《龟兔赛跑》这篇课文在心理和动作描写方面比较突出，据此提出了以下问题：

示例（五）

1. 比赛刚开始时，谁跑在前面？

2. 小兔子领先时，它是怎么想、怎么做的？

3. 乌龟看到小兔子休息时，它又是怎么想、怎么做的？

4. 乌龟爬得慢吗？从哪里可以看出来？

5. 最后谁取得了胜利？它为什么会取得胜利？

四、故事教学示例

在针对幼儿园及小学阶段学生编写的华文教材中，故事是极其常见的一种体裁，这种类型的课文深受学生欢迎，像童话故事、寓言故事、成语故事、名人故事、历史故事等，在许多教材中都占了不少比例，有些广为华人熟知的经典故事教材通常都被选用了，比如：《狼来了》、《狐狸摘葡萄》、《猴子捞月》、《拔苗助长》、《龟兔赛跑》、《刻舟求剑》、《乌鸦喝水》和《小马过河》等。下面以贾益民主编、广州暨南大学出版社出版的《中文》（修订版）第五册第四课《狼和小羊》的课文教学为例，具体展示故事教学设计的全过程。

一、教学对象

生活在泰国的小学生（初学汉语者）。

二、教学内容

《中文》（修订版）第五册第四课课文《狼和小羊》。

一天，狼来到一条小河边，看见小羊正在那儿喝水。

狼非常想吃掉小羊。可是他想，当着面，总得找个借口才行。于是，狼就对着小羊大喊起来："你怎么到这儿来喝水？把我喝的水弄脏了，害得我不能喝。你安的什么心？"

小羊大吃一惊，轻轻地说："亲爱的狼先生，我怎么会把您喝的水弄脏呢？您站在上游，我站在下游。水是从您那儿流到我这儿的，不是从我这儿流到您那儿的。"

"就算是这样吧，"狼说，"你也是个坏东西。听说你去年说过我的坏话。"

"啊，亲爱的狼先生，那是没有的事，去年我还没出生呢。"

"别说了！"狼走近小羊，大声叫道："你这个小坏蛋！说我坏话的不是你，就是你爸爸，反正都一样。"一说完，狼就向小羊扑了过去。

这是一则生动的寓言故事。课文通过狼和小羊的神态、对话揭示了角色的本质，故事中蕴含着深刻的哲理。

三、教学目标

1. 能正确、流利、有感情地朗读课文。

2. 能准确把握狼和小羊说话的语气、表情和动作，根据不同角色的特点表演课文内容。

3. 理解课文内容，体会狼和小羊的不同角色和心理，懂得像狼那样的坏人总是不讲道理，找借口做坏事。

四、教学重点

狼和小羊的三次对话。

五、教学难点

理解课文内容，准确把握狼和小羊说话的语气、表情和动作，根据不同角色的特点表演课文内容。

六、教具准备

多媒体（PowerPoint）、白板、图片、卡片。

七、教学时间

45 分钟。

八、教学过程

（一）导入新课，激发兴趣

"同学们好！我们今天要学习课文。上课之前，老师想问一下小朋友，你们还记不记得《小兔子乖乖》这首儿歌呢？"出示狼的图片并做敲门动作，同时唱："小兔子乖乖，把门儿开开。快点开开，我要进来。"学生听到熟悉的儿歌，马上接唱："不开不开我不开，妈妈没回来，谁来也不开。"

"嗯，很好！这首儿歌里的狼为了吃小兔子，趁兔妈妈不在家的时候学着兔妈妈的声音叫小兔子开门，可见狼的特点是非常——"（引导学生答：狡猾。）

"那你们能说说狼是一种什么样的动物吗？"（点名提问）

"同学们都很厉害。那么，我们今天要学的课文也是关于狼的故事，而现在我们班来了两位神秘人物。同学们，你们看看它是谁？（出示图片中的狼和小羊，动画出示课题：《狼和小羊》）是的，我们今天要学的新课文就是《狼和小羊》。那《狼和小羊》究竟是个什么样的故事呢？现在我们就来学习……"

（二）学习课文

1．老师用生动的语气讲故事。

请学生合上书，听老师讲故事，听完回答老师提出的问题。为帮助学生理解故事内容，教师可通过PPT展示一些相关的图片，让学生边看图边听故事。

问题（初读课文，所提问题尽量是表层的问题）：

（1）这个故事讲的是谁和谁之间发生的故事？

（2）故事发生在什么地方？

（3）故事讲了一件什么事情？能用自己的话说一说吗？

2．老师带读课文，要求学生读准字音，有感情地读课文。

3．分段讲读课文。

（1）第一自然段（介绍人物、地点）：

1）指名读第一段课文，教师正音。

2）这一段讲的是什么？（答：是说狼来到小溪边，看见小羊在喝水。介绍了故事的人物和地点。）

3）是谁先到小溪边的？你是怎么知道的？（答：小羊先到小溪边的。狼来的时候，小羊正在小河边喝水。）

（2）第二、三自然段（描写了狼和小羊的第一次对话，狼的第一个借口）：

1）分角色朗读第二、三自然段，从这两个自然段中分别找出描写狼和小羊的神态和语气的词语，引导学生体会狼和小羊说话的不同语气。（狼："大喊"；小羊："大吃一惊"、"轻轻地说"。）

2）什么叫"找借口"？狼为什么找小羊的借口？（答："找借口"是指为做某件事情找一个理由，因为狼想吃掉小羊。）

3）狼要吃掉小羊，在这里他找的借口是什么？（答：狼指责小羊把他喝的水弄脏了，害得他不能喝。）

4）从狼说的话里，可以看出狼的什么特点？（狼不但凶恶，而且很狡猾。明明自己想吃小羊，还指责小羊弄脏了他喝的水。）

5）小羊是怎么回答狼的呢？（指名朗读第三自然段。出示图片，引导学生观察狼和小羊所处的位置，体会小羊所说的话——从水流的方向和各自所处的位置说明自己不可能弄脏狼要喝的水。）

（3）第四、五自然段（描写了第二次对话，狼的第二个借口）：

1）指名朗读第四、五自然段，注意狼和小羊说话的不同语气。

2）第一个借口失败后，狼又找了第二个借口。狼第二次又找了一个什么样的借口呢？（答：指责小羊去年说过他的坏话。）

3）小羊是怎么回答狼的呢？小羊的回答说明狼的第二个借口是事实吗？小羊可能说过狼的坏话吗？（答：去年我还没出生呢。不是事实，不可能。）

（4）第六自然段（描写了第三次对话，狼的第三个借口）：

1）指名朗读第六自然段，注意狼的语气。

2）狼的第二个借口又失败了，它放弃了吗？（答：没有，他又找了第三个借口。）

3）狼第三次又找了一个什么样的借口？（答："说我坏话的不是你就是你爸爸，反正都一样。"）

4）"反正都一样"说明了什么？（答：说明狼是不讲理的，他已经不再给小羊解释的机会了。）

4. 小结课文。

（1）一起回顾课文的主要内容，课文一共有6个自然段，分别写了什么？

（2）这篇课文告诉我们什么道理？你明白了什么？

（三）课堂练习

1. 根据课文内容排列句子的顺序。

2. 说一说：划出小羊说的话，练习朗读，并试试用自己的话回应狼找的借口。鼓励引导学生根据自己的理解，从不同的角度、用不同的说法进行反驳。

例如：除了课文里说的狼站在上游，小羊站在下游之外，还可以找出哪些理由来说明狼说小羊把他喝的水弄脏了是个借口？（小羊是在那里喝水，又不是在那里玩水，怎么会把水弄脏呢？）

3. 演一演：分角色表演。

本故事生动，对话是课文的主要叙述形式，因此可利用人物对话语言来指导学生有感情地分角色朗读或表演。

（1）三人一组，分旁白、狼、小羊练习朗读。

（2）两人一组，直接对话练习。

（3）上台表演，自行设计动作和表情，培养创造能力。老师课前准备好角色头饰，分给上台表演的学生。可多请几组学生上台表演，表演后师生共同评价，可从表情、动作、语气、音准等方面进行综合评价。

（4）配音表演。老师可事先准备好《狼和小羊》的视频，请同学先看视频，然后根据视频内容给角色配音。

（四）课堂小结

（1）请同学们再一起回想一下狼和小羊的三次对话内容。

（2）请学生用自己的话复述课文的主要内容。

（五）布置作业

回去后把今天所学的故事绘声绘色地讲给爸爸妈妈听，并让爸爸妈妈在作业本上签名。

（该教案初稿由蔡丽老师指导、暨南大学华文学院华文教育专业 2007 级泰国学生吕立梅设计，此处发表时由蔡丽老师做了较大修改。）

第三节　趣味故事活动设计示例

一、故事选编的基本要求

故事的种类很多，可以分为寓言故事、童话故事、神话故事、成语故事、名人故事、历史故事、幽默故事、侦探故事、智慧故事等。其中，寓言故事中最经典的是《伊索寓言故事》，中国寓言故事中也有许多包含着深刻寓意的故事。童话故事中比较有影响的有《安徒生童话》（丹麦）、《格林童话》（德国）、《郑渊洁童话故事》（中国）等。

好的故事数不胜数，好的故事书也比较容易找到。教师们平时可准备一些优秀的故事书，以便在适当的时候使用。在选编故事时，注意以下几点：

第一，选择故事时，应注意故事所体现的思想内容是否符合学生的年龄、心理特征。

第二，选好故事之后，教师应根据学生的语言程度将故事适当进行改编，尽量使用学生学过的词语和句式，避免使用生僻词语。下面以几则故事为例，说明华文教材选文时对故事的常见处理方式。

故事改编示例一：寓言故事《猴子捞月》

改本前：

一群猴子在林子里玩耍，它们有的在树上蹦蹦跳跳，有的在地上打打闹闹，好不快活。一只小猴独自跑到林子旁边的一口井旁玩耍，它趴在井沿，往井里边一伸脖子，忽然大叫起来："不得了啦，不得了啦！月亮掉到井里去了！"

一只大猴听到叫声，跑到井边，朝井里一看，也吃了一惊，跟着大叫起来："糟了，糟了，月亮掉到井里去啦！"它们的叫声惊动了猴群，老猴带着一大群猴子都朝井边跑来。当它们看到井里的月亮时，都一起惊叫起来："哎呀，完了，哎呀，完了！月亮真的掉到井里去了！"猴子们叽叽喳喳地叫着、闹着。最后，老猴说："大家别嚷嚷了，我们快想办法把月亮捞起来吧！"众猴都义不容辞地响应老猴的建议，加入捞月的队伍中。

井旁边有一棵老槐树，老猴率先跳到树上，自己头朝下倒挂在树上，其他的猴子就依次一个一个你抱我的腿，我勾你的头，挂成一长条，头朝下一直深入井中。小猴子体轻，挂在最下边，它的手伸到井水中，都可以抓住月亮了。众猴想，这下我们总可以把月亮捞上来了。它们很高兴。

小猴子将手伸到井水中，对着明晃晃的月亮一把抓起，可是除了抓住几滴水珠外，怎么也抓不到月亮。小猴这样不停地抓呀、捞呀，折腾了老半天，依然捞不着月亮。

倒挂了半天的猴们觉得很累，都有点支持不住了。有的开始埋怨说："快些捞呀，怎么还没捞起来呢？"有的叫着："妈呀，我挂不住啦！挂不住啦！"

老猴子也渐渐腰酸腿疼，它猛一抬头，忽然发现月亮依然在天上，于是它大声说："不用捞了，不用捞了，月亮还在天上呢！"

众猴都抬头朝天上看，月亮果真好端端在天上呢。

改本后：（《中文》第四册第六课《猴子捞月亮》课文）

有一天晚上，一群猴子在井边的树上玩儿。突然，一只小猴子喊起来："不好啦，月亮掉到水里了！"大猴子一看，也叫了起来："不好啦，月亮真的掉到水里了！"一群猴子看了后都跟着说："是啊，月亮怎么掉到水里了？"

大猴子说："我们把月亮捞上来吧！"于是，猴子们爬到树上，一只拉着一只，一直接到水里。挂在最下面的小猴子伸手去捞月亮。他的手刚碰到水，月亮就不见了。猴子们觉得很奇怪。这时，大猴子抬头一看，突然叫了起来："月亮不是还在天上吗？"

示例一分析：贾益民主编《华文教材教法》（2012）指出，华文教材的选文分为改本、例文、定篇、用件四个基本类型。其中，"改本是指以所选文章为蓝本，依据教学需要进行改写"。此处就属于改本，以著名寓言故事《猴子捞月》为蓝本，进行了改编。改编的主要方法如下：第一，改编后的课文保留了基本情节和主要人物；第二，对细节性描写进行了大幅精减，篇幅由原600多字缩减至200字左右；第三，在字词句运用及篇章结构安排上充分考虑了海外华文学习者的语言水平，在字词的使用及生字词数量上进行了严格控制，符合所处教学阶段学生整体水平，内容浅显易懂。

故事改编示例二：寓言故事《乌鸦与狐狸》
普通版本：

一天，乌鸦捡到了一块肉。它高兴极了，把肉衔在嘴里，得意地站在大树上。

一只狐狸从树下经过，看见了乌鸦嘴里衔的肉，馋得口水直流，很想把肉弄到手。狐狸眼珠滴溜一转便想到了一个主意。他站在树下，夸奖乌鸦的身材高大、羽毛美丽，还说他应该成为鸟类之王，如能发出声音，那就更当之无愧了。乌鸦为了要显示他能发出声音，便张嘴放声大叫。乌鸦一张嘴那块肉就掉到了树下，狐狸跑上去，抢到了那块肉，并嘲笑说："喂，乌鸦，你如果有头脑，真的可以当鸟类之王。"

教材版本：（《汉语》第五册第十四课《乌鸦和狐狸》课文）

一天，乌鸦捡到了一块肉，高兴极了。它叼着肉飞到树上。这时，狐狸看见了，它馋得流口水，特别想吃那块肉。

狐狸笑嘻嘻地对乌鸦说："您好！美丽的乌鸦，快下来一起玩吧！"可是乌鸦不理它。

狡猾的狐狸在树下转了几圈，想出了一个好主意。它抬起头大声对树上的乌鸦说："美丽的乌鸦，我特别喜欢听您唱歌，您的歌唱得太好听了，您唱唱吧！唱唱吧！"

听了狐狸的话，乌鸦得意极了。它张开大嘴刚要唱，嘴里的肉就掉下去了。狐狸捡到肉，跑了。

示例二分析：通过对比，可发现，前后版本的情况和篇幅基本一致。教材选文的不同之处在于：第一，段落清晰，结构分明，便于学生把握。普通版本只有两个自然段，第一段写乌鸦，第二段以狐狸为主线，未突出故事中的事件，是以人物为主线而非以事件为主线。而《汉语》中的课文共有 4 个自然段，分别描述了狐狸看到乌鸦的肉、狐狸第一次哄乌鸦、狐狸第二次哄乌鸦、故事的结果，这里可以看到很清晰的事件主线，事情的起因、经过和结果非常鲜明。第二，突出人物语言的描写，角色形象鲜明，直观性强。普通版本仅有最后一句为直接的人物语言描写，其他均为间接语言描写，而教材选文则有多处直接语言描写。第三，句子以短句为主，较少使用复杂的长句，口语化特征明显，突出实用性。第四，选用已学过的字词和语法点，例如，普通版本中"把肉衔在嘴里"，在教材版本中未使用"把"字句，而用"它叼着肉飞到树上"来表达这个意思，因为之前学过了连动句，但是还未出现"把"字句。上述这些特点都是与教材的整体编写理念中的"贴近生活、注重实用性、充分考虑小学生的接受能力"扣合的。

二、趣味故事活动设计示例

下面结合具体故事设计几种趣味故事教学活动，供教师们参考。

趣味活动一：续说故事

这里所说的续说故事，是指老师在给学生讲故事时，只需将故事的人物及情节交代清楚。老师先讲一段故事给学生听，这个故事只讲一半，让学生听完后根据故事情节把故事继续讲完。如《皇帝的新装》：

在很久很久以前，有一个国王，他很喜欢别人说他的衣服漂亮，每天都要穿新衣服。为了能穿更多漂亮的衣服，国王出了一张告示，在全国招聘裁缝为他做衣服。两个骗子看到了这张告示，赶紧赶到了王宫……

至于这个故事结局如何则让学生自己编，可以让不同的学生分别讲，看看谁的故事编得最精彩、最有趣。

儿童一般都喜欢听故事，而且急于知道结尾到底如何，我们不妨利用这个特点，让学生编故事，促进学生多种能力的发展。首先，让学生编故事，可以培养学生思维的条理性及丰富的想象力。学生要编故事，就要动脑筋去思考，发挥自己的想象力，根据故事人物、主要情节线索去得出一个合情合理的结局来。如果这个故事配有图片的话，还可以帮助学生学习观察。学生要编排情节，就要对图片细致、全面地观察，这也是在训练学生思考的方法。其次，编故事可以培养学生的语言表达能力。学生听了故事编出结尾，这个结尾是要通过语言表达的，为了讲清楚，学生必须将话说得连贯，用语言描述事物，表达思想，使情节发展合乎情理。这个过程对锻炼孩子的语言思维是很有好处的。

趣味活动二：故事接龙

老师给学生一个故事的开头句，让每个学生接一句，要求后一个学生说的句子一定要与前一个学生说的句子有关联。这样，一个接一个，到最后一个学生为止故事要结束。如：

昨天我和爸爸、妈妈去公园玩。……

我家养了一只猫，……

……

老师可将全班学生分成几组，分别进行故事接龙，看看哪一组的故事接得最好。在学生接完故事之后，老师可适当进行点评，说说哪些地方接得好，为什么？哪些地方还需要改进。

这个活动对锻炼学生的想象力、推理能力及篇章衔接能力有积极的促进作用。

趣味活动三：故事会

老师让学生每人找一个故事，把这个故事记下来。第二天上课的时候，每个学生分别在讲台上把自己找的故事讲给全班同学听。讲完后，让大家一起来评价一下谁的故事讲得最好？为什么？

这个活动可定期举行，也可不定期举行。通过这个活动，可以锻炼学生的记忆力、理解力、听力、复述能力及评价能力。

趣味活动四：故事表演

老师让学生读一个故事，例如《盲人摸象》，先指导学生熟悉故事情节、体会故事中的角色的特点，读完后将全班学生分成几组，每组的学生分别扮演故事中的一个角色，把故事情节表演出来。

老师可先给一点时间让学生们练习，练习完之后再请大家上台表演，每组都表演一次。演完之后老师再进行点评，对每组进行总体评价，再对表演得好的同学的优点进行总结。

老师也可以和学生一起扮演不同角色，将故事中不同人物活生生地演出来。

为了增加表演的趣味性，可以根据情节需要制作一些简单的道具，如大象的鼻子、耳朵等。

附：寓言故事《盲人摸象》

很久很久以前，印度有一位国王，他心地善良，很乐意帮助别人，对臣民们也是如此。

有一次，几个瞎子来到王官求见国王。国王问他们说："有什么我可以帮你们的吗？"瞎子们答道："感谢国王陛下的仁慈。我们天生就什么也看不见，听人家说，大象是一种个子巨大的动物，可是我们从来没有见过，很好奇，求陛下让我们亲手摸一摸象，也好知道象究竟是什么样子的。"

国王欣然应允，命令手下的大臣说："你去牵一头大象来让他们摸一摸，也好了了他们的心愿。"大臣遵命去了。

不一会儿，大臣便牵着大象回来了，"象来了，象来了，你们快过来摸吧！"

于是，几个瞎子高高兴兴地各自向大象走了过去。大象实在太大了，他们几个人有的摸到了大象的鼻子，有的摸到了大象的耳朵，有的摸到了大象的牙齿，有的碰到了大象的身子，有的触到了大象的腿，还有的抓住了大象的尾巴。他们都以为自己摸到的就是大象，仔仔细细地摸索和思量起来。

过了好一会儿，他们都摸得差不多了。国王问道："现在你们明白大象是什么样子的了吗？"瞎子们齐声回答："明白了！"国王说："那你们都说说看。"

摸到象鼻子的人说："大象又粗又长，就像一根管子。"摸到象耳朵的人忙说："不对不对，大象又宽又大又扁，像一把扇子。"摸到象牙的人驳斥说："哪里，大象像一根大萝卜！"摸到象身的人也说："大象明明又厚又大，就像一堵墙一样嘛。"摸到象腿的人也发表意见道："我认为大象就像一根柱子。"最后，抓到象尾巴的人慢条斯理地说："你们都错了！依我看，大象又细又长，活像一条绳子。"

瞎子们谁也不服谁，都认为自己一定是对的，就这样吵个没完。

趣味活动五：听故事，画画

听故事的时候，学生们都会在心里勾勒出另一个色彩炫丽的世界。故事里的人长什么样子、穿什么衣服、住什么房子、如何说话、如何哭笑等，学生们在心里都有他们自己的构想。画画是学生表达心里想法的重要方式，教师可以让学生们听完故事后把故事中的画面画出来，例如在讲《猴子捞月》的故事时，就很适合让学生听完故事后将猴子们捞月的场景画出来。

学生画的时候，老师不必加入自己的想法，请学生独立画完，等全班学生都画好之后，请学生分别来展示自己的画，进行解释与说明，老师再进行一些适当的点评。在这个过程中，老师尽量多鼓励学生，尤其对画得好的学生应当场表扬，以提高学生的积极性。

课后，再将大家画的画张贴出来，请学生相互看看自己的作品。

趣味活动六：听故事，排列句子顺序

老师给学生讲一段故事，如《乌鸦与狐狸》，先让学生听故事，再让学生根据故事内容把老师准备的句子按故事内容进行排列。

1. 老师讲故事。要求学生仔细听，听后将老师给出的句子按故事内容排列顺序。

2. 老师讲完故事后，将准备好的句子贴在黑板上。例如：

①一天，乌鸦捡到了一块肉。

②一只狐狸从树下经过，看见了乌鸦嘴里衔的肉，馋得口水直流，很想把肉弄到手。

③乌鸦一张嘴那块肉就掉到了树下，狐狸跑上去，抢到了那块肉。

④它高兴极了，把肉衔在嘴里，得意地站在大树上。

⑤狐狸站在树下，夸奖乌鸦的身材高大、羽毛美丽，还说他应该成为鸟类之王，如能发出声音，那就更当之无愧了。

⑥乌鸦为了要显示他能发出声音，便张嘴放声大叫。

3. 让学生排列句子，看哪个学生排得又快又准。（正确顺序为：①④②⑤⑥③）

附：伊索寓言《乌鸦与狐狸》

一天，乌鸦捡到了一块肉。它高兴极了，把肉衔在嘴里，得意地站在大树上。

一只狐狸从树下经过，看见了乌鸦嘴里衔的肉，馋得口水直流，很想把肉弄到手。狐狸眼珠滴溜一转便想到了一个主意。他站在树下，夸奖乌鸦的身材高大、羽毛美丽，还说他应该成为鸟类之王，如能发出声音，那就更当之无愧了。乌鸦为了要显示他能发出声音，便张嘴放声大叫。乌鸦一张嘴那块肉就掉到了树下，狐狸跑上去，抢到了那块肉，并嘲笑说："喂，乌鸦，你如果有头脑，真的可以当鸟类之王。"

说明：教师选用这则故事时，可以根据故事情景加入一些生动的对话，并用不同的声音进行夸张的表演，使故事更有吸引力。

趣味活动七：给关键词，让学生说故事

1. 有些课文本身就是一个故事，如《司马光》。学完之后，老师可以将课文中的一些关键性的词语板书在黑板上，然后要求学生用这些词语来复述故事内容。例如：

古时候　聪明　　花园　假山　水缸　掉进　慌　有的……有的……

吓哭了　找大人　只有　石头　使劲　砸　　破　流　　　得救

2. 先请学生在座位上一组组进行练习。

3. 请学生分别上台来讲故事，看哪个学生讲得最流利。

附：中国古代名人故事《司马光砸缸》

古时候有个聪明的孩子，叫司马光。

有一天，他跟几个小朋友在花园里玩。花园里有座假山，假山下面有一口大水缸，缸里装满了水。有个小朋友爬到假山上去玩，一不小心，掉进大水缸里了。别的小朋友都慌了，有的吓哭了，有的叫着喊着，跑去找大人。只有司马光没有慌，他找来一块石头，使劲向那口缸砸去。水缸砸破了，缸里的水流了出来，掉进缸里的小朋友得救了。

趣味活动八：我最喜欢的故事人物

1. 老师请学生回去后自己读一些故事。请学生们想一想自己最喜欢的是哪个故事中的哪个人物，这个人物有什么特点，为什么喜欢他（她）。

2. 召开"我最喜欢的故事人物"主题班会，请学生们将自己喜欢的故事人物介绍给其他同学。要求讲明是什么故事中的人物，用典型事件来说明这个人物有什么特点，并说说喜欢他（她）的原因。

3. 老师将学生们讲的所有故事名称及故事人物的名字板书在黑板上，所有学生讲完之后让大家一起来回忆哪个同学讲得最精彩，给人的印象最深刻。

趣味活动九：即兴编故事

1. 老师准备一些有故事情节的图画，分别装在不同的信封里。

2. 老师将全班学生分成几组，每组选出一个小组长，由小组长从老师手中抽一个信封。

3. 各组成员根据信封中的图画内容集体编故事。

4. 每组指定一个代表上台将本组编的故事讲给大家听。

5. 评比出故事编得最精彩的小组。

6. 要求学生回家后把今天编的故事讲给家长或兄弟姐妹听。

趣味活动十：寻找故事大王

1. 学过一段时间的汉语之后，学生们已经听过许多汉语故事了。这时老师可以集中复习一下，看哪些学生记住的故事最多。

2. 老师先准备好一些卡片，每张卡片上面写一个学生们听过或学过的故事的名字。

3. 让学生上台来抽卡片，抽到卡片后，先将卡片上的故事名称读出来，然后说出故事的主要人物是谁，这个故事告诉我们什么道理。答对的学生得 1 分。

4. 最后看哪位学生得分最高，他（她）就是"故事大王"。

第六章　读诗歌学华文

第一节　诗歌的特点及其在华文学习中的作用

中国是一个诗的国度，从楚辞、汉赋到唐诗、宋词、元曲，从古至今流传下来的优秀诗歌，是镶嵌于中国历史长河中的璀璨明珠。"腹有诗书气自华"，"熟读唐诗三百首，不会作诗也会吟"，学习积极健康的古诗，不仅能够提高个人的文学文化素养，也有利于陶冶个人的高尚情操，对于培养审美情趣、锻炼思维能力、丰富想象力、提高语言表达能力也很有好处。因此，中国历来重视诗歌教学，诗歌教学是中国语文教学中重要教学内容之一。通常在小学低年级阶段，语文教材就开始编入比较简单的绝句，如骆宾王的《咏鹅》、李绅的《悯农》、白居易的《赋得古原草送别》、孟浩然的《春晓》等。中国教育部颁布的《义务教育语文课程标准》也一直将诵读古诗文列为一项重要内容，要求中小学阶段的学生能够熟练背诵一定数量的古诗文。《义务教育语文课程标准》（2011 年版）要求一至六年级学生背诵古今优秀诗文 160 篇（段），七至九年级学生背诵 80 篇（段），合计 240 篇（段），其中，小学阶段分别是第一学段 50 篇，第二学段 50 篇，第三学段 60 篇。

诗歌的特点是短小精炼，朗朗上口，每字每句都是诗人反复斟酌锤炼而成的，蕴含着丰富的内容。好的诗歌往往同时具有语言美、声韵美、结构美、意境美，可以说是自然美、社会美和艺术美的结晶，具有极高的美学价值和巨大的艺术魅力。教师如果能够引导学生通过欣赏古诗的语言美、声韵美，去体味其中表达的意境美，进而体验到诗人的心灵美，这对于积累语言、陶冶性情、培养情操大有好处。

第二节 诗歌选用的目标与方法

一、使用诗歌开展教学活动的目标

1. 通过诗歌教学，让学生体会汉语的语言美、声韵美、意境美

汉语一个字一个音节，每个音节都有声调，这种特有的音节结构再加上一定的运用技巧，就使得汉语富于音乐美。尤其是古代诗歌，特别讲究格律、对偶、平仄、押韵等手段的运用，注重声韵搭配的和谐与变化，可以说诗歌是汉语语言美、声韵美、意境美的最佳体现。

下面这则例子节选自徐健顺先生对王昌龄《芙蓉楼送辛渐》声韵美的分析，略有改动。

> 寒雨连江夜入吴，平明送客楚山孤。
> 洛阳亲友如相问，一片冰心在玉壶。

文体：这是一首仄起七绝。格律是：仄—平—仄，平—仄—平；平—仄—平，仄—平—仄。

韵：押的是"虞"韵（u），这个韵是合口音，拖长之后的读音给人比较含蓄、深情的感觉。

开闭口音：这首诗的开口音和闭口音相对平衡，前两句拖长的位置都是开闭相间，后两句拖长的位置是开闭相连，说明后两句的节奏单位长了，是以整句为单位表达一个意思。第三句以开口音为主，问得开朗迫切，第四句以闭口音为主，回答得含蓄深情。

用韵：诗中在押韵的三句中，用了三组叠韵字"入吴、平明、玉壶"，其中两组都是u韵，加上"楚、如"两个仄声u韵的字，以加强u韵的感觉。"连江、冰心"都是除前后鼻音尾外韵母相同的连字，加上叠韵字"平明"，这首诗的叠韵字和近似叠韵的字有五组十字之多，吟诵起来必然气韵悠长，加上含蓄的u韵，令人有无限深情之感。

2. 培养学生的审美情趣，提高语言表达能力及文学素养

诗词创作主要运用叙述、描述、议论、抒情四种表达方式。以抒情为例，在诗歌中，诗人往往借助多种修辞表达艺术来表达自己的思想感情。有的直抒胸臆，如南宋著名爱国诗人陆游的《示儿》，"死去元知万事空，但悲不见九州同。王师北定中原日，家祭无忘告乃翁。"直接抒发了诗人渴望国家统一、光复中原的爱国情怀。有的采用以景衬情，或情景交融，或托物言志、抒情等间接的抒情方式，如唐代著名浪漫主义诗人李白的《赠汪伦》，"李白乘舟将欲行，忽闻岸上踏歌声。桃花潭水深千尺，不及汪伦送我情。"用"桃花潭水深千尺"来比喻"汪伦送我"之"情"，是在叙事的基础上采用间接抒情的方式。此外，诗歌常常运用典故，引用人、地、事、物等方面的著名史实，或有出处的佳词妙句，来表达诗人的某种情感，从而使诗歌意蕴丰富、简洁凝练、典雅含蓄，富有表现力和感染力。再如，清朝诗人郑燮的《竹石》，"咬定青山不放松，立根原在破岩中。千磨万击还坚劲，任尔东西南北风。"诗歌字面上是歌颂生长在山中岩石缝隙中的竹子，实际上是托物言志，表达了诗人不畏磨难、意志坚定的乐观人生态度。

就同一题材而言，历代往往有多篇诗作流传下来，例如，同样是描写春日景色的诗句，白居易的《江南好》通过对晓日、江花、江水的生动描写，描绘了一幅艳丽明快的江南春日美景图，特别是其中"红胜火"与"绿如蓝"的鲜明异色相衬，使得无限春景跃然眼前；孟浩然的《春晓》表达对春天的喜爱与眷恋的视角很独特，不选择春天的色彩与芳香，而从听觉角度着笔，写春之声，但又不明说，选择用初醒时分在室内听到的朦胧的鸟啼声、风雨声来渲染屋外春意盎然的美好景象，给读者留下无限的遐想空间；而朱熹的《春日》则描写了春天万紫千红、焕然一新的无边光景，处处传达了颂春之意。学习这些诗歌，引导学生体味诗人下笔的独到精彩之处，自然可以开拓学生的视野，培养学生发现美、欣赏美的能力，领悟写景抒情的各种形式与手段。因而，诵读、学习优秀的古代诗歌，对于培养学生的审美情趣、提高语言表达能力及文学素养大有裨益。

3. 陶冶性情、培养情操

现在流传的著名诗歌都是经过历代文人斟选后留存下来，且内容都是积极健康、乐观向上的。每读一首优秀的诗作，除了语言上的积累外，还能使学生从中领悟到诗人的高尚情怀。或学会发现、欣赏美，如唐代李峤的《风》，用独特的视角描写了风；或接受爱国教育，如宋代陆游的《示儿》；或懂得乐观面对生活、敢于接受磨难与考验，如明代于谦的《石灰吟》；或表达对社会的关爱，如唐代李绅的《悯农》；或思

乡怀亲，如唐代李白的《静夜思》、王维的《九月九日忆山东兄弟》、宋代王安石的《泊船瓜洲》等。

二、诗歌活动的一般教学过程

关于诗歌教学的方法，有不少研究者基于不同教学对象、从不同视角进行过探讨。关于中国语文教学中的诗歌教学，方守金（2003）主张中小学诗歌教学应从诗歌自身的特性出发，在朗读和背诵的基础上去品味和把握诗的情趣与韵味，特别是在赏读中国古典诗词的时候，更要引导学生意会即可，感悟即佳。蒋德均（2005）基于中学语文教学的特点，提出诗歌教学应引导反复吟诵、进行语义分析、展开想象与联想、品味意象和意境、强调比较归类。潘家明（2010）认为，中学诗歌教学应遵循诗歌的特质，把握好教学的切入点，整体判读，经验对接，归纳共性、指导生活是中学诗歌教学的基本方法。关于英语诗歌的教学，国外学者已有不少研究，Widdowson（1999）认为诗歌具有语言的代表性（representational）和娱乐性（recreational）功能，适合于语言课堂。二语学习中的诗歌教学对于开发学生的语言领悟能力和培养学生的语言应用能力起着非常重要的作用。Widdowson 提出了一系列可供实践的方案，如打乱诗句的排列次序，填入缺漏的词语使诗歌完整，比较诗歌与散文在描述上的异同，将散文改写成诗歌等。① 国内学者中，闫建华、张平（2004）提出示范讲解法和比较学习法等。

下面结合汉语作为第二语言教学的特点和规律，以便于教学者理解及使用为原则，将诗歌教学的一般过程简洁概括为"读、释、悟、议、诵"。

（一）读

读，是指诵读。诗歌诵读的要求是能读准字音、声韵饱满、讲求节奏、声音洪亮。

在初学诗歌时，可先播放示范录音或视频，让学生对诗歌有初步感知。然后由教师带学生一起诵读，刚开始诵读时要读得慢一些，让学生读准每个字音、读通诗句即可。教师范读时要注意声情并茂，尽量读出诗歌的韵律美、节奏美。

（二）释

释，指解释、注释。"释"的内容应包括讲解诗题、介绍诗人及解释诗意等。

---

① 参见胡则远《论大学英语课堂中的英语诗歌教学模式》，《华中师范大学学报》（人文社会科学版）2011 年第 1 期。

1. 讲解诗题

讲解诗题，是让学生明白诗歌题目的含义，了解诗歌的主题，为诗歌内容的学习奠定基础。

诗歌的题目一般反映诗歌的内容，如《登鹳雀楼》、《望庐山瀑布》、《枫桥夜泊》等。也有一些诗歌的题目不反映诗歌内容，而是体现诗歌的形式，如以《绝句》为题的，就有杜甫的《绝句》（两个黄鹂鸣翠柳）、《绝句》（迟日江山丽），杨万里的《绝句》（天边绿锦织云机）等。还有一些诗歌的题目标明诗歌的作诗缘由，如王安石的《书湖阴先生壁》、林升的《题临安邸》、苏轼的《题西林壁》等。有一些诗歌是诗人创作的一种随感，诗人直接在标题中显示其创作背景，如陆游的《秋夜将晓出篱门迎凉有感》、杨万里的《晓出净慈寺送林子方》等。还有一种情况是，诗人提炼不出一个自认为合适的标题来统揽全诗，于是就以《无题》为题，如李商隐的《无题》四首。

教师应能把握诗歌题目的常见类型，并通过适当的方式让学生了解诗题的创作方法及具体含义。

2. 介绍诗人

介绍诗人部分，教师可查找诗人的相关资料，但不宜全盘照搬，而应根据学生的水平挑选最主要的且学生能理解接受的部分。例如，关于李白的生平介绍，在百度百科可以查到资料如下：

李白（701—762 年），唐代伟大的浪漫主义诗人，被后人誉为"诗仙"；字太白，号青莲居士。汉族，祖籍陇西成纪（今甘肃天水）。一说出生于碎叶城（当时属唐朝领土，今属吉尔吉斯斯坦。另说即今新疆库尔勒），4 岁再随父迁至剑南道绵州。还有一说则出生于绵州昌隆（今四川江油）。李白存世诗文千余篇，有《李太白集》传世。762 年病逝于今安徽境内，享年 61 岁。其墓在今安徽当涂，四川江油、湖北安陆有纪念馆。

李白生活在盛唐时期，二十五岁时只身出蜀，开始了广泛漫游生活，南到洞庭湘江，东至越州（会稽郡），寓居在安陆、应山。直到天宝元年（742），李白被召至长安，供奉翰林，后因不能见容于权贵，在京仅两年半，就被赐金放还而去，然后由高天师如贵道士授录济南（今山东省济南市）的道观紫极官，成为一个真正的道士，过着飘荡四方的漫游生活。

后世将李白和唐代诗人杜甫并称"李杜"。他的诗歌总体风格清新俊逸，既反映了时代的繁荣景象，也揭露了统治阶级的荒淫和腐败，表现出蔑视权贵，反抗传统束缚，追求自由和理想的积极精神。

一位老师是这样介绍的：

李白（701—762 年），字太白，盛唐最杰出的诗人，也是我国文学史上继屈原之后又一伟大的浪漫主义诗人，素有"诗仙"之称。他经历坎坷，思想复杂，既是一个天才的诗人，又兼有游侠、刺客、隐士、道人、策士等人的气质。儒家、道家和游侠三种思想，在他身上都有体现。"功成身退"是支配他一生的主导思想。

从这位教师展示的李白生平介绍来看，他已经对相关资料进行了精简，这点非常可取，但是教师的教学对象是海外小学二年级的学生，学习《静夜思》这首诗，上面这段介绍中，仍然有许多内容超出了学生可以接受的范围，这部分属于教学中的冗余信息，因此，还需要对这部分内容进一步提炼。如下即可：

李白（701—762 年），字太白，唐代最杰出的诗人，被后人称为"诗仙"。

对海外小学二年级的学生来说，中国的朝代历史变革、各种思想流派、文人雅士的类型特点都是完全陌生的，他们尚不具备相应的理解接受能力，教师展示出的相关信息对他们而言完全是多余的，而且会分散学生对重点的注意力。我们认为，在这个阶段让学生记住李白的"诗仙"之称足矣，同时，将"盛唐"改为"唐代"，避开唐代四个分期（即初唐、盛唐、中唐、晚唐）这个知识点。

3. 解释诗意

解释诗意，就是解释诗歌的具体意思。一般来说，可以采用逐句分别解释，再整体解释的方式。诗歌往往是两句一联，首句为上联，也称出句，次句为下联，也称对句，上下联之间存在对偶、平仄相对等多种联系，因此可以将诗句以"句—联—篇"的递进关系进行逐步讲析。以绝句为例，先解释第一句，再解释第二句，再把一、二两句合起来解释；接下来，解释第三句，再解释第四句，再把三、四句合起来讲析；最后，把整首诗连起来用现代汉语连贯地表述出来。而就律诗来说，一共八句，通常把第一、二两句叫作首联，第三、四两句叫作颔联，第五、六两句叫作颈联，第七、八两句叫作尾联。教学时，可以联为基本单位，由句到联，讲完四联之后，再连成篇来讲析。

在教师讲完诗歌的意思之后，可引导学生用自己的话把诗歌的主要意思说出来，再在理解的基础上进一步练习诵读。

（三）悟

悟，是指领悟诗情，即领会诗人在诗歌中所表达的思想感情。在讲解完诗歌含义的基础上，要引导学生根据诗意展开想象，诗人写了什么，他为什么这样写，想表达一种怎样的心情。

例如，叶绍翁的《游园不值》："应怜屐齿印苍苔，小扣柴扉久不开。春色满园关不住，一枝红杏出墙来。"其字面意义是"可能是主人爱惜门前小路上的青苔吧，上面没有一点鞋子的印迹，轻轻地敲着柴门，一直没有人来开门。满园的春色是关不住的，一枝红杏已经伸出墙外来了。"前两句记事，写的是诗人寻访友人而友人不在家，后两句是写景，通过一枝红杏出墙来呈现园内的春意盎然。诗人的写作手法非常独特，本来是诗人访友而友人不在，但诗句却用"应怜屐齿印苍苔"、"久不开"将主人不在家说成主人有意拒客，教师可以问"诗人为什么这样写呢？"引起学生注意并思考，共同分析原因，这样写是为了给下面的诗句作铺垫，主人之所以紧闭园门，是因为"春色满园关不住"，想把春色关在园内独赏。由此，表达了诗人强烈的爱春惜春的情怀。针对这首诗歌诗情的领悟，教师可设计一组相关问题，引起学生讨论与思考：

（1）"应怜屐齿印苍苔"表达的是园主人还是诗人的爱惜之情？为什么？

（2）诗人是抓住哪些景物来表现春天的？

（3）你觉得诗人对园内的春色向往吗？从哪些词句可以看出来？

（四）议

议，是对诗歌进行讨论交流。引导学生一起发表学习诗歌后的感受，喜欢诗中的哪些词句，诗歌让自己产生了什么感想，有哪些不明白或有疑问的地方等。自由讨论交流可以进一步加深学生对诗歌内容的理解，产生自由表达的话题，激发学生表达的动机。

（五）诵

诵，是指背诵，能够根据诗意有感情地背诵诗歌。诗歌篇幅短小，且字字珠玑，是积累语言的极佳材料，每首诗歌都应该通过多种形式的反复诵读，让学生能熟练背诵下来，从而增加诗歌积累。要让学生熟练背诵一首诗，有一个循序渐进的过程，首先要进行完全依赖文本的朗读；朗读熟练之后，再进行脱离文本、依据部分提示线索的半背诵训练，如根据提示词语背诵、根据图片背诵、根据动作背诵等；最后再进行完全脱离文本和其他线索的全背诵训练。为了增加学生学习的积极性，可让学生进行诗歌背诵的比赛。

三、诗歌教学活动中应注意的问题

第一，学习中国古典诗歌，要从整体上把握诗歌的重点和难点。教师对诗歌含义只需进行适当讲解，对诗歌所表现的内容与情感作简要的点拨即可，不宜作烦琐、过细的分析。要让学生多朗读，让学生在正确朗读的基础之上，再进行背诵。

第二，在教学诗歌时，要重视诗歌赏析。要着重让学生领会诗词的语言美、音乐美和意境美，使学生受到美的熏陶和感染。诗歌赏析内容主要包括：

（1）语言美。让学生反复朗读诗歌，通过仔细的品味，体会诗歌凝练集中而形象的语言。

（2）音乐美。教师要通过有感情的示范诵读，让学生体会诗歌鲜明的节奏与和谐的韵律，感受诗歌动听优美的音调。教师可分别用两种不同的方式朗读同一首诗歌，一种是平白式朗读，一种是带感情的朗诵，让学生通过对比去感受情感在诗歌朗诵时的重要作用。为了使诗歌朗诵收到良好的效果，充分体现音乐美，可以事先准备背景音乐，教师进行配乐朗诵，如果能找到相关的配乐朗诵音频或视频材料还能收到更好的教学效果。

（3）意境美。教师要引导学生通过丰富的联想和想象，体会诗歌创造的意境和饱含的情感。为了让学生更好地理解诗歌所体现的意境，教师可根据诗歌内容选择一些图片，用以配合诗歌内容的讲解。例如，教唐代诗人张继的《枫桥夜泊》这首古诗时，由于诗歌涉及枫桥、寒山寺、钟声、客船、诗人张继等，为了让学生有直观的感知，教师可以搜集一些相关的图片，从而帮助学生理解诗歌所传达的情感。再如教宋代诗人苏轼的《题西林壁》时，教师可以配合诗歌内容，事先准备好庐山、山峰、山岭的图片。

教师若能合理利用图片、音乐、示范朗诵等多种方式进行诗歌教学，往往能事半功倍，让学生充分感受中国古典诗歌的美感。

第三，让学生在领会诗词的语言美、音乐美和意境美的基础上，让学生学会准确、有感情地朗读古诗。诵读诗歌，有助于我们欣赏它的优美意境，领会和理解作者的思想感情，接受艺术熏陶。在诵读诗歌时，要注意以下几个方面的内容：

（1）正确处理诗歌的感情与语气。如果是一首轻松愉快的诗歌，语调就应明快舒畅；如果诗歌的感情激愤昂扬，就要用急促有力的语调；而如果是哀怨悲伤的诗，就适合用低沉缓慢的语气。

（2）准确地把握诗歌的节奏。中国古典诗歌的节奏，与句式有密切关系，因而节奏可以按音节兼顾意义来划分。一般五言诗的节奏是二三拍（"二三式"、"二二一式"或"二一二式"），七言诗是四三拍（"四三式"、"二二一二式"或"二二二一式"），一般四字句是二二拍（"二二式"）。如"硕鼠/硕鼠，无食/我黍"（《诗经》），"床前/明月光，疑是/地上霜"（李白《静夜思》），"李白/乘舟/将欲/行，忽闻/岸上/踏歌/声"（李白《赠汪伦》）等。但划分节奏，不可以单看句式，要联系意义的表达，如"好雨/知/时节，当春/乃/发生"（杜甫《春夜喜雨》）这两句诵读的节奏就应该是"二一二，二一二"；"春眠/不觉/晓，处处/闻/啼鸟"（孟浩然《春晓》）的节奏则是"二二一，二一二"。在掌握诗的节奏与韵律的基础上，更进一步的要求是把诗的感情读出来。

（3）体会诗歌的押韵和平仄。古代诗歌是富有音乐性的语言艺术，尤其注重韵律。古诗都讲究押韵，律诗、绝句都有固定的韵脚，一般来说，偶句的最后一个字都应押韵，有的诗首句也入韵。但是由于古今音的变化，有的押韵字今天读起来不怎么合韵。诵读时，我们按今音（普通话语音）读就可以了，不必勉强去寻求古音的读法。

总之，诗不像一般的文章，它比一般的文章难懂，原因在于诗歌这种体裁很特别。法国诗人梦希乐说："散文是散步，诗歌是跳舞。"这个比喻准确地道出了诗歌的特点：诗歌的素材和语言，是经过提炼浓缩的。在诗歌中，凡是与表达语意没有直接关系的词语，如副词、助词、语气词等，往往都可略去，上下句之间过渡性的说明也可以省去。在诗歌中，句子的省略、紧缩都很常见。有时出于格律、音韵等方面的需要，甚至打乱句中词语的正常排列顺序。很多诗歌表面上看来似乎句与句之间毫不相干，上句与下句之间缺少必要的联系，这就是诗歌的"跳跃性"。因而，阅读诗歌时，往往会觉得其含义没有散文那样紧密和顺畅，需要读者充分发挥想象，去体悟诗人当时的心境，去填补诗句之间的空白，深入领会诗的含义，然后在反复诵读中进入诗人描绘的艺术境界，领略诗歌的"意境美"。

青少年的记忆力一般都很强，如果他们能真正领会诗篇的意思，并初步具备阅读古诗的能力，那么这种能力对于他们今后的学习与写作，将会进一步发挥巨大的作用。

四、诗歌教学示例

下面以唐代著名诗人李白的《静夜思》为例谈一谈诗歌教学。"床前明月光，疑是地上霜。举头望明月，低头思故乡。"全诗只有 20 字，可它既有描写，又有抒情，前两句是写景，后两句是抒情。在给学生讲解时，教师可参照李白的生平，把这首诗改写成一则散文来读，引导学生体会一个明月当空的夜晚，远离故乡的诗人对故乡深深的思念之情。这样，可让学生在头脑中产生一种画面感，从而了解诗的大概含义，这样，经过反复诵读，他们很快就能理解并背诵这首诗了。

一、教学对象

生活在海外的小学生（初学汉语者）。

二、教学内容

本课是中国暨南大学出版社出版的《中文》（修订版）第三册第七课，共有两首古诗，分别为《静夜思》和《登鹳雀楼》，其中，《静夜思》这首诗表达了诗人身在异乡思念故乡的感情。

三、教学目标

1. 朗读、背诵诗歌，在诵读过程中体会诗歌的意思，感受诗人思念故乡的心情。

2. 培养观察大自然的兴趣，阅读有关课外书籍。

四、教学重点

1. 认读生字，写生字。

2. 朗读、背诵古诗。

五、教学难点

1. 在诵读古诗过程中体会古诗意思，感受诗人思念故乡的心情。

2. 培养观察大自然的兴趣，落实观察夜空、阅读有关课外读物的实践活动。

六、教具准备

1. 与课文中具体事物相对应的图片。

2. 作为奖励用的卡通贴纸若干张。

七、教学时间

40 分钟。

八、教学步骤

（一）教师诵读诗歌，让学生初步感知诗歌意象

在诵读时为营造良好的诗歌意境，可以配上音乐，并用 PPT 播放相应图片，教师注意诵读的语气和感情，让学生感受到诗歌的语言美、意境美。

（二）介绍诗人（配诗人代表性图像）

李白（701—762 年），字太白，唐代最杰出的诗人，也是中国文学史上继屈原之后又一伟大的浪漫主义诗人，有"诗仙"之称。

（三）解释诗题

静夜：静静的夜晚。思：思念、想念。

诗题的意思是：在静静的夜晚所想到的。

（四）解释诗意

1. 初读古诗。

（1）借助拼音自由读，要求把每个字音都读准。

（2）把诗中的生字单独列出来读一读，认一认。

（3）检查读的情况。（主要是字音。）

（4）读后交流：你喜欢怎样读？（让学生按照自己的理解去读，多肯定，多鼓励。）

2. 逐句讲解诗歌内容。

（1）学习第一句"床前明月光"。

A. 读整句诗，注意语速、语气、节奏。

B. "明月光"是指怎样的月光？

C. 解释第一句诗意：明亮的月光照在诗人床前。

（2）学习第二句"疑是地上霜"。

A. 读整句诗，注意语速、语气、节奏。

B. 解释难点字词。

疑：怀疑、好像。

霜：在气温降到0℃以下时，接近地面空气中所含的水汽在地面物体上凝结成的白色冰晶。（结合图片和生活中的实例讲解。）

C. 解释第二句诗意：像地上冰冷的霜一样。

（3）整体理解第一、二句。

A. 朗读，引导。

B. 这两句在描写什么？（写景。）

C. 领悟诗情：诗人这样描写，给了你一种什么样的感觉？

（冷清。老师描述：今晚，银白色的月光洒在地上，像铺了一层冰冷的霜一样。环境如此冷清，再加上诗人远离亲人的孤独，就更感到冷清了。）

（4）学习第三句"举头望明月"。

A. 读整句诗，注意语速、语气、节奏。

B．解释第三句诗意：抬起头来望着天上明亮的月亮。

C．领悟诗情：想想诗人在干什么？诗人看着挂在天空中的明月，会想到什么呢？（诗人抬头望着天上明亮的月亮；会想到家乡，想到亲人。）

（5）学习第四句"低头思故乡"。

A．读整句诗，注意语速、语气、节奏。

B．说说诗句的意思：低下头来思念家乡，思念亲人。

（6）整体理解第三、四句。

A．将第三、四句连起来说说诗意。（抬头望着天上明亮的月亮，低下头来心中想念故乡。）

B．这两句的作用是什么？（抒发感情。）

C．为什么看着月亮会想起家乡和亲人？

（五）课堂练习

（1）诵读诗歌，分别采用小组朗诵、开火车朗诵、个体朗诵等形式。

（2）根据诗歌内容背诵表演，配动作。

（3）看图说诗句。（教师准备一些与诗歌内容相关的图片，请学生看到图片后快速说出相应的诗句。）

（4）诗意理解大比拼。（教师说出诗句，请学生解释其中的字词，如"疑是地上霜"的"疑"是什么意思？"静夜思"中的"思"怎么解释？）

（5）口语表达练习：你有没有思念家乡和亲人的时候？是什么样的感受？哪些事物会让你想起家乡和亲人？

（六）布置课外作业

（1）回家把诗歌诵读给爸爸妈妈听。

（2）课外继续收集和阅读：有关李白及他写的其他诗，还有描写夜空或介绍有关星体的科学知识的一些课外读物。把收集到的和读过的带到班里，向同学介绍或互相借阅。

第三节　诗歌精选与教学指导

下面是从各类材料中精选的适合青少年学习的脍炙人口的格律诗（共30首），多数是唐代诗人的诗作，也收录了少量著名宋代诗人的作品，我们根据海外华文教学的特点，对每首诗应如何展开教学都进行了相关分析，供教师参考选用。

格律诗是诗歌的一种，是指唐代以后形成的诗歌体式，讲究创作格式，结构严谨，对字数、行数、平仄或轻重音、用韵等都有严格规定。格律诗每句的字数都是固定的，每句几个字即被称为几言诗。如每句五个字的，称为"五言诗"；每句七个字的，称为"七言诗"。此外，还可根据每首诗的句数将诗歌分为绝句和律诗。每首四句的，称为"绝句"。每句五字的称"五言绝句"，每句七字的称为"七言绝句"。每首八句的，称为"律诗"。每句五字的称"五言律诗"，每句七字的称为"七言律诗"，全首诗超过八句的叫"排律"。律诗和绝句都讲求押韵，一般偶句要押韵，第一句可押可不押。此外，律诗要求三、四两句、五、六两句要对偶，字的平仄要有一定的格式。

咏 鹅

（唐）骆宾王

鹅，鹅，鹅，曲项向天歌。

白毛浮绿水，红掌拨清波。

［作者简介］

骆宾王（约627—约684年），唐代文学家，与王勃、杨炯、卢照邻一起，被人们称为"初唐四杰"。七岁时就能作诗写文章，尤其擅长写五言诗。《咏鹅》正是骆宾王七岁时创作的作品。①

［注释］

1. 咏：用诗、词来描写某一事物。咏鹅：用诗来描述鹅。

2. 曲：弯曲。

3. 项：颈的后部。这里指鹅的脖子。

4. 红掌：红色的脚掌，诗中指鹅的脚掌。

5. 拨：划动，拨开。

［今译］

鹅呀，鹅呀，弯曲着长长的脖子对着天高声歌唱。一身雪白的羽毛浮在碧绿的池水之上，看，它正用红色的脚掌拨动着清澈的水波向前游动呢。

［教学指导］

骆宾王小时候就很好学，七岁时就能写诗作文。有一次，家中来的一位客人不太

---

① 以下所选30首诗歌中的诗人简介、注释及翻译是综合参考了大量诗词注解材料撰写的，此处统一说明。教学指导部分是本书作者以各种材料中的诗歌赏析文字为蓝本，根据华文教学的教学对象特点和需求等情况加工撰写的。

相信骆宾王小小年纪就能作诗，于是四下一看，见池塘中有几只白鹅在戏水玩耍，就请骆宾王以这鹅为题当场作一首诗，骆宾王思索片刻便高声吟诵出了《咏鹅》这首诗。学习这首诗，可以引导学生学习骆宾王从小勤奋好学的精神。

《咏鹅》是一首咏物诗，抓住鹅的典型特征，以清新明快的语言来进行描写，写得真切、朴实、自然、传神。首句"鹅，鹅，鹅"，连用三个"鹅"字，表达了诗人对鹅的喜爱之情。这三个"鹅"字，可以理解为小诗人听到鹅由远至近的欢叫声，也可以理解为小诗人看到鹅在水中嬉戏，十分欣喜，高兴地连呼三声。

次句"曲项向天歌"，描写鹅鸣叫的神态。"曲项"二字形容鹅鸣叫时的体态特点，十分贴切，说明诗人观察非常细致，并准确把握了这个典型特征。此外，这一句运用了拟人手法，把鹅的叫声写成"歌"等。

第三、四句"白毛浮绿水，红掌拨清波。"写的是鹅在池塘中游动的情景，"白毛"、"红掌"、"绿水"、"清波"等几个色彩明丽的词语给人以鲜明的视觉形象。而"浮"、"拨"两个动词则生动地表现了鹅游水时可爱的姿态。白毛红掌，浮在绿水清波之上，构成一幅美丽的"白鹅戏水图"，表现出儿童时代的骆宾王细微传神的观察力。

学习这首诗时，可以引导学生说说自己熟悉的某种动物，这种动物有什么典型的特点，怎么样形象生动地描写它的特点等，培养学生的观察力、想象力和表达能力。

静夜思

（唐）李白

床前明月光，疑是地上霜。

举头望明月，低头思故乡。

[作者简介]

李白（701—762 年），字太白，唐代浪漫主义诗人，影响深远，被后人称为"诗仙"。李白热爱自然、喜欢游历，"一生好入名山游"，足迹几乎遍及整个中国，留下了许多歌咏自然美、歌颂友情的作品。他还写了大量歌颂祖国河山、揭露社会黑暗和蔑视权贵的诗歌。

[注释]

1. 静夜思：在静静的夜晚所想到的。

2. 疑：怀疑、好像。

3. 举头：抬头。

[今译]

（一觉醒来，看见）床前一片明亮的月光，还以为是秋天夜寒地面上结成的霜。

抬起头来看着天上的明月，低下头的时候就想起了自己的故乡。

[教学指导]

这首诗是一首五言绝句，写的是诗人在寂静的月夜思念家乡的感情。

诗的前两句"床前明月光，疑是地上霜"，是写诗人在他乡作客的特定环境中看到特殊的景物后所产生的错觉。久居他乡的人，难免产生离愁，特别是在夜深人静的时候，思乡之情更是油然而生，更何况是在月色如霜的秋夜。教师在教学时，可先让学生围绕"思乡"这个话题进行简单的讨论，以便与作者产生共鸣。在教"疑是地上霜"这一句时，可强调其中的"疑"字，这个字生动地表达了诗人刚刚醒来，恍惚中将从窗外射到床前的清冷月光误认作秋天夜晚在地面上形成的浓霜这一心理。这两句将皎洁的月光与体现季节寒冷的秋霜放在一起，烘托出诗人孤寂落寞的心情。

诗的后两句"举头望明月，低头思故乡"，通过对动作神态的刻画，点明了思乡之情。"望"字表明诗人已从初醒的恍惚转为清醒，他抬头凝望着月亮，不禁想起此时此刻故乡也正处在这轮明月的照耀下。其中"思"字包含了丰富的想象空间：家乡的亲朋好友，家乡的山水草木，家乡的物产风俗，家乡经历的往事……无须一一点明，全通过一个"思"字反映出来了。

这首五言绝句构思十分精妙，前两句写景，后两句抒情，以景衬情，从"疑"到"望"，再到"思"，形象地揭示了诗人内心活动的变化，鲜明地描绘出一幅"月夜思乡图"。

古朗月行（节选）

（唐）李白

小时不识月，呼作白玉盘。

又疑瑶台镜，飞在碧云端。

[注释]

1. 呼作：称为，称作，叫作。
2. 瑶台：传说中神仙居住的地方。

[今译]

小时候不认识月亮，把明月叫作"白玉盘"。又怀疑（月亮）是瑶台仙镜，飞在夜空云彩中。

[教学指导]

这是《古朗月行》的节选，原诗共十六句，此处节选了诗的前四句。

诗人用浪漫主义手法，借助丰富的想象和神话传说，表现出儿童时期对月亮稚气而美好的认识。诗人将月亮比喻成"白玉盘"和"瑶台镜"，形象地描绘出月亮的形状与颜色，写出了月光的皎洁。在遣词造句方面，第二句的"呼"字和第三句的"疑"字用得特别传神，把儿童的天真趣致生动地表现了出来。

这四句诗虽然是节选的，但结构和内容都很完整，就像是一首完美的绝句。其语言朴素精炼，比喻生动有趣，耐人回味。

在教学时，为了帮助学生理解诗歌所表达的形象，教师可事先准备一些圆月的图片。教学时，先组织学生围绕图片展开讨论，让学生发挥想象力，看圆月像什么，再进行诗歌教学，使学生理解诗人高超的写作手法和诗歌表达的特殊意境。

赠汪伦

（唐）李白

李白乘舟将欲行，忽闻岸上踏歌声。

桃花潭水深千尺，不及汪伦送我情。

[注释]

1. 汪伦：李白在桃花潭结识的朋友，性格豪爽、热情好客。这首诗是李白写给汪伦的赠别诗。

2. 踏歌：一边唱歌，一边用脚踏地打着拍子。

3. 桃花潭：水潭的名称，在现在的安徽省泾县西南。

[今译]

李白（诗人）乘着小舟将要离开，忽然听到岸上传来一阵歌声。桃花潭的水就算有一千尺深，也没有汪伦对我的情谊那么深厚。

[教学指导]

这是一首七言绝句。李白游泾县桃花潭时，常在村民汪伦家作客，两人结下了深厚的情谊。李白临走时，汪伦赶来送行，于是李白写了这首诗留别，感谢汪伦的深情厚谊。

前两句"李白乘舟将欲行，忽闻岸上踏歌声。"是叙事，李白将要乘舟离去，忽然发现岸上汪伦带着一群村民前来送行，且一边走，一边唱。"将欲"，说明正在小舟准备离开之时；"忽闻"，说明汪伦来送行出于李白意料之外。"将欲"与"忽闻"相照应，写出了诗人惊喜的心理状态。

后两句"桃花潭水深千尺，不及汪伦送我情"是抒情，用桃花潭的水深与汪伦对自己的情深相比。潭水已"深千尺"了，还不及汪伦的情谊深，那么汪伦的深情厚谊就尽在不言中了。这两句用"不及"二字将两种表面上不相干的事物联系在一起，用

"深千尺"的桃花潭水作参照物，就把无形的情谊化为有形，既形象生动，又耐人寻味。

在教学过程中，教师要引导学生体会诗歌所传达出来的那种友人之间的深厚情谊以及抒发情谊的关键词句，如"将欲"、"忽闻"表现出诗人的惊喜之情，用"桃花潭水"来作比，衬托汪伦对诗人的深情厚谊的写作方法。

黄鹤楼送孟浩然之广陵

（唐）李白

故人西辞黄鹤楼，烟花三月下扬州。

孤帆远影碧空尽，惟见长江天际流。

[注释]

1. 黄鹤楼：故址在现在的湖北省武汉市武昌蛇山的黄鹄矶上，传说有神仙在此乘着黄鹤而去，故称"黄鹤楼"。

2. 孟浩然：李白的朋友。

3. 之：往。

4. 广陵：即扬州。

5. 故人：老朋友，这里指孟浩然。

6. 烟花：指艳丽的春景。

7. 尽：消失。

8. 惟见：只见。

9. 天际：天边。

[今译]

我的老朋友孟浩然就要离开黄鹤楼继续向西行，在这美丽的阳春三月，他要到扬州去。他乘坐的帆船越来越远，最后终于消失在江水的尽头。我久久地站在岸边，不愿离去，看着江水滚滚流向天的尽头。

[教学指导]

《黄鹤楼送孟浩然之广陵》是历来被人广为传颂的名篇，是一首七言绝句。这首诗是李白出蜀（即今四川省）仕游期间的作品，描写诗人送别友人孟浩然时无限依恋的感情，也写出了祖国河山的壮丽美好。

诗的首句"故人西辞黄鹤楼"紧扣题旨，指明送行的地点（黄鹤楼）及自己与被送者（孟浩然）的关系（老朋友）。"故人"一词表明了两位诗人之间的深厚情谊。第二句"烟花三月下扬州"，紧承首句，写明送行的时节（三月）与被送者要去的地方（扬州）。"三月"正是春光明媚、万物复苏、百花盛开、百鸟争鸣的时节，而诗人用"烟花"修饰"三月"，传神地写出春雾迷蒙、花团锦簇的阳春特色。"扬州"是东南都会，自古繁华。孟浩然要去的地方是好地方，时间也选择得很恰当。对喜好游历的李白而言，友人的这次出游让他十分欣赏、羡慕。"烟花三月下扬州"这句，正表达了诗人内心的愉悦与向往之情。

李白是感情十分丰富的诗人，当友人扬帆远去的时候，惜别之情便油然而生。诗的第三、四句正是写李白送别友人时的惜别之情。"孤帆远影碧空尽，唯见长江天际流"从字面上看来，这两句诗全是写景，其实却饱含着诗人深沉的感情。"孤帆"并不是说长江上只有友人乘坐的这一只帆船，而是因为诗人的全部注意力和感情都集中在友人乘坐的那一只帆船上，其他的船都视而不见了。诗人在黄鹤楼送行，看着友人乘坐的船扬起风帆，渐去渐远，越来越小，越来越模糊，只剩下一点影子，最后终于消失在水天相接之处，而诗人仍然久久伫立，目送流向天际的江水，不愿离去，似乎要把自己的一片情意全都托付给江水，追随行舟，将友人送到目的地。这两句诗表达了多么深厚的友情！然而在诗句中却找不到"友情"这个词。诗人巧妙地将依依惜别的深情寄托在对自然景物的动态描写之中，将情与景完全融合在一起，使人读来回味无穷。

为了使教学取得良好的效果，教师可事先准备黄鹤楼、扬州三月春景图、长江、帆船等图片，配合图片进行讲解，营造良好的诗歌赏析氛围。另外可准备抒情的古筝曲进行配乐朗诵，让学生体会诗歌的音律美、语言美、意境美。

夜宿山寺

（唐）李白

危楼高百尺，手可摘星辰。

不敢高声语，恐惊天上人。

[注释]

1. 夜宿山寺：夜晚住宿在山上的庙里。

2. 危楼：高楼，即建筑在高山顶上的寺庙殿阁。

3. 百尺：形容很高，并不是指正好 100 尺。

4. 手可摘星辰：只要一伸手就可以摘到天上的星星。

5. 恐惊天上人：担心惊动天上的神仙。

[今译]

山上寺庙的楼都很高很高，从楼上一伸手仿佛就可以把天上的星星摘下来。我不敢大声说话，只怕惊动了天上的神仙。

[教学指导]

《夜宿山寺》是李白的一首记游写景的五言绝句。第一句形象地描绘寺庙的楼阁险峻挺拔、高耸入云。其中"危"与"高"字巧妙组合，贴切、生动、形象地将山寺耸立山巅、雄视寰宇的非凡气势淋漓尽致地描写出来。第二句则进一步以夸张的手法来烘托山寺之高，将读者的注意力引向星光灿烂的夜空，以星夜的美丽引起人们对高耸入云的"危楼"的向往。第三、四句"不敢"、"恐"写出了作者夜临"危楼"时的心理状态，从诗人"不敢"与"恐"的心理中，让人真切感受到"山寺"与"天上人"的距离之近，这样，山寺之高也就不言自明了。

在这首诗里，诗人大胆发挥想象，用夸张的手法渲染烘托山寺之高，从而将一座神奇的宏伟建筑展现在读者眼前。教学时，教师注意引导学生体会诗歌中夸张手法的使用，培养学生的想象力。

望庐山瀑布

（唐）李白

日照香炉生紫烟，遥看瀑布挂前川。

飞流直下三千尺，疑是银河落九天。

[注释]

1. 庐山：在江西省九江市南，是中国著名的风景区。

2. 香炉：指香炉峰，在庐山西北，因形状像香炉而且山上经常笼罩着云烟而得名。

3. 挂前川：挂在前面的山川上。

4. 九天：古时传说天有九重，一为中天，二为羡天，三为从天，四为更天，五为睟天，六为廓天，七为咸天，八为沉天，九为成天。"九天"是天的最高层，指天之极高处。

[今译]

太阳照射在香炉峰上，升起一团团紫色的云烟，远远地看见银色的瀑布挂在前面的山川。瀑布的水流从高山上直泻而下，使人怀疑是银河从九天倾泻下来了。

[教学指导]

《望庐山瀑布》是诗人李白五十岁左右隐居庐山时写的一首风景诗，是一首七言绝句。这首诗成功地运用比喻、夸张和想象等手法，形象地描绘了庐山瀑布雄奇壮丽的景色，构思奇特，语言生动形象、简练明快，是写景与抒情完美结合的范例。

首句"日照香炉生紫烟"中"香炉"是指庐山的香炉峰，在庐山西北，形状尖圆，像一座香炉。由于瀑布飞泻，水气蒸腾而上，在阳光照耀下，仿佛有座顶天立地的香炉冉冉升起了团团紫烟。"生"字把烟雾徐徐上升的情形写活了。此句为下文直接描写瀑布设置了雄奇的背景，渲染了气氛。

次句"遥看瀑布挂前川"中"遥看瀑布"四字照应题目《望庐山瀑布》，点明了题旨。"挂前川"是说瀑布像一条巨大的白练从悬崖直挂到前面的河流上。"挂"字化动为静，惟妙惟肖地写出遥望中的瀑布。

第三句"飞流直下三千尺"是从近处细致地描写瀑布。"飞流"表现瀑布凌空而出，喷涌飞泻的情势。"直下"既写出岩壁的陡峭，又写出水流之急。"三千尺"是夸张手法，写出了山的高峻和瀑布的雄奇壮观。

最后一句"疑是银河落九天"，展开丰富的想象，描写瀑布"飞流直下"，使人怀疑是银河从九天倾泻下来。此处将"瀑布"比作"银河"，引人遐想，增添了瀑布的神奇色彩。

诗的前两句从大处着笔，概写望到的壮美绚丽全景，后两句将视点拉近到瀑布，细写瀑布的恢宏雄奇。从远望到遥看，到近观，到联想，由远及近，由实到虚，层层推进。全诗表面上看似乎都在写景，但作者对景观的准确描绘中饱含了诗人对祖国大好河山的热爱之情。

教师在进行教学时，可以事先准备庐山、香炉峰、庐山瀑布的图片若干张，帮助学生建立初步的感性认知，然后结合图片进行诗歌内容的教学，重点是让学生领会诗歌雄浑开阔的意境和各种写作手法的灵活使用。

绝　句

（唐）杜甫

两个黄鹂鸣翠柳，一行白鹭上青天。

窗含西岭千秋雪，门泊东吴万里船。

[作者简介]

杜甫（712—770年），字子美，号"少陵野老"，河南巩县人。唐代诗人。他曾任检校工部员外郎，世称"杜工部"。杜甫的诗显示了唐代由盛转衰的历史过程，被称为"诗史"。

[注释]

1. 鹭：鹭鸶，一种水鸟，羽毛白色，嘴尖腿长，以在水中捕食鱼虾为生。

2. 西岭：指成都西部的岷山。

3. 千秋雪：终年不化的积雪。

4. 泊：停靠。

[今译]

两只黄鹂鸟在翠柳间鸣叫，一行白鹭飞向蓝天。向窗外望去，只见西岭上白雪皑皑，终年不化，而门口停泊着将要驶向万里之外的东吴的船只。

[教学指导]

这首诗是杜甫在成都浣花溪草堂闲居时写的组诗之一，当时一共写了四首绝句，本诗是其中的第三首，描写了草堂门前浣花溪边的春景。

本诗由两联工整的对偶句组成。前两句"两个黄鹂鸣翠柳，一行白鹭上青天"写的是动景，由近及远。首句"两个黄鹂鸣翠柳"，是近景；次句"一行白鹭飞上青天"，是远景。这些景物所构成的画面，色彩鲜明：嫩黄的黄鹂鸟、翠绿的柳林、雪白的鹭鸶、蔚蓝的青天，四种色彩和事物交错搭配，给人以深刻的印象。此外，不仅有色，还有声——婉转动听的莺歌，构成了一派生机勃勃的明丽景象。

后两句"窗含西岭千秋雪，门泊东吴万里船"写的是静景，由远及近。第三句写西岭积雪，是远景；第四句写门前停泊的船只，是近景。"西岭"与"东吴"相对，一西一东，写出了空间上的遥远感；"千秋"与"万里"相对，"千秋"指出时间的久远，"万里"点出空间的辽阔。

这首诗，每句一景，动景、静景，近景、远景交错映现，视、听结合，构成了一幅绚丽多彩的画卷。教师在教学时，要重点引导学生学习这首诗景物描写的方法。

赋得古原草送别（节选）

（唐）白居易

离离原上草，一岁一枯荣。

野火烧不尽，春风吹又生。

[作者简介]

白居易（772—846 年），字乐天，号"香山居士"、"醉吟先生"。唐代诗人。白居易一生留下了近3000篇诗作。

[注释]

1. 离离：形容草茂盛的样子。

2. 原：原野。

3. 荣：繁盛。

[今译]

古原上的野草长得十分茂盛，每年都会经历秋枯春荣的生长过程。不管野火怎样无情地焚烧，只要春风一吹，第二年又是遍地青青的野草。

[教学指导]

这是《赋得古原草送别》一诗的前四句。这是一首应考习作，相传是白居易十六岁时所作。按当时科举考试的规定，凡指定的试题，题目前必须加"赋得"二字，作法与咏物诗相类似。《赋得古原草送别》即是通过对古原上野草的描绘，抒发送别友人时的依依惜别之情。

诗的首句"离离原上草"，紧紧扣住题目"古原草"三字，并用叠字"离离"描写春草的茂盛。第二句"一岁一枯荣"，写出原上野草秋枯春荣、岁岁循环、生生不息的规律。第三、四句"野火烧不尽，春风吹又生"，一句写"枯"，一句写"荣"，形成鲜明的对比。不管野火怎样无情地焚烧，只要春风一吹，第二年又是遍地青青的野草，形象生动地表现了野草顽强的生命力。这两句诗成为广为流传的名句，用来形容顽强的意志和不屈的精神。

这首诗可谓是"小题大做"之典范作品，作者从毫不起眼的小草身上看到了一种精神，微言大义，富含哲理。通过这首诗的学习，教师要注意启发学生善于观察身边的事物，培养良好的观察力及丰富的想象力。

暮江吟

（唐）白居易

一道残阳铺水中，半江瑟瑟半江红。

可怜九月初三夜，露似真珠月似弓。

[注释]

1. 暮江："暮"指黄昏。本诗描写夕照下的江景。

2. 残阳：夕照。这里指天边的晚霞。

3. 瑟瑟：一种碧色宝玉的名称。这里形容江水斜阳照不到的地方，水色如同碧色宝玉一样。

4. 可怜：可爱。

5. 真珠：珍珠。

6. 月似弓：形容初三晚上月牙刚出现，形状像弓一样。

[今译]

天边的夕阳映射在江水中，江水一半碧绿如宝玉，一半红彤彤的。九月初三的夜晚，露水圆圆的，像珍珠一样，月牙弯弯的，就像箭弓一样，十分可爱。

[教学指导]

白居易纯粹写景的作品很少，这是一首颇为人称道的小诗。诗人仅用二十八个字就描绘出残阳碧波的黄昏江景与月牙初升的静夜江景两幅美景。

首句"残阳"紧扣标题"暮江"二字。"铺"字用得贴切传神，描绘出阳光是斜照而非直射的特点。第二句"瑟瑟"本是宝石名，呈碧绿色，这里用来形容残阳照不到的半边江水的颜色，与阳光照到的呈红色的一面交相辉映，加上天边缓缓落下的红日，共同构成一幅色彩绚丽的残阳铺水图。

第三句"可怜九月初三夜"，将时间从傍晚移至夜晚，形成一种画面的跳跃感。其中"九月初三夜"有着深厚的意蕴，因为只有傍晚到初夜这一段时间，才会有露水，也只有初三的月亮才会如一弯弓，并且在这一时分挂在空中。"露似真珠月似弓"一句，将露水比喻成珍珠，月牙比喻成箭弓，十分恰当贴切，用形象的比喻充分表现了其"可爱"之处。

这首诗前两句描写的是残阳碧波的黄昏江景，而后两句展现的却是月牙初现的夜晚景色。可见诗人流连忘返，长时间陶醉于眼前的美景之中，其"可爱"不言而喻。

为了使诗歌教学取得良好的效果，教师可事先准备好黄昏江景图、宝石瑟瑟图、弓月图、秋夜露珠图等相关彩色图片，以便学生获得直观的感知，更好地融入诗歌所描绘的意境中去。词句讲解时，注意诗中"可怜"的意思与现代汉语有所不同。

春　晓
（唐）孟浩然
春眠不觉晓，处处闻啼鸟。
夜来风雨声，花落知多少。

[作者简介]

孟浩然（689—740年），襄州襄阳（今属湖北）人，唐代诗人。他写的田园山水诗很有名。

[注释]

1. 春晓：春天的早晨。
2. 晓：天亮。
3. 不觉晓：不知不觉天亮了。
4. 闻：听。
5. 闻啼鸟：听见鸟叫。

[今译]

春天的夜晚睡得很香，不知不觉天亮了，到处都可以听到鸟儿在枝头鸣叫的声音。昨夜风雨大作，不知又有多少春花被风吹落，被雨打落。

[教学指导]

这首诗描绘了一幅春天早晨绚丽的景色图，抒发了诗人对春天的喜爱之情。

首句"春眠不觉晓"，第一字就点明了诗歌描绘的季节——春天。"不觉"是指不知不觉。在这温暖的春夜中，诗人睡得很香，以至连天都亮了才美梦初醒，短短几个字就描写出了春眠的香甜。次句"处处闻啼鸟"写春景，春天早晨四面八方的鸟儿都在枝头鸣叫，呈现出一派生机勃勃的景象，抒发了诗人的爱春之情。教师在教学时应注意，"闻啼鸟"本应作"闻鸟啼"，为了押韵，诗人将词序作了适当的调整。另外，此处"闻"是"听"的意思，而非用鼻子嗅的意思。

第三、四句"夜来风雨声，花落知多少"，诗人追忆前一天晚上的风雨大作，然后联想到春花经历风吹雨打后落红遍地的景象，从而表达出惜春之情。惜春也是爱春的一种表现，喜爱是这首诗的基调。

与一般景物诗不同的是，本诗写春景，不是写所见，而是写所闻及所想。诗人通过描写自己的听觉感受及内心所想，让读者间接体味诗人描绘的意境。构思巧妙，很有文趣。

登鹳雀楼

（唐）王之涣

白日依山尽，黄河入海流。

欲穷千里目，更上一层楼。

[作者简介]

王之涣（688—742 年），字季凌，晋阳（今山西太原）人，后迁居绛郡（今山西新绛县）。唐代诗人。

[注释]

1. 鹳雀楼：旧址在山西运城市永济县，在黄河中的一个小岗上，后被洪水冲没。楼高三层，前对中条山，后临黄河。传说常有鹳雀在那儿停留，因此得名。

2. 白日：太阳。

3. 依：依傍。这句话是说太阳依傍山峦落下去。

4. 穷：尽。

[今译]

太阳依傍山峦慢慢西落，黄河波涛滚滚，一直流向入海口。如果还想看得更远，就要再上一层楼，站得更高些。

[教学指导]

这首诗前两句写所见，后两句写所想。浅白的字句中，蕴含了丰富的哲理。

首句"白日依山尽"是远景，主要写山。作者站在鹳雀楼上向西眺望，看见太阳傍着山峦慢慢西落。由于被云雾遮绕，太阳看上去像白色的。次句"黄河入海流"是近景，写水。鹳雀楼下黄河波涛滚滚，一直流向入海口。这两句画面壮丽，气势宏大。

第三、四句"欲穷千里目，更上一层楼"，这两句诗形象地指明了一个哲理：站得高，才能看得远；要想望远，必须登高。这两句写出了诗人那种无止境探求的愿望，富含哲理和思辨色彩，成为千古传诵的名句。在教学时，教师可重点分析后两句的深刻含义。

这首诗的对仗十分工整。前两句"白日"和"黄河"两个名词相对，"白"与"黄"两种色彩相对，"依"与"入"两个动词相对。后两句"欲穷"与"更上"相对，"千里"与"一层"两个数量词相对，构成了一首形式完美、意义深远的七言绝句。

回乡偶书

（唐）贺知章

少小离家老大回，乡音无改鬓毛衰。

儿童相见不相识，笑问客从何处来。

[作者简介]

贺知章（659—744年），字季真，自号"四明狂客"，越州永兴（今浙江萧山区）人，唐代诗人。贺知章一生仕途顺利，年逾八十告老还乡时，唐玄宗亲自作诗送别，还将镜湖赐给他，太子和百官为他饯别，可以说是"衣锦还乡"，但在本诗中诗人没有描写那些为世俗所羡的情态，只是刻画了一个久客回乡的普通人的真情实感。这一点与史籍记载贺知章一生旷达豪迈、不慕荣利是一致的。

[注释]

1. 少小离家：贺知章三十七岁中进士，在此之前就离开了家乡。回乡时已过八十。

2. 无改：没什么变化。

3. 衰：疏落。

4. 相：带有指代性的副词。相见，即看见我；不相识，即不认识我。

[今译]

年少时离开家乡，直到年老才又回到家乡。满口的乡音至今没有改变，但是两鬓早已斑白。家乡的孩子都不认识我，把我当作从远方来的客人，围上来笑着问我是从哪儿来的。

[教学指导]

这首诗写诗人回到自己久别的家乡时的喜悦与感慨之情，写得生动含蓄，富有生活情趣。

首句点明是回乡之作，"少小离家"与"老大回"相对，突出了诗人离乡之久、回乡之晚，概括地写出了诗人四十多年久客他乡的事实。

次句"乡音无改鬓毛衰"承接上句，"乡音无改"与"鬓毛衰"相对，诗人以不改的乡音映衬变得斑白了的鬓毛，用自己衰老的容颜而未变的乡音来烘托对家乡不变的情感，抒发了浓烈的思乡爱乡之情。

第三、四句"儿童相见不相识，笑问客从何处来"写儿童问话这一富有生活情趣的场面。由于久客他乡，家乡的孩子都不认识他，把他当作从远方来的客人，围上来微笑着询问。其中"笑问客从何处来"一句极为精彩，从儿童天真活泼的神态，可以联想到诗人微微感到惊讶之后不觉有些尴尬的感情变化形象。

教学时要注意引导学生体会诗人对家乡深沉、浓烈、持久的热爱之情。教师可组织学生围绕这首诗的主题进行讨论，引导学生树立积极的、健康的乡情。

相　思

（唐）王维

红豆生南国，春来发几枝。

愿君多采撷，此物最相思。

[作者简介]

王维（701—761 年），字摩诘，祖籍山西祁县，精通音乐、书画。唐代著名诗人，有"诗佛"之称。

[注释]

1. 红豆：又名相思子，是一种生长在岭南地区的植物，结出的籽像豌豆而稍扁，呈鲜红色。

2. 采撷：采摘。

[今译]

红豆生长在南方地区,春天到了,南国的红豆又新发了多少?希望你能多采摘一些,这红豆啊,最能寄托相思之情。

[教学指导]

这是借咏物而寄相思的诗。题曰"相思",在古代,相思并不限于男女情爱的范畴,朋友之间也有"相思"之情。这首诗还有一个标题为《江上赠李龟年》,李龟年是唐代著名的宫廷乐师,也是诗人的多年好友,本诗所抒写的是朋友间的深切思念之情。

首句"红豆生南国"因物起兴,语言虽然很简单,却富于想象,暗含着深意。"南国"既是红豆的生长地,也是朋友所在之地。次句"春来发几枝"以设问寄语,意味深长地寄托了诗人的情思。春天到了,南国的红豆又新发了多少?诗人为什么如此关心红豆?此处诗人用了借物抒情、寄情于物的手法。在这首诗中,红豆不是无情物,而是诚挚友情的象征。

第三句"愿君多采撷"似乎是诗人对朋友的深切叮咛,是希望友人珍重友谊,实际上却寄托了自身对友人的相思之重;正是因为诗人对朋友满怀思念之情,才希望朋友亦如此。最后一句"此物最相思"一语双关,既表达了诗人的情思,又点明了全诗的主旨。从中,我们看到了诗人深重的相思之意。

教学时,教师可事先搜集一些红豆,用实物吸引学生的注意力,引起学生的兴趣。另外,可找一些红豆树的图片,使教学形象、直观。

九月九日忆山东兄弟

(唐)王维

独在异乡为异客,每逢佳节倍思亲。

遥知兄弟登高处,遍插茱萸少一人。

[注释]

1. 九月九日:指中国农历九月九日"重阳节"。

2. 忆:想念。

3. 山东:指华山以东,作者的家乡蒲州。

4. 异乡:他乡、外乡。

5. 为异客:做他乡的客人。

6. 逢:遇到。

7. 倍:格外。

8. 登高：中国古代有重阳节登高的风俗。

9. 茱萸（zhū yú）：一种香草。中国古时重阳节人们插戴茱萸，据说可以避邪。

[今译]

独自一人在他乡生活，每逢节日到来的时候就格外思念家乡的亲人。我知道按照家乡的风俗习惯，重阳节这天亲人们一定会登上高处，每个人头上都插戴着茱萸，唯独少了我一人。

[教学指导]

这首七言绝句描写游子怀念家乡、思念亲人的心情。

诗人一开头便直接切题，描写自己在异乡生活的孤独飘零之感，因而时时怀念家乡、思念亲人，而遇到佳节良辰时，这种思念之情更是倍增。其中"每逢佳节倍思亲"一句成为千百年来表达游子思乡之情的名言，打动了无数游子离人的心。教师在讲解时要着重让学生体会这种深厚的情感。

第三、四句笔锋一转，描写远在家乡的兄弟，他们按照重阳的风俗，插戴着茱萸登高时，也在想念自己。这两句通过写兄弟们对"我"的思念之情，进一步间接地表现自己深切的离愁别绪。与《相思》的后两句有异曲同工之妙。教师可将这两首诗放在一起进行比较分析，让学生领会借他人的立场抒发自己情感的写作方法。

鹿　柴

（唐）王维

空山不见人，但闻人语响。

返景入深林，复照青苔上。

[注释]

1. 鹿柴：地名。柴（zhài 寨），一作"砦"。行军时在山上扎营，立木为区落，叫柴；别墅有篱落的，也叫柴。

2. 空：诗中为空寂、幽静之意。

3. 但：只。

4. 返景：夕阳返照的光。景，日光。

[今译]

山中空空的，不见一人，但却偶尔听见人说话的声音。夕阳的余晖透过斑驳的树影照在青苔上。

[教学指导]

这首诗是王维后期山水诗的代表作《辋川集》中的一首，主要描绘了鹿柴附近的空山深林在夕阳返照下的幽静景色。

首句"空山不见人"直接描写空山的空寂幽静，山之所以"空"，是因为没有人迹。次句"但闻人语响"，表面上看，这几声"人语响"似乎打破了寂静，其实，一阵人语响过以后，空山又回到了万籁俱寂的境界之中，以偶尔的有声反衬整体的寂静。在一般情况下，山中尽管无人，但不会无声，会有风声、水声、鸟虫的叫声。而"但闻"二字将这些声音都忽略掉，突出偶尔传来的几声"人语"。

第三、四句"返景入深林，复照青苔上"，用夕阳返照来反衬深林的幽暗清冷。当夕阳余晖透过斑驳的树影照在青苔上时，那星星点点的光亮与成片的幽暗所形成的强烈对比使深林的幽暗更加突出。

这首诗恰到好处地使用对比、反衬的手法描写景物。在教学时，教师要着重引导学生体会以偶尔的有声来烘托寂静、以斑驳的光亮来衬托幽暗的写作手法。

游子吟

（唐）孟郊

慈母手中线，游子身上衣。

临行密密缝，意恐迟迟归。

谁言寸草心，报得三春晖。

［作者简介］

孟郊（751—814 年），字东野，湖州武康（今浙江德清）人，祖籍平昌（今山东临邑东北）。唐代诗人。

［注释］

1. 游子吟：游子，在外作客的人。吟，诗歌的一种名称。

2. 寸草：在这里象征子女。

3. 心：草木的基干叫作心。在这里"心"字双关。

4. 三春：春可以分为孟春、仲春、季春。"三春"指季春。

5. 晖：指阳光，此处比喻母爱。

［今译］

慈祥的母亲用手中的针线，织就了游子身上的衣服。每到游子要出门远行的时候，母亲就会不停地赶着为游子缝制新衣，生怕孩子迟迟不回。谁说我这像小草一样微薄的孝心，能报答得了犹如季春阳光一样的母爱呢？

［教学指导］

这是一首亲切、诚恳、真挚的歌颂母爱的诗歌。题下作者自注"迎母溧上作"。孟郊一生不得志，直到五十岁才得到溧阳县尉的卑微职位。此诗便是他居官溧阳时所作。

开头两句"慈母手中线，游子身上衣"，用"线"与"衣"两种极常见的事物将"慈母"与"游子"紧紧联系在一起，写出母子相依为命的骨肉感情。第三、四句"临行密密缝，意恐迟迟归"，通过慈母为要出门远行的游子赶制衣服的动作和心理的刻画，深入描写了这种骨肉之情。母亲千针万线"密密缝"是因为怕儿子"迟迟"难归，想要多缝制一些衣服。这四句采用白描手法，没有进行任何夸张的修饰，但慈母的形象鲜明生动，真切感人。

最后两句"谁言寸草心，报得三春晖"，是作者直抒胸臆，讴歌伟大无私的母爱。这两句采用了传统的比兴手法：将"儿女"比作"小草"，"母爱"比作"春天的阳光"。通过鲜明的对比、形象的比喻，表达出了赤子对慈母发自肺腑的爱。

这首诗艺术地再现了平凡而又伟大的人性美——母爱，千百年来赢得了无数读者强烈的共鸣。在教这首诗歌时，为使学生产生情感上的共鸣，可组织学生进行讨论交流，让同学们说说自己眼中的母亲，说说母亲做过的最让自己感动的事，应该怎样回报母亲的爱。

江　雪

（唐）柳宗元

千山鸟飞绝，万径人踪灭。

孤舟蓑笠翁，独钓寒江雪。

[作者简介]

柳宗元（773—819年），字子厚，河东（今山西运城市永济县）人。杰出的思想家、散文家，为"唐宋八大家"之一，诗歌的成就也很高。

[注释]

1. 这首诗是柳宗元被贬到永州之后写的，借寒江独钓的渔翁，抒发自己孤独郁闷的心情。

2. 绝：绝迹。

3. 鸟飞绝：天空中一只鸟也没有。

4. 径：小路。

5. 踪：踪迹。人踪灭，没有人的踪影。

6. 蓑笠（suō lì）：蓑衣，斗笠。

[今译]

四周的山上没有了飞鸟的踪影，路上也没有人的踪迹。在漫天大雪中，江上只有一条孤单的小船，船上一位身披蓑衣的渔翁，独自一人在寒冷的江面上垂钓。

[教学指导]

开头两句"千山鸟飞绝，万径人踪灭"描写雪景。"千山"、"万径"都是夸张的写法，用以形容到处都是茫茫白雪。山中本应有鸟，路上本应有人，但却"鸟飞绝"、"人踪灭"。诗人用飞鸟遁迹、行人也绝迹的景象烘托出一个寒冷、荒凉、寂寞的境界，这两句虽未出现"雪"字，但读者却能很自然地联想到漫天遍野的大雪，感觉到大雪带来的逼人寒气。

第三、四句"孤舟蓑笠翁，独钓寒江雪"，刻画了一个寒江独钓的渔翁形象。在漫天大雪中，江上有一条孤单的小船，船上有位渔翁，身披蓑衣，独自在大雪纷飞的江上垂钓。这个渔翁的形象实际上是诗人对自身的写照，间接地表达出诗人在政治改革失败后虽处境孤独、悲凉，但顽强不屈、傲岸清高的心态。

在教这首诗时，教师应注意根据学生的语言程度及理解能力来判断是否在理解诗歌字面意义的基础上进一步引导学生体会诗歌的言外之意。这首诗表面上描绘了一幅渔翁寒江独钓图，实际上暗示了诗人在永贞革新失败后，虽处境孤独，但仍傲岸不屈的心境。

悯 农

（唐）李绅

锄禾日当午，汗滴禾下土。

谁知盘中餐，粒粒皆辛苦。

[作者简介]

李绅（772—846年），字公垂，润州无锡（今江苏无锡）人，唐代诗人。

[注释]

1. 悯：怜悯。

2. 锄禾：用锄头锄松禾苗周围的土。

[今译]

在烈日当空的正午，农民仍然在田里辛勤锄禾，汗水一滴滴落入禾下泥土里。谁知盘中的白米饭，每一粒都是农民辛辛苦苦种出来的。

[教学指导]

这首诗主要描写农民劳动的艰辛，说明劳动果实来之不易，劝诫人们要珍惜农民的劳动成果。诗歌表达了诗人对农民深深的同情和敬重之情。

第一、二句"锄禾日当午，汗滴禾下土"描绘出在烈日当空的正午，农民仍然在田里劳动，形象、生动地写出农民劳动的艰辛。

第三、四句"谁知盘中餐，粒粒皆辛苦"，是诗人根据前两句描绘的情景所产生的联想。多少人此时正在阴凉处避暑消热，并且心安理得地享受着农民的劳动成果呢？那些丰盛的"盘中餐"，正是农民在风雨之中、烈日之下辛勤劳作换来的啊！

这一鲜明的对比，使我们感受到诗人对农民的同情，对不平等现实的不满，深刻揭露了不合理的社会制度。

在教学时，教师要着重让学生通过诗歌学习领会农民劳动的艰辛和粮食的来之不易，引导学生养成爱惜粮食的好习惯。可以展示粮食从播种到收割的流程图，让学生真切感受到粮食粒粒来之不易。还可以让大家说说炎热的夏天一般都是怎么样消暑的，不论严寒酷暑都在外面劳作的人们是否值得尊重，是否应该尊重每一个通过辛勤劳动给我们的生活带来方便的人？可用图片展示各种平凡工作岗位的人，如建筑工、清洁工、公交车司机、交通警察等，让学生说说自己的感想。

清　明

（唐）杜牧

清明时节雨纷纷，路上行人欲断魂。

借问酒家何处有，牧童遥指杏花村。

[作者简介]

杜牧（803—852年），字牧之，京兆万年（今陕西西安）人，唐代诗人。他精通兵法，有政治才能，诗文都写得很好，诗以七绝最为出色。人称"小杜"，以别于杜甫。与李商隐齐名，世称"小李杜"。

[注释]

1. 清明：二十四节气之一，在阳历四月五日前后，历代有踏青扫墓风俗。

2. 断魂：形容凄迷哀伤的心情。

3. 借问：请问。

4. 遥指：远远地指着。

5. 杏花村："杏花村"不是村名，而指美丽的杏花深处的村庄。

[今译]

清明时节，春雨纷纷扬扬，绵绵不绝。路上的行人内心愁闷，好像魂都断了。向路边的牧童问路，哪儿有酒家？牧童指了指远处美丽的杏花深处的村庄。

[教学指导]

这首诗以景衬情，通过描写清明时节的天气特征，抒发了孤身行路之人内心孤寂、愁闷的情绪。

首句"清明时节雨纷纷",清明正值春季,是雨水较多的季节,且通常是绵绵细雨,"纷纷"写出春雨的特征,清明前两天是寒日节,旧俗要禁火三天,这时候下雨称为"泼火雨"。次句"路上行人欲断魂",写行路人的心境,"断魂"是形容内心十分愁苦忧伤。读到这儿,读者自然会想行人为什么会"欲断魂"呢?这里教师可适当给学生讲解一下中国的传统习俗,以便学生理解诗歌的内容。清明节在中国是一个重要的传统节日,按照传统习俗,这一天应该一家人团聚,一起上坟祭祖扫墓或踏青游春。但诗中的这位行人清明节时孤身一人在陌生的地方赶路,心里的滋味当然不好受,而此时偏偏又下着雨,浑身都被淋湿了,其心境就更加愁闷了。

行人如何才能化解愁绪呢?最好的办法自然是在附近找个酒家,一来歇歇脚,避避雨;二来喝点酒,解解寒,还可以借酒消愁。第三句"借问酒家何处有",是描写行人向路边的牧童问路。末句"牧童遥指杏花村"中作者巧妙地以牧童的动作代替语言回答,行人顺着牧童手指的方向望去,隐隐约约见到一个红杏盛开、村头酒旗飘飘的村庄。这里"遥"字用得特别生动,将读者的注意力也由诗内拉向了远处,让读者产生无限的联想:因为全诗到此而止,至于行人如何兴奋地赶上前去找到酒家,看到酒家后如何欣喜,高兴地饮上几杯获得避雨、驱寒、消愁的满足等,诗人都留给读者自己去想象了。

在讲解这首诗歌时,为避免文化误读现象,教师要注意适当向学生解释一下中国的酒文化。酒文化是中华民族饮食文化的重要组成部分之一。古人将酒的作用归纳为三类:酒以治病,酒以养老,酒以成礼。此外,酒的作用还包括:酒以成欢,酒以忘忧,酒以壮胆。历代文人多好酒,酒能激发灵感,活跃形象思维,许多佳句名作都是诗人酒后吟作而成,李白还自称"酒仙"。饮酒本身,也往往成为创作素材,如杜甫《饮中八仙歌》、陶渊明《饮酒》等。但中国酒文化注意酒礼和酒德,制止滥饮,提倡节饮,提倡文明饮酒和科学饮酒。

山 行

(唐) 杜牧

远上寒山石径斜,白云深处有人家。
停车坐爱枫林晚,霜叶红于二月花。

[注释]

1. 山行:在山里走。
2. 寒山:深秋时节的山。

3. 径：小路。

4. 坐：因为、由于。

5. 于：比。

[今译]

深秋时节登山，只见山中的石路弯弯曲曲的，在白云深处的深山之中还住着几户人家。停下车来观赏夕阳照射下的枫林景色，秋霜中的枫叶比二月的春花还红。

[教学指导]

这是一首描写和赞美深秋山林景色的小诗。

首句"远上寒山石径斜"，描写山中石头小路蜿蜒曲折地伸向秋意正浓的山峰。"寒山"并不是说山很寒冷，而是用"寒"字来点明此时正是深秋季节；"远"字写出了山路的曲折绵长；"斜"字照应句首的"远"字，写出了山势的高而缓。由于山路曲折，坡度不大，因此可以乘车游山。

次句"白云深处有人家"，描写诗人在山上行走时所看到的远处风光。"白云深处"是深山的景象，"有人家"三字则使人联想到炊烟袅袅、鸡鸣犬吠的山野农家，从而让深山中充满了生气。

第三句"停车坐爱枫林晚"，因为夕照枫林的晚景实在是太迷人了，所以诗人特地停下车来观赏。教师要注意此句中的"坐"字解释为"因为"。这句中的"晚"字用得十分精妙：其一，因为傍晚才有夕照，绚丽的晚霞和红艳的枫叶交相辉映，使枫林显得格外美丽。其二，到了傍晚，诗人还舍不得登车离去，流连忘返，表达出他对红叶极其喜爱、不忍离去之情。

尾句"霜叶红于二月花"是全诗的中心句。前三句的描写都是在为这句铺垫。这里"红于"二字用得特别好，诗人没有用"红如"，因为"红如"则表明枫叶和春花一样，只不过是装点自然的美景而已；而"红于"则是春花所不能比拟的，不仅指枫叶色彩更鲜艳，而且更耐寒，经得起风霜考验。

为使学生产生更加直观的感受，教师可事先准备秋天枫叶、枫林、夕照枫林的图片，如果能找到枫叶的标本就更好了。

江上渔者

（宋）范仲淹

江上往来人，但爱鲈鱼美。

君看一叶舟，出没风波里。

[作者简介]

范仲淹（989—1052年），字希文。北宋时期著名的政治家、思想家、军事家和文学家。

[注释]

1. 渔者：捕鱼的人。

2. 但：只。

3. 爱：喜欢。

4. 鲈鱼：一种头大口大、体扁鳞细、背青腹白、味道鲜美的鱼。

5. 君：你。

6. 一叶舟：像飘浮在水上的一片树叶似的小船。

7. 出没：忽隐忽现。

[今译]

江岸上人来人往，十分热闹，他们只知道喜欢鲈鱼之鲜美。但请你看江上那只小小的渔船，在风浪中忽隐忽现。

[教学指导]

这首诗语言朴实、形象生动、对比强烈、耐人寻味，反映了渔民劳动的艰辛，唤起人们对民生疾苦的注意。

首句描写江岸上人来人往、十分热闹的情形。次句描写岸上人的心态，指出他们都只知道喜欢鲈鱼的鲜美，没有想过鲈鱼是怎么得来的，从而引出下句对江上辛苦劳作的渔民的描写。

后两句将读者的视线牵引至风浪中忽隐忽现的捕鱼小船，描写渔民捕鱼时的危险情景。鲈鱼味虽鲜美，捕捉却很艰辛，这是"但爱鲈鱼美"的岸上人不曾想过的，由此表达出诗人对渔民疾苦的同情。

教师讲解本诗时，注意"但"在此诗中的意思不是指"但是"，而是"只"的意思。"一叶舟"采用了比喻的写作手法，极言捕鱼船之小，像飘浮在水上的一片树叶似的，由此突出渔民日日在风浪中出没的危险。

泊船瓜洲

（宋）王安石

京口瓜洲一水间，钟山只隔数重山。

春风又绿江南岸，明月何时照我还。

[作者简介]

王安石（1021—1086 年），北宋政治家、思想家、文学家。字介甫，号半山，临川（今属江西）人。著有《临川先生文集》，为"唐宋八大家"之一。

[注释]

1. 泊：停船靠岸。

2. 瓜洲：在现在江苏省长江北岸，扬州市南面。

3. 京口：在长江南岸，现在的江苏省镇江市。

4. 钟山：现在南京市的紫金山。

5. 数重：几层。

6. 绿：本是形容词，这里活用为动词，是"吹绿了"的意思。

7. 还：指的是回到紫金山下的家里。

[今译]

京口与瓜洲之间仅一水之隔，远望钟山也只隔着几重青山。温暖的春风又吹绿了长江南岸，可是，天上的明月呀，你何时才能照着我把家还？

[教学指导]

这是一首著名的抒情小诗，抒发了诗人眺望江南、思念家园的浓烈感情。

诗以"泊船瓜洲"为题，点明诗人的所在之地。首句"京口瓜洲一水间"写了远望之景，诗人站在瓜洲渡口，放眼南望，见到南边岸上的"京口"与"瓜洲"很近，中间只隔了一条江水。由此引出次句"钟山只隔数层山"，诗人联想到家乡所在的钟山与自己现在所处的地方也只隔了几层山，也不远了，暗示诗人归心似箭的心情。第三句又写景，点出了当时的时节，已经春天，描绘了长江南岸美丽的春景。尾句"明月何时照我还"触景生情，诗人用疑问句的句式，表达了自己对家乡的无比思念之情，与第二句的暗示形成前后呼应。

教师在教学时注意，这首诗第三句中的"绿"字用得特别传神，这儿"绿"是吹绿的意思，是将形容词用作动词，可以说用得绝妙。传说王安石为用好这个字修改了十多次，从"到"、"过"、"入"、"满"等十多个动词中最后选定了"绿"字。通过比较不难发现，其他几个动词都只能表达春风的到来，而"绿"还表现出春天到来后千里江岸一片新绿的景物变化，一个字的巧用就把景写"活"了。

梅　花

（宋）王安石

墙角数枝梅，凌寒独自开。

遥知不是雪，为有暗香来。

[注释]

1. 凌寒：冒着严寒。

2. 遥：远远的。

3. 为：因为。

4. 暗香：指梅花的幽香。

[今译]

墙角边几枝梅花冒着严寒独自盛开。远远地看见白白的一片，但我知道那不是雪，因为已经闻到了梅花的阵阵幽香。

[教学指导]

这首诗是根据古乐府诗"庭前一树梅，寒多未觉开。只言花似雪，不悟有香来。"改编而成。据惠洪《冷斋夜话》中记载，王安石曾去拜访一名高士，但没有遇到这位名士，于是在名士所住的房子的墙上题下此诗。

这首诗通过写梅花在严寒中怒放、洁白无瑕，赞美了梅花顽强的生命力和高贵的品德。同时，诗人用梅花来暗喻主人高洁的品格。

在讲解此诗时，教师可事先准备一些梅花的图片供学生欣赏。同时，可适当介绍一下中华文化中对梅花的特殊情感。中国古代文人喜欢借物抒情，常常借某种自然之物来表现自己的品格和对高尚精神境界的追求。在中国传统文化中，梅花与兰花、竹、菊花一起被称为"四君子"，它们常被文人用来表现清高脱俗的情趣、正直的气节、虚心的品质和纯洁的思想感情，历来受人们欣赏和喜爱。此外，梅花还与松、竹一起被喻为"岁寒三友"。在天寒地冻的严冬季节，其他花木都凋零了，只有松、竹、梅还欣欣向荣，生机勃勃，因此文人志士们借它们来象征傲霜斗雪、铁骨冰心的高尚品格，而一般老百姓则看重它们长青不老、临冬不凋的旺盛生命力，把它们当成吉祥的象征。

惠崇春江晚景

（宋）苏轼

竹外桃花三两枝，春江水暖鸭先知。

蒌蒿满地芦芽短，正是河豚欲上时。

[作者简介]

苏轼（1037—1101 年），字子瞻，号"东坡居士"，眉州眉山（今四川省眉山市）人，北宋文学家，与其父苏洵、弟苏辙合称"三苏"，均名列"唐宋八大家"。著有诗集《东坡七集》、《东坡乐府》等。

[注释]

1. 惠崇：宋初僧人，擅长诗歌和绘画。这是苏轼为惠崇画的《春江晚景图》所题的诗。

2. 蒌蒿：生长在河滩上的一种草本植物，可以食用。

3. 芦芽：芦笋。烹调河豚时，用蒌蒿和芦笋做佐料，味道十分鲜美。

4. 河豚：一种有毒的鱼，经过加工后可以食用。

5. 河豚欲上时：河豚春天要从海里洄游到江河，初春正是河豚将要逆流而上的时候。

[今译]

竹林外两三枝桃花刚刚开放，鸭子在水中嬉戏，它们最先察觉到了初春江水的回暖。河滩上已经长满蒌蒿，芦笋也发出了短短的新芽，而河豚此时正将逆流而上，从大海洄游到江河里来了。

[教学指导]

这是一首题画诗，描绘了一派充满生机的初春景象，洋溢着浓厚、清新的生活气息。诗的前三句是描写画中所画景物，最后一句是由画面景物引起的联想。

诗人先从近景写起，初春到来，万物复苏，竹林外已绽开了三两枝早开的桃花，虽然作者没有直接描写竹林的色泽，但读者可以想见竹叶的嫩绿，绿叶衬红花，色彩鲜明，向人们透露春的信息。接着，诗人将大家的视线由江边引向江中，江中一群鸭子正在水中嬉戏，这一句中"水暖"（温度）、"鸭先知"（知觉）是画中无法体现的，诗人根据春天江水回暖的自然现象推论是它们最先感觉到了春天的到来。

然后，诗人再由江中写到江岸的春景，满地的蒌蒿都长出了新枝，芦芽也冒尖了，这一切都充分显示了春天的勃勃生机，惹人喜爱。诗人进而联想到，此时正是鲜美的河豚上市的时节，将要洄游的河豚是画作画不出的，诗人将他的想象诉诸文字，把江南初春特有的情节表现得格外真切。

教师教学这首诗时注意引导学生学习写实与想象自然结合的写作手法。

题西林壁

（宋）苏轼

横看成岭侧成峰，远近高低各不同。

不识庐山真面目，只缘身在此山中。

[注释]

1. 西林：西林寺，在现在江西省的庐山上。这首诗是题在西林寺墙壁上的。

2. 缘：因为。

3. 此山：指的是庐山。

[今译]

横着看是山岭，而侧着看又成了山峰，从远处、近处、高处、低处看到的样子都各不相同。人们看不到庐山的真实面目，只因为自己身在此山之中。

[教学指导]

本诗是一首哲理诗，是诗人游观庐山后的总结，它描写庐山变化多姿的面貌，并围绕游山所见描写自己独特的感受，借助庐山之景说理，用通俗的语言深入浅出地指出：观察问题应客观全面，如果主观片面，就得不出正确的结论。

开头两句"横看成岭侧成峰，远近高低各不同"，是实写游山时所见。庐山是座雄奇险秀、峰峦起伏的大山，游人所处的位置不同，看到的景物也各不相同。这两句概括而形象地写出了庐山风景的千姿百态、变化多端。

后两句"不识庐山真面目，只缘身在此山中"，是借景说理，谈游山的体会。为什么不能辨认庐山的真实面目呢？只因为自己身在庐山之中，视野被眼前见的峰峦遮挡住，看到的只是庐山的一峰一岭一丘一壑，都只是局部而已，从而使认识带有片面性。这两句诗内涵极其丰富，它告诉我们一个哲理——由于人们所处的地位不同，看问题的出发点不同，对客观事物的认识难免存在一定的片面性；要认识事物的本质与全貌，必须克服主观成见，客观全面地观察问题。

全诗语意浅近，字面意义容易理解，教学时关键是让学生领会诗中蕴含的道理。

小 池

（宋）杨万里

泉眼无声惜细流，树阴照水爱晴柔。

小荷才露尖尖角，早有蜻蜓立上头。

[作者简介]

杨万里（1127—1206 年），字廷秀，号诚斋，吉州吉水（今江西省吉水）人。绍兴二十四年进士。宋孝宗时任太子侍读。宋光宗时任秘书监。擅长写诗，为"南宋四大家"之一。初学"江西诗派"，后学王安石及晚唐诗，终自成一家。一生作诗两万余首。著有《诚斋集》。

[注释]

1. 泉眼：泉水的出口，因为小，故称"泉眼"。

2. 晴柔：晴天柔和的风光。

3. 尖尖角：还没有开放的嫩荷花的尖端。

[今译]

泉眼无声无息，仿佛珍惜涓涓细流，池边的绿树总爱在晴天将池水当作梳妆镜，欣赏自己曼妙的风姿。初生的小荷才刚刚从水面露出一个尖尖的角，就有蜻蜓停在了上面。

[教学指导]

这首诗从"小"处着眼，通过对小池中的泉水、树荫、小荷、蜻蜓的描写，生动、细致地描绘出了一幅生动自然、具有无限生命力的初夏小池风物图，巧妙地展示了自然物之间的亲密关系。

开头"泉眼无声惜细流，树阴照水爱晴柔"两句，恰到好处地使用拟人手法，把读者带入了一个柔和宜人的境界之中。"惜"字，使"泉眼"化无情为有情，仿佛泉眼是因为爱惜水流，才让它无声地缓缓流淌；"爱"字，则给绿树以生命，似乎它是喜欢这晴柔的风光，才以水为镜，展现自己曼妙的风姿。两个字就将诗人的主观感情巧妙地渗入诗歌所描写的自然景物中。

第三、四句"小荷才露尖尖角，早有蜻蜓立上头"，诗人好像一位高明的摄影师，用镜头给大家呈现了一个动态的特写镜头。"才露"与"早立"，前后照应，生动地描绘出蜻蜓与荷叶的勃勃生机。

教学时，教师可事先准备一些小荷初生的图片，让学生对诗中所描绘的景象有直观的认识。此外，教学时要注意引导学生学习本诗所采用的拟人手法。

晓出净慈寺送林子方

（宋）杨万里

毕竟西湖六月中，风光不与四时同。

接天莲叶无穷碧，映日荷花别样红。

[注释]

1. 晓：早晨。

2. 净慈寺：全名"净慈报恩光孝禅寺"，与灵隐寺为西湖南北山两大著名佛寺。

3. 林子方：人名，作者的朋友。

4. 四时：春夏秋冬四季。在这里指六月以外的其他时节。

5. 无穷碧：因莲叶很多，一片接一片，似与天相接，呈现无穷的碧绿。

6. 别样：特别，不一样。

[今译]

西湖六月中旬的风光，毕竟与其他时节不同。满湖的莲叶一片接一片，仿佛与天相接，呈现出无穷的碧绿，在阳光的照耀下，荷花显得格外红艳。

[教学指导]

西湖美景历来是文人墨客竞相描绘的对象，杨万里的这首歌颂西湖美景的诗别具一格，其与众不同的地方在于诗人先写感受，再叙实景，形成一种先虚后实的效果。读过之后，读者确实能感受到六月西湖"不与四时同"的美丽风光，值得细细品味。

"毕竟西湖六月中，风光不与四时同"，这两句写的是诗人的感受，虽然读者还没有从诗中领略到西湖美景，但已从诗人赞叹的语气中感受到了，进而产生一种期待：六月的西湖到底有何不同呢？

接下来的两句写的是实景，"接天莲叶无穷碧，映日荷花别样红"，诗人用"碧"、"红"两个颜色词突出了莲叶和荷花颜色的鲜明对比，给人的视觉带来强烈的冲击力。莲叶无边无际，仿佛与天相接，此处既写出了莲叶之无边无际，又渲染了天地之壮阔。"映日"与"荷花"相衬，描写出晴朗夏日万荷争艳的美景，使整幅画面绚丽多彩、明艳生动。

教学时，教师可事先准备一些关于西湖、荷叶及荷花的图片，帮助学生建立对诗中所描绘景象的直观认识。

观书有感二首（其一）

（宋）朱熹

半亩方塘一鉴开，天光云影共徘徊。

问渠那得清如许？为有源头活水来。

[作者简介]

朱熹（1130—1200 年），字元晦（huì），一字仲晦，号晦庵，别号紫阳，徽州婺源县（今江西婺源）人，南宋哲学家、理学家、教育家与文学家。他是宋代理学的集大成者，也写过一些好诗，善于寓哲理于形象，以《春日》、《观书有感》等较著名。

[注释]

1. 鉴：镜子。

2. 开：打开。

3. 天光：天空的光景。

4. 徘徊：在一个地方来回地移动。

5. 渠：代词，它，此处指方塘。

6. 那得：怎么会。

7. 如许：如此，这样。

8. 为：因为。

[今译]

半亩大小的方形池塘像一面打开的镜子，蓝天和白云的影子倒映在池面上，仿佛在悠闲自在地来回走动。这方塘怎么会如此清澈呢？因为在它的发源处不断有活水流下来。

[教学指导]

这是一首富有哲理性的小诗。诗人从自然界中捕捉适当的形象，来说明要传达的哲理。前两句是铺垫，写方塘的水清澈之极；后两句用一问一答的方式引出自己的观点。人们在读书后，时常有一种豁然开朗的感觉，诗中就是以象征的手法，将这种内心感觉化为可以感触的具体形象加以描绘。所谓"源头活水"，是喻指从书中不断汲取的新知识，以"为有源头活水来"作为对上一句"问渠那得清如许"的答语，表达了一个浅显而深刻的读书之道：只有不断地读书、学习，才能源源不断地汲取新知识、新思想，开阔视野，达到明理卓识的境界。这两句诗已凝缩为常用成语"源头活水"，用以比喻事物发展的源泉和动力。

教学时，教师应着重引导学生体会蕴含在诗歌字面意义之内的深层的比喻意义。可以让学生说说书籍的作用，介绍自己读过的好书及体会。

游园不值

（宋）叶绍翁

应怜屐齿印苍苔，小扣柴扉久不开。

春色满园关不住，一枝红杏出墙来。

[作者简介]

叶绍翁，生卒年不详，字嗣宗，号靖逸，处州龙泉（今属浙江）人。著有《四朝闻见录》、《靖逸小集》。

[注释]

1. 不值：此处指没有遇到要拜访的人。

2. 屐齿：木屐底下两头的突出部分。

3. 小扣：轻轻地敲。

4. 柴扉：用树枝编成的简陋的门。

［今译］

我轻轻地敲着柴门，但许久也没有人来开门，大概是园主人爱惜园内的青苔，怕我的屐齿在上面留下痕迹吧。可那满园的春色，是关不住的啊，有一枝红杏已经伸到墙外来了。

［教学指导］

这首诗写诗人春日游园观花的所见所感，写得形象生动而又富有哲理。

前两句"应怜屐齿印苍苔，小扣柴扉久不开"，描写诗人访友不遇，园门紧闭，无法观赏园内的春花。但诗人将这一情况写得幽默风趣，将主人不在家，故意说成主人有意拒客，说大概是园主人爱惜园内的青苔，怕我的屐齿在上面留下痕迹，所以"柴扉"久扣不开。这样写是为了给下面的诗句作铺垫：虽然主人紧闭园门，要把春色关在园内独自一人欣赏，但那满园的春色，是关不住的啊，有一枝红杏已经伸到墙外来了。其中，"春色"和"红杏"都被拟人化了，使景中不仅含情，而且寓理，从而引起读者许多联想，受到哲理的启示："春色"是关不住的，"红杏"必然要"出墙来"，宣告春天的来临。同样，一切新生的美好的事物也是封锁不住、禁锢不了的，它必定会冲破一切束缚，蓬勃发展。

这首诗的构思巧妙新奇，恰当地运用拟人手法进行描写，产生耐人寻味的效果。

第四节　趣味诗歌活动设计示例

趣味活动一：字卡接力

1. 老师根据诗歌内容制作字卡，并根据字卡的数量请相应数量的学生上台。例如，如果是五言绝句，共20个字，就请20位同学上台。如果教室空间有限，也可以联为单位，一联两句。

2. 把字卡打乱后发给学生，每个学生发一张。

3. 老师朗读诗句，或者录音播放诗句，听到诗句后，拿着相应字卡的学生要把字卡举起来，并像演奏钢琴音符一样一个接一个按诗句的顺序大声读出自己拿的字，如"迟—日—江—山—丽"。

4. 然后请全班学生根据台上学生举的字卡诵读诗句。依此反复进行。

这个活动的作用是加强学生对诗句字音与字形联系的掌握，强化对诗句的记忆。

趣味活动二：字卡找朋友

1. 老师根据诗歌内容制作字卡，并根据字卡的数量请相应数量的学生上台。

2. 将字卡贴在每个学生的胸前。

3. 请台上的学生围成一圈，相互看彼此胸前所贴的字卡。

4. 老师放音乐，请学生随着音乐按圆圈走动。

5. 音乐停止，学生要根据诗歌内容快速找到自己的朋友，手拉手面向台下学生按顺序站成一排。

6. 请台下的学生按照台上学生胸前的字一个一个连起来读，判断是否能连成一句诗。如果完全正确，这一组学生就找到了自己的朋友。如果不正确，请学生说说哪里不正确，应该怎么调整。

这个活动的作用是加强学生对诗句字形的掌握，强化对诗句的记忆，训练诗歌朗诵能力。

趣味活动三：走迷宫

1. 老师设计一幅迷宫图，在迷宫图路标处标上汉字，告诉学生只有各个路标上的汉字都能连成诗句这条路线才是正确的。

2. 将迷宫图发给学生，请学生四人一组完成找迷宫出口的任务。

3. 请最先完成的小组上台演示他们找到的路线，并一起诵读诗句。

这个活动的作用是加强学生对诗句字形的掌握，强化对诗句的记忆，训练诗歌朗诵能力。

趣味活动四：快速拼字卡

1. 老师将全班学生分成四人一组。

2. 老师给每组 10 张字卡，这 10 张字卡可以拼成三首诗歌中学过的三字词，要求每组学生共同完成拼字卡的过程。注意，多出的那个字应该与其中某个字可以组成词，从而形成一定的干扰。例如，下面这 10 张字卡，可以拼成"明月光"、"地上霜"、"思故乡"，多余的字是"念"。

明	思	光	故	乡
上	霜	念	月	地

3. 老师给每组计时，看哪组拼得最快。

4. 一起来评价各组拼词的结果，看哪组拼得正确。

5. 请学生说说拼出的词语的意思，并根据拼的结果背诵整首诗。

这个活动的作用是加强学生对诗句字形及意义的掌握，强化对词语及诗句的记忆，训练诗歌朗诵能力。也可以将此活动改为拼完整的诗句，如果全诗 20 字，则提供 25 个字供学生拼合。

趣味活动五：闯关挑战赛

1. 老师将全班学生分成四人一组。

2. 老师设计一些与诗相关的问题，可以是围绕字义、词义、诗人、诗题、诗作含义等方面的问题，设计为选择题或问答题，请各小组来闯关。

3. 环节一是选择题，老师在 PPT 上展示问题与答案，请学生在台下举起自制的选项卡，A、B、C 或 D。老师观察各组所举答案，全部正确的一组闯过第一关，进入下一关挑战。

4. 环节二是连字成诗题，老师请每组学生将手中的 20 个字快速拼成两句诗，时间为 30 秒，超时则挑战失败。完成正确的小组闯过第二关，进入下一关挑战。

5. 环节三是问答题，可以围绕字义、词义、诗人、诗题、诗作含义等方面设计问题，如请说出三位唐代著名诗人的名字，《春晓》的作者是谁，"停车坐爱枫林晚"的"坐"是什么意思，《赠汪伦》中的汪伦是什么人，《送孟浩然之广陵》中孟浩然要去哪儿、谁在送他等，所出问题应该是这节课或以前学过的知识。每组答出三个问题即闯关成功。

6. 成功闯过三关的小组可获得奖励。

趣味活动六：翻卡猜猜猜

1. 老师根据诗歌内容准备贴在黑板或白板上的大字卡，一字一张卡，将字卡文字朝下贴在黑板或白板上。

2. 将学生分成四人一组，请一组学生上台，由第一位组员任意翻出一个字并认读，再由第二位组员任意翻出一个字并认读，小组成员根据所翻出的字来猜测诗歌。如不能猜出诗歌，则一直翻字卡，直到翻至最后一个字卡。

3. 再请下一组上台。所翻的字最少，而诗歌诵读正确的那组即获胜。

这个活动的作用是检验并巩固学生对诗歌内容的记忆。

趣味活动七：我画你来猜

1. 老师将学生分成两大组，先请第一组选一个学生上台。

2. 老师给这位学生看一句诗，这位学生看完后在黑板或白板上画画，台下同组的其他学生根据他画的画来猜他看到的是哪一句诗。计时一分钟。

3. 再请另一组学生派一位代表上台，台下学生根据他画的画猜诗句。

4. 每组猜出来之后可请台下学生说说自己猜出的理由，根据什么地方猜出来的。

这个活动的作用是检验并巩固学生对诗歌内容的理解。猜诗歌时既可以通过画画的方式，也可以通过做动作或表情的方式，具体选用哪种方式老师可依据诗歌内容特点而定。

趣味活动八：根据解释快速抢答诗句

1. 老师在PPT上展示一句诗的解释，如"太阳照射在香炉峰上，升起一团团紫色的云烟"，请学生举手抢答，说出对应的诗句。

2. 抢答出来后，请学生对照解释逐字说出其对应的意思。

3. 再请一位学生上台将老师准备的相应字卡贴在黑板或白板上。

4. 然后进入下一句的抢答。

这个活动的作用是检验并巩固学生对诗歌内容的理解，加强诗句与意义之间的联系，同时也可强化学生对字形、字音的掌握。

趣味活动九：我是小小演评员

1. 老师教完一首诗歌后，请学生自行准备朗读。鼓励学生用不同的方式来表现诗歌。

2. 老师指定小评审团，告诉小评审团评价朗诵的基本方法。

3. 请学生分别上台表演，小评审团给每个学生打分并评价。选手也给小评审们进行评价，说说哪个小评审听得最认真，评价得最全面、最合理。

4. 评选出的前三名选手担任下一回合的评审。

这个活动的作用是引导学生尝试自主朗读与评价，通过自我体验明白古诗朗读的方法。

趣味活动十：古诗画大赛

1. 老师给每位学生发一份古诗画大赛的纸，上面一半是空白作画处，下面一半是古诗抄写处。

2. 要求学生任意选择一首自己喜爱的诗歌，认真地抄写，并根据诗歌内容画一幅画。

3. 老师将学生交上来的作品一一扫描，放入 PPT 文件中，在下一次展示给全班学生看，也可以将作品都贴在教室的展览区，请每位学生都来评选自己认为最优秀的作品。

4. 老师公布评选结果，并请投票的学生发表自己的看法。

5. 展示优秀作品，一起诵读里面的诗歌。

这个活动的作用是将古诗抄写变成一种竞赛型活动，抄写与赏析相结合，激发学生参与的积极性，引导学生养成认真书写的习惯，同时加强学生对诗意的理解；此外，通过阅读与欣赏同学的优秀作品，可以营造一种良好的学习氛围，激发学生进一步努力的动机。

第七章　做游戏学华文

第一节　游戏的特点及其在华文学习中的作用和目标

一、游戏的特点

中国著名教育家陈鹤琴（2002）指出："小孩子生来是好动的，是以游戏为生命的。"的确，玩是孩子的天性，而游戏正好符合孩子天性好动的特点。因此，儿童往往都喜爱游戏。游戏是儿童认识世界的途径之一，也是儿童最喜欢的形式之一。

做游戏是最生动、具体的获得知识、开阔眼界、学习语言的方式，让孩子多看、多听、多动手，是认识事物、发展智力的重要途径和方法。儿童通过游戏的活动，能使感觉和知觉等心理过程得到进一步发展。儿童在饱尝游戏乐趣的同时，还能培养社会能力和团体精神，这对儿童的身心极为有利。因此，应该让游戏成为孩子学习过程中的主导活动之一。

作为思维工具和交际工具的语言，自始至终地伴随着游戏的进行。游戏是儿童快乐而自主的一项实践活动，儿童在游戏中自由支配自己的行动，在游戏中增加与同伴接触和交往的机会，从而产生语言交际的迫切要求；游戏中又常有新的情景和新的任务需要通过语言来传递，从而为锻炼和丰富儿童的语言提供大量的实践机会。可见，游戏为儿童提供了语言实践的良好机会和完善语言的最佳手段。因此，我们提倡在游戏中发展儿童语言能力。游戏能激起儿童学华文的兴趣，密切师生间的关系，给儿童提供充分运用语言的机会，调动其学习积极性。将知识融于游戏中，不仅能让儿童在情趣盎然的游戏中练习所学知识，也让儿童在不知不觉中掌握了知识，更重要的是让其感受到了学习华文的乐趣。此外，游戏还可以启发他们的心智和启迪他们健康的审美意识。

二、语言游戏在华文学习中的作用和目标

游戏可以用来训练学生的各种不同能力，这里我们主要讨论为提高学生语言表达能力而设计的语言游戏。

"游戏"是现代语言哲学研究的一个重要概念，奥地利哲学家维特根斯坦着眼于日常语言的运用提出"语言游戏"（language – game）这个概念，"语言游戏说"（language – game theory）成为维特根斯坦后期哲学观的基础。"语言游戏"是一种把语言比作游戏的隐喻：人们在语言中用词语进行游戏，词语的意义在语言游戏中体现出来，也就是在词语的具体使用中体现出来。维特根斯坦把由语言和行动（指与语言交织在一起的那些行动）组成的整体叫作"语言游戏"，其"游戏"实际上涉及人们所有的日常行为。"语言游戏"不是用语言来玩游戏，而是泛指所有的语言学习和语言运用都是像游戏一样的活动，"语言游戏"就是语言活动。"语言游戏说"是维特根斯坦基于儿童第一语言习得过程的实际情况提出的，他列举了一些生活中的语言游戏：①问候、请求、感谢、下达命令以及服从命令；②读故事、编故事、演戏、唱歌、猜谜、讲笑话、编笑话；③报道一个事件，推测事件的经过；④把一种语言翻译成另一种语言……从"问候"到"报道一个事件"，这些语言游戏强调语言和活动是交织在一起的，两者不能分离，这也说明生活中语言运用的实践性、多样性、变动性。"语言游戏"说在一定程度上突破了把语言视为静态系统的不足，揭示了语言学习是一个动态过程。在这一过程中，语言游戏既是目的又是媒介，语言能力是在语言运用的过程中获得的。二语习得的目标是培养学生以目的语进行交际的能力，即将语言符号与语境要素匹配起来的能力。这与"语言游戏"说的主张一致，"语言游戏说"对二语习得有着广泛启示和深刻影响。[1]

目前，汉语教学界已有一些学者关注到课堂教学方法与技巧的研究，他们从提高语言习得者的兴趣、创设合适的语言环境出发，在汉语课堂教学中采用了"游戏法"。例如，成令方（1988）认为游戏法与传统教学方法应该相辅相成，均为主导教学法，"游戏可以以乐趣取代句构反复练习的枯燥，同时达到掌握发音、语法的效果。而且能有效地制造情景和信息隔阂，使学生能在不知不觉的情况下发展交际的能力。"萧素秋（2000）在对外儿童汉语教学的实践中，提出了"若是将外国学生的母语游戏改

---

[1] 参见马国彦：《从哲学视角试析汉语作为第二语言的教学——以语言游戏说为例》，《河南大学学报》（社会科学版）2006年第2期；杨佑文：《维特根斯坦"语言游戏说"与二语习得》，《外语学刊》2011年第2期。

编成巩固汉语口语的练习，外籍儿童非但不会感到陌生，反而有正迁移的学习效果。这类游戏……能提供一种学生所熟悉的环境，减轻他们内心对外语的恐惧感，让他们在轻松的气氛中施展外语能力。"此外，崔永华、杨寄洲《汉语课堂教学技巧》（2002），周健《汉语课堂教学技巧 325 例》（2009），杨文惠《轻松教汉语——汉语课堂教学实用技巧 72 法》（2009）等都采用彩绳串珠的方式提供了许多有参考价值的个案式的汉语课堂教学技巧与方法。当然，这里的"游戏"是指狭义的娱乐活动，并非维特根斯坦所指的"语言游戏"，但作为对常规教学法的补充，这类语言游戏对于提高课堂教学效率显然能起到十分重要的推动作用。下面从服务于语言教学的立足点出发，论述课堂教学中语言游戏的内涵、作用及目标。

1. 语言游戏的内涵

《现代汉语词典》（2012）对"游戏"的解释是："娱乐活动，如捉迷藏、猜灯谜等。某些非正式比赛项目的体育活动如康乐球等也叫游戏。"可见，游戏的本质是娱乐性。一般认为，游戏具有无外在目的、游戏者自主、注重体验过程、表现已有经验、非正式的、假想的、体验积极情感等特征。所谓语言游戏，是指教师针对语言知识教学与语言技能训练的特定内容所设计的有针对性、恰当的游戏活动形式，借助游戏活动的形式引导学生积极参与学习过程，以强化语言知识教学效果，训练和发展青少年的言语能力。

2. 语言游戏的作用

寓语言训练于游戏之中，可以充分借助游戏的无外在目的、游戏者自主、注重体验过程、表现已有经验、非正式的、假想的、体验积极情感等特征，淡化语言学习的任务感，激发青少年的学习兴趣和求知欲望，让青少年在轻松愉快的情绪中发展语言，提高学习效率；能帮助一些学生克服"羞于启齿"、"消极自卑"等不良心理，能让他们怀着浓厚的兴趣沉浸式学习；还能促进师生之间的情感交流，增进师生之间的了解，有利于提高教师教学的效果。

3. 使用语言游戏的目标

在华文课堂教学中，采用游戏化的形式，其目的是寓教学与操练于游戏，让学生在游戏中轻轻松松学华文。具体而言，在华文课堂教学中采用语言游戏的目标体现在以下几个方面：第一，激发青少年学习华文的兴趣，给青少年提供充分运用语言的机会。第二，营造良好的课堂气氛，提高课堂教学效率，密切师生关系。第三，充分体现课堂教学多维、立体、互动的特点，培养青少年的言语交际能力、社会能力和团体精神。第四，启发青少年的心智和启迪青少年健康的审美意识。

第二节　游戏设计和使用的原则与方法

一、华文游戏教学活动设计与使用的原则

青少年与同伴共同游戏，是语言实践的好时机，在游戏时，他们的语言变成了角色之间的对话，实现着社会的交往，能使语言的对答、应变、协调能力得到极大锻炼。语言游戏的设计虽有灵活性、开放性，但如何提高游戏在语言训练中的效率，使游戏的效果最大化，是教师要考虑的首要问题。在利用游戏训练学生的语言表达能力时，教师应注意以下几个原则：

1. 游戏活动必须为语言教学高效服务

要根据语言教学内容的特点和需要来设计游戏活动，游戏活动必须为语言教学服务，不能为游戏而游戏。在选用或设计游戏时，教师应明确教学内容的特点及训练目的，能根据所教内容的特点及训练目的来确定游戏的类型和形式，选用最优化游戏方案。

例如，教《买文具》一课后，要通过游戏来巩固学生对常用文具名称的掌握，两位老师分别设计了不同的游戏活动，第一位老师设计游戏"××蹲"，学生每人手里拿一张写有文具名称的词卡，老师发出指令，如"练习本蹲"，拿着"练习本"词卡的学生按指令完成相应动作，接着这位同学就要发出下一轮指令，如"练习本蹲完尺子蹲"，说完他站起来，而拿"尺子"词卡的学生就要蹲下去，依此反复；第二位老师设计游戏"清点文具盒"，要求学生相互交换文具盒，每位同学各自清点文具盒里的文具，并把相应的文具名称写在清单上，老师将清单全部收上来后，请学生上台随机抽取其中的清单，读出清单内容，请清单所属文具盒的主人来认领，如有人认领，则说明列清单和读清单的学生顺利完成了任务，可给予奖励，如无人认领，则请列清单的学生上台和读清单的学生一起找到所列的文具盒，全班一起分析问题所在，依此反复。

这两例游戏都能起到巩固文具名称的效果，但教师一设计的游戏主要训练的是学生对词语的读音和词形的分辨能力；教师二设计的游戏则是对词音、词义、词形以及听、说、读、写各方面的全面训练。相对而言，教师二设计的游戏更适合在巩固阶段用来全面加强学生对词语的掌握。

2. 注重游戏形式的灵活变化

教师在运用游戏进行教学的过程中，要根据语言教学内容的特点灵活变换游戏的形式，不宜一成不变。经常变换游戏的内容和形式，能给予青少年新鲜感，保证游戏活动的吸引力和效果，从而更好地发挥游戏促进青少年语言发展的积极作用。譬如，在生字教学过程中，通常见到的教学方式是教学者采用书空、看笔顺动画演示等方法来训练学生对汉字书写顺序及规则的掌握，但如若每次教汉字书写时都采用这些方法，久而久之，就容易乏味，可以适当变化一下活动形式，像快速说笔画、汉字书写接龙、汉字笔画排队等游戏都可以达到巩固学生对汉字笔画笔顺规则掌握的效果。以快速说笔画游戏为例，该游戏是教师事先准备所学汉字在书写时最易错的笔画，如"输"的第三笔，要求学生快速答出，与书空相比，这个游戏同样能起到加强书写顺序和书写规则训练的效果，但避免了每个学生一笔一画书写的过程，而把焦点放在易错笔画上，且富有挑战性，适合在生字复习巩固阶段使用，可使操练过程更加紧凑高效灵活。

3. 重视游戏情境的创设

在语言游戏活动中，老师要创设良好的语言游戏环境，充分调动学生的积极性，让每个学生都参与到活动中来，成为游戏中的主人公。在每次游戏活动中，尽量给学生提供真实而丰富的语言情境，使学生可以有效地锻炼语言表达能力，扩展自己的语言经验。例如，学完生词之后，教师往往都会让学生再次认读刚刚学过的生词，以达到巩固复习的目的，常规的方式是教师请学生按照课本或板书的生词齐读或轮流指读，但是如果采用摘苹果、拍蚊子或词卡抢认的方式，就给学生提供了一定的游戏情境，学生参与的积极性、主动性就会增强，教学的趣味性也相应增加。

4. 重视游戏的参与度与效度

在设计游戏和游戏过程中，教师要考虑学生的最大参与度，尽量给每位学生提供展示自我的机会，多以赏识的眼光去鼓励学生，让学生多说、多展示，通过寓教于乐的方式去培养学生的语言表达能力。像角色表演游戏，是在课文学习时常用的一种教学形式，通常的安排是一个角色请一个学生来扮演，事实上，也可以将全班按角色分为几组，每个角色由一个小组来集体扮演，这样，全班学生都可以参与到表演过程中来，得到一定程度的训练，同时，可以让胆小害羞的学生也融入表演中来，感受到表演的乐趣，为独立表演打好基础。

此外，要注重游戏的效度，游戏的效度是指游戏使用的时间要与其效果成正比。如果游戏占用的时间多，而训练的容量和收效却有限，这样的游戏设计就存在问题。例如，一位教师在进行完"眼睛、鼻子、嘴巴、耳朵、手、皮肤"等词汇教学后，让两名学生分别蒙着眼睛上台，在台下学生的指引下贴五官图，活动用时 15 分钟，但学生发出指令主要使用的是表达方位的词语,除了能看到五官的形象外,对所学词语的音、形、义均没有练习到,游戏表面上与五官有关,实际上并未起到复习巩固教学内容的作用,属于无效游戏。

5. 鼓励学生积极参与游戏

设计游戏时,要针对学生的水平,游戏任务应是学生通过努力可以完成的,保证游戏既有一定的挑战性,其创意又有趣味性,能吸引学生积极参与。

在游戏中教师要鼓励学生敢说、爱说。有的学生受性格、气质的影响,胆小害羞或担心说错话受别人讥笑,因此,在游戏中不敢积极参与,从而严重影响了他们口语表达能力的发展。教师遇到这种情况时,应注意及时给予鼓励,引导他们,赞扬他们,使他们尝到说话的甜头,这样,学生便会越说越爱说,越说越好了。

6. 重视自由游戏

所谓自由游戏,是指游戏过程中学生有较大的主动权,在游戏规则下有一定的自由发挥的空间。例如,在表演游戏中,我们可先让学生在看、听故事中尽可能地获得语言信息。在此基础上,进一步为学生设计相应配套的角色表演,激起学生表演欲望。再专门组织学生进行表演游戏,表演过程中不需要完全依据课文的内容进行,可以适当发挥,只要与课文基本内容相符就可以了,这样既巩固了故事的角色对话,又加深了对故事的理解,使学生喜欢表演,乐于表演,不断发展语言。

二、游戏在华文课堂教学中使用示例

下面以贾益民主编、暨南大学出版社出版的《中文》(修订版)第一册第四课《识字(四)》的生字教学为例,具体展示游戏在课堂教学中使用的方法与过程。

一、教学对象
海外小学一年级学生(初学汉语者)。

二、教学内容
《中文》(修订版)第一册第四课《识字(四)》生字"上、下、左、右、中"。

三、教学目标
1. 学会本课的 5 个生字"上、下、左、右、中",要求会读会写。
2. 掌握"左—右"、"上—下"两组反义词,能正确区别。
3. 能够流利地表达方位"上面、下面、左边、右边、中间"。

四、教学重点
理解"左—右"、"上—下"这两组反义词,并能分清楚"左、右、上、下、中"

的位置。

五、教具准备

1. 长宽各 10 厘米的字卡若干，分别写着"上、下、左、右、中"。

2. 没有尾巴的牛的图片、牛尾巴的图片各一张。

六、教学时间

20 分钟。

七、教学过程

（一）组织教学

老师学生互相打招呼问好。

（二）复习旧课

先全班一起读上一堂课学过的生词，然后老师点名请学生一个一个轮流读。

（三）学习新课

1. 老师先带读要学习的生字，纠正学生发音。

2. 老师在白板上把字写给学生看，写的同时说出每个字每个笔画的名称，学生跟着老师写。

3. 通过图片解释生字的意思，并讲解生字的用法。

（1）上：上面

　　　　妈妈睡在床上。

　　　　他坐在桌子上面。

　　　　桌子上面有书。

（2）下：下面

　　　　　他在楼下。

　　　　　我在树下看书。

　　　　　椅子下面有笔。

（3）左：左边、左手

我站在他左边。

左边有一本书。

（4）右：右边、右手

小军坐在我的右边。

我用右手写字。

（5）中：中间

我坐在两个朋友的中间。

丽娜坐在教室的中间。

4. 引导学生造句。

老师根据设置情境，引导学生使用刚学过的生字词来造句。

（1）老师把书放在椅子的各种位置，引导学生说出"老师把书放在……"。

Ⅰ　　Ⅱ　　Ⅲ　　Ⅳ　　Ⅴ

（2）老师在讲台上放一把椅子，然后分别站在不同的位置，引导学生说出"老师站在椅子的……"。

5. 课堂游戏。

（1）游戏一：看图表达。

玩法：老师把学生分成3~4组。每个组的学生手里拿着两张卡片，卡片上两面写着"上、下"或者"左、右"。老师在PPT上准备书放在椅子不同地方的图片，包括书放在椅子上、椅子下、椅子左边和椅子右边的图片。PPT上展示什么图片，学生就根据图片举起卡片，如出示"书放在椅子上"的图片，要举起"上"的卡片并读出这个字。哪组举得最快而且正确就得一分。最后评比出优胜组。

（2）游戏二：给牛添尾巴。

玩法：在白板上贴一张没有尾巴的牛的图片。每个组选一个同学出来，手里拿着牛的尾巴。每组代表要被蒙上眼睛，组员在下面发出指引，如"左边、上面、下面、右边"等，代表在组员的指引下把牛尾巴贴到恰当的位置。计算各组所用时间，

哪个组用的时间最少而且贴的位置正确就胜出。

（四）布置作业

抄写今天学过的生字，每个字写三遍并组词。

（该教案初稿由蔡丽老师指导、暨南大学华文学院华文教育专业 2008 级泰国学生李权政设计，此处发表时蔡丽老师进行了全面修改。）

示例分析：这是一份微型教学的示例，围绕该课 5 个生字进行教学设计，在课堂操练部分教师针对所教内容设计了两个游戏，游戏一侧重训练学生的生字认读能力，看到图片后用相应的字卡来表达位置，强化学生对生字音形义联系的掌握；游戏二侧重训练学生的听辨及表达能力，台下的学生需要根据台上学生的动作发出相应的方位指引，台上的学生需要认真听辨后做出相应动作，是对学生听、说能力的综合训练。两个游戏的参与面都较广，针对性强，而且游戏侧重训练的要点有所不同，游戏用时恰当，与参与率成正比，实际课堂运用效果好，整体而言，这两个游戏均对教学起到了良好的促进作用。

第三节 趣味游戏活动设计示例

为了介绍做每种游戏的具体方法，在每个游戏中，我们都选取了一些具体的语言项目作为练习内容，有的是拼音，有的是词语，还有的是句子。事实上，这些游戏形式都可以用来练习不同的语言项目，教师在使用时，可根据情况在各种游戏活动中安排需要练习的内容。

另外，游戏的形式多样，在这里我们只是举例介绍几种不同类型的游戏。老师们在教学实践过程中，可以按照我们提供的这种思路自己编排各种游戏。

一、华文课堂游戏的分类

语言游戏根据不同的标准会有不同的分类，具体分类如下：

1. 按游戏使用的材料或借助的手段分

按游戏使用的材料或借助的手段，可以将语言游戏分为卡片游戏、道具游戏、实物游戏和多媒体游戏。卡片游戏是指借助卡片进行的游戏。道具游戏是指必须制作并使用某种道具进行的游戏。实物游戏是利用某种实物进行的游戏。多媒体游戏是指借助多媒体设备进行的游戏。

2. 按游戏中参与者的身份分

按游戏中参与者的身份，可以分为角色游戏、表演游戏、情景游戏和演示游戏。角色游戏，是指在游戏过程中游戏参与者需要进入到游戏设计的某个角色，并根据这个角色的特点运用语言。表演游戏是一种创造性游戏，游戏参与者要根据所提供的语言材料进行恰当的表演，声情并茂，动作、语言要体现所扮演人物的特点。情景游戏，是指根据语言教学内容的需要，设计一定的情景及任务，要求游戏参与者在设定的情景中完成相应的任务，任务是围绕语言教学内容来安排的，在游戏中身份不会发生变化。演示游戏是指通过肢体动作、面部表情等演示来完成的游戏。

3. 按游戏的训练内容分

按游戏的训练内容，可以分为语言要素游戏和语言技能游戏。其中，语言要素游戏又分为语音游戏、汉字游戏、词汇游戏、语法游戏和篇章游戏；语言技能游戏又分为听力游戏、说话游戏、阅读游戏和写作游戏。

4. 按游戏的分工分

按游戏中参与者的分工，可以分为集体游戏、小组游戏、双人或多人游戏、个体游戏。集体游戏是以班级为单位参与的游戏。小组游戏是以小组为单位参与的游戏，游戏过程中强调小组成员的合作与共同参与，组内可有小组长和组员等不同分工。双人或多人游戏是由两人或两人以上共同参与的游戏，游戏过程中各人地位均等，共同完成游戏任务。个体游戏是以个人名义参与的游戏。

5. 按游戏的功用分

按游戏的功用，可以分为模仿操练游戏、强化巩固游戏和创造运用游戏。模仿操练游戏是通过模仿的方式强化学生对语言知识或技能的掌握，如开火车朗读、小小复读机等；强化巩固游戏是在学生初步学习的基础上，进一步巩固相应知识点或技能，前面提到的快速说笔画、汉字书写接龙、汉字笔画排队等都属于起强化巩固作用的游戏；创造运用游戏侧重培养学生创造性、灵活运用语言的能力，如根据描述猜词语、模拟购物等属于此类。

6. 按游戏开展的形式分

按游戏开展的形式，可以分为接力游戏、循环游戏、竞赛游戏、分类游戏和查找游戏等。接力游戏指的是游戏参与者以接力的方式完成游戏活动，如传声筒游戏。循环游戏是指以循环往复的方式进行的游戏，参与者围成一圈，游戏多次进行，参与者多次进入，传统的击鼓传花、丢手绢等就属于此类游戏。竞赛游戏强调以比赛的方式进行，需要采用计时、计分等方式分出胜负，可以是小组赛、个人赛和搭档赛等多种形式。分类游戏强调对游戏所选取内容进行有效的类型区分，可以采用卡片分类、图片分类、实物分类等多种形式。查找游戏是要求游戏参与者根据相关要求快速、准确找出相应事物，如"生字找朋友"的游戏。

上述分类都是从不同角度依据游戏的单一典型特征进行的分类，实际上，很多游戏并非单一类型的游戏，可能同时具有几类特征。例如，语言技能游戏中既有单纯的听力游戏、说话游戏等，也有综合性的听说游戏、读写游戏等。

二、不同类型语言游戏的使用方法

下面以情景游戏、表演游戏和语言要素游戏为例来说明在华文课堂教学中语言游戏的设计与使用方法。

（一）情景游戏

1. 情景游戏的含义与特征

所谓情景游戏，是指根据语言教学内容的需要，设计一定的情景及任务，要求学生在设定的情景中完成相应的任务，任务是围绕语言教学内容来安排的，在游戏中师生的身份没有发生变化。

情景游戏具备以下几个特征：第一，有特定的场景；第二，有特定的任务；第三，人物身份不变。

2. 情景游戏示例

活动一：击鼓传箱

活动目标：

1. 培养学生观察事物的能力。

2. 培养学生大胆表述的能力，能认真听、大胆说。

活动准备：

准备小纸箱一个，里面放若干图片。

活动过程：

1. 学生围成一圈坐好，教师击鼓，学生随鼓声按顺序传小纸箱。

2. 鼓声停时小纸箱在谁手中，谁就要从小纸箱中摸出一张图片，说出图片上有什么内容，有什么特征。

3. 说对了，大家鼓掌，继续游戏。说错了，先由别的学生纠正，再请说错的这个学生表演一个节目，然后继续游戏。

活动二：小猫钓鱼

活动目标：

1. 培养学生准确认读汉语拼音字母的能力。

2. 培养学生大胆表述的能力，能认真听、大胆说。

活动准备：

1. 准备"小猫钓鱼"的图片一张，在小猫的嘴巴处系一个小钩。

2. 准备一个小纸箱，在小纸箱上挖一个小洞，从小洞那儿可以把小钩放进小纸箱里。

3. 然后把一条条身上写有拼音字母的"鱼"藏在小纸箱里面。"鱼"可用彩色纸剪成。

活动过程：

1. 游戏开始时老师对学生说："小猫要钓鱼了，大家要看清鱼身上写着什么。"

2. 然后"钓出一条鱼"让学生朗读。看谁读得又快又准。

3. 读完一个后让大家一起念儿歌："小花猫，把鱼钓，鱼儿大，喵喵叫；比比谁的本领大，看看谁能读得好。"

4. 老师再"钓出一条鱼"让学生朗读。游戏依此过程反复进行。

活动三：丢手绢

活动目标：

培养学生使用"有……，有……，还有……"的句式和量词的能力。

活动准备：

1. 准备若干图片，每张图片上画三种物品，如三种动物、蔬菜、日用品、水果、玩具、图形、色块、交通工具、人物等。

2. 小手绢一条。

活动过程：

1. 让学生围坐成一个圆，老师放儿歌音乐，让一个学生拿着小手绢随着音乐在小圆圈外面走动。

2. 音乐声一停，让拿手绢的学生将手中的手绢扔在一个小朋友的身后，这个小朋友就到老师那儿抽取一张图片，然后用"有……，有……，还有……"的句式来说清图片上所画的东西。如拿到画有香蕉、苹果、葡萄的图片，就要边展示图片给大家看，边讲："图上有一个香蕉，有一个苹果，还有一串葡萄。"

3. 如果说对了，请全体学生看着图片一起重复一遍。说错了则由他人纠正，并请这位说错的同学唱一首歌或读一首儿歌。然后继续游戏。

活动四：拼图片说句子

活动目标：

1. 培养学生观察事物的能力。

2. 培养学生大胆表述的能力，能认真听、大胆说。

活动准备：

准备分别绘有各种人物（如弟弟、妹妹、奶奶等）和各种物品（如玩具、电视机、图书、汽车等）的卡片若干。

活动过程：

1. 先把两组卡片画面朝下分别放好。让学生从两组卡片中各拿出一张，将卡片翻过来，根据卡片上所画的内容造一个句子。例如，翻开的画面如果是"妹妹"和"玩具"，学生可说"妹妹在玩玩具"、"妹妹有很多玩具"、"妹妹喜欢红色的玩具"等。

2. 让每个学生轮流翻图造句，直到卡片翻完为止。

3. 在学生学会把两张卡片的内容编成一句话的基础上，可尝试让他们翻三张卡片造句子。

活动五：这个句子对不对？

活动目标：

1. 培养学生听辨句子的能力。

2. 培养学生对常识的理解判别能力。

活动准备：

准备空白卡片若干，纸箱三个。

活动过程：

1. 每个学生发三张空白卡片，让学生分别在卡片上写上"谁、去哪儿、干什么"等相关内容，如"我"、"去教室"、"看书"。

2. 让学生将写好的卡片分别放在对应的箱子里。

3. 老师将三个纸箱里的卡片分别摇动一下，之后请学生上来从三个纸箱里各拿出一张卡片，然后请他将三张卡片上的词语连成一个句子。

4. 请另一个学生判断他说的这个句子对不对，如果不对，错在哪儿？例如，如果学生拿到的卡片为"他"、"去商店"、"洗澡"三个词语，组成句子为"他去商店洗澡。"这个句子的句法结构形式虽然是正确的，但根据常识，这显然不正确，因为商店里不可能洗澡。但也有一种特殊情况，即他住在商店，这里的"商店"是定指的，这个句子也有可能可以说。

5. 依此反复进行。通过这个活动，我们可以帮助学生树立一种语用意识，有时候句子虽然符合语法结构规则，但其语义如不匹配，也不成立。而有些句子一般情况下不能说，但在特殊语境下也有可能成立。

活动六：制作贺卡

活动目标：

1. 培养学生写句子的能力。

2. 培养学生的识字阅读能力。

活动准备：

准备空白卡片若干，纸箱一个。

活动过程：

1. 每个学生发一张空白卡片，让学生分别在卡片上画画。

2. 让学生在自己的卡片上写一些祝福的话语，但不要写出被祝福的人的名字或称呼。

3. 让学生们把写好的卡片交上来，然后将卡片分发给不同的学生。

4. 请学生根据拿到的卡片上的祝福话语补上被祝福人的名字或称呼。

5. 请学生将自己手中的卡片读一遍，其他学生听后讨论。并评出写得最好的三张卡片，对写这三张卡片的学生们予以奖励。

活动七：盒子里有什么呢？

活动目标：

1. 培养学生观察事物的能力。

2. 培养学生的写字能力。

3. 增加学生的常用词汇量。

活动准备：

请每个学生准备一个小纸盒，在纸盒里放一些自己喜欢的东西；老师准备空白小纸片若干张。

活动过程：

1. 请学生两人一组，各自将自己准备的小纸盒交给对方。

2. 老师给每个学生发一张空白的小纸片，请学生将同桌小纸盒里的东西一样一样用汉字写在纸片上。

3. 写好后将纸片交给对方，请对方判定写得对不对，写对了多少。

4. 最后由老师判定哪些学生清点得最正确。

活动八：格子游戏

活动目标：

1. 用于新课学完之后的练习阶段，用这个游戏可使练习更加富于趣味性。

2. 培养学生大胆表述的能力，能认真听、大胆说。

活动准备：

准备一个小纸箱，小纸箱里用纸板格成许多小格子，老师事先将要练习的题目写在小纸片上，分别放在小格子里，最后在纸箱上面蒙一层不太厚的纸。

活动过程：

1. 在讲解完新课之后，老师将小纸箱拿出来，告诉学生：每个小格子里都藏着一道题，如果谁能答出来，就能得到奖励。这样，引起学生解题的兴趣，使学生积极参与。

2. 将学生分成几组，每组必答三题，其余的为抢答题。各小组每答对一题得 10 分，答错不扣分。未完成必答题的小组就算失败。最后看哪一组得分最高，为优胜组。

3. 抢答开始后，由最先举手的一组派一位同学上来，用手指戳穿一个小格子，从里面拿出写着问题的小纸片，大声地念出来，然后由小组成员共同给出答案。由老师判定答案是否正确，是否得分。

4. 所有小格子里的题目都答完之后，看哪个小组得分最高，评出优胜的小组，颁发流动小旗。

（二）表演游戏

1. 表演游戏的含义与特征

表演游戏是一种创造性游戏，学生要根据所提供的语言材料进行恰当的表演，声情并茂，动作、语言要体现所扮演人物的特点。

青少年正处在学习使用语言的最佳时期，根据心理语言学理论，青少年在言语交际过程中的发展规律是：一方面在动作、形象和语言符号三个不同的水平输入信息；另一方面通过非语言手段和语言手段输出信息。可见，青少年时期语言表达特点是需要大量非语言手段。而表演游戏符合这一要求。由此可以看出，表演游戏可以促进青少年语言表达能力的发展。要调动青少年的积极性，可采取游戏式、启发式和讨论式等方法引导青少年掌握与表演有关的语言及非语言表现手段；接着根据青少年语言发展的连续性、顺序性、阶段性特点在激发兴趣的前提下进行指导，如纠正青少年发音、丰富青少年词汇、学习运用词句，为青少年创造语言交往的机会；最后鼓励青少年根据表演内容进行创造性表演。表演游戏可以充分发挥青少年的积极性、主动性和创造性。

2. 表演游戏示例

活动一：卖水果

活动目标：

1. 训练学生正确区分平翘舌音和声调。

2. 培养学生大胆表述的能力，能认真听、大胆说。

活动准备：

1. 小篮子一个。

2. 柿子、李子、梨子、栗子、荔枝等水果的图片或玩具。

活动过程：

1. 参加游戏的学生围坐成一个圆圈，请一名学生做卖东西的人，他手提装着许多水果（玩具或图片）的小篮围着圆圈走。

2. 全体学生念儿歌。卖东西的人走到一个学生面前，问："你要买水果吗？"被问的学生要说："我买李子、栗子、荔枝和梨子。"卖东西的人应再问："李子、栗子、荔枝和梨子？不要柿子吗？"被问的学生要说："要，我还要4个红柿子。"卖东西的人就按数卖给他。然后两人交换角色，重新开始游戏。

活动二：送信

活动目标：

1. 训练学生运用"是从……来的……"句式。

2. 培养学生大胆表述的能力，能认真听、大胆说。

活动准备：

1. 小书包一个。

2. 信若干封，上面写着班上学生的名字，信封下面写着寄信的地方。

活动过程：

1. 学生分散坐在室内，请一名学生做邮递员，他背起邮包从里面拿出一封信，大声念信封上的名字。

2. 被叫到名字的这个学生就要问："谁呀?"邮递员回答："我是邮递员,我给你送信来了!"学生问："是从哪儿来的信?"邮递员要能说出信封上的城市的名称,如:"是从北京来的信","是从广州来的信"等。

3. 收信的学生说："谢谢你。"邮递员答："不客气。"然后两人互换角色,继续游戏。

活动三：用游戏的方式练习句式——以"……来……去"为例

活动目标：

1. 学习用"……来……去"的句式说话。

2. 培养学生大胆表述的能力,能认真听、大胆说。

活动准备：

1. 各种动物头饰若干（每人一个）,彩色图书一本。

2. 在教室里摆上一张桌子,桌上放彩色图书一本、茶杯两个、瓶子一个（内有鱼）。

活动过程：

1. 老师扮兔妈妈,请小朋友去兔妈妈家做客。

2. 兔妈妈招呼客人,引导学生用"……来……去"学说句子。

（1）使水赶快变凉：（老师做动作,让学生们说）用两个杯子倒来倒去。

（2）请学生看鱼：小鱼在水中游来游去。

（3）请学生看书,找到老师说的那幅画：翻来翻去才找到老师说的那幅画。

（4）用PPT展示一些图画,请学生看兔妈妈家的画,如小兔跳、小朋友跑、球滚动等画面,用"……来……去"的句式描述画上的动作。

3. 请部分学生说一说自己喜欢的动物,做相应的动作,并用"……来……去"描述这一动作。

4. 学生拿着自己喜欢的动物头饰做相应的动作,并用"……来……去"的句式描述这种动作。

5. 集中学生,请学生用"……来……去"的句式将自己刚才的活动描述给同学听。

活动四：儿童童话剧表演——以《聪明小鸡与笨小狼》为例

儿童童话剧剧本：聪明小鸡与笨小狼

人物：小鸡、小狼

场景：小树林

一只小鸡在小树林里找虫吃。它的羽毛是金黄色的，有黑色的条纹。小鸡在一棵小树边找到一条蚯蚓。小鸡把蚯蚓啄成两段，分两次吞下去，高兴地唱到："叽叽叽，叽叽叽，蚯蚓真好吃，小树林真漂亮。"唱完，小鸡又低下头找虫子。

（小狼上场，走得很慢，不时摇晃一下，还使劲眨了几下眼睛。）

小狼撞到了一棵树上，抬起一只前爪揉揉头，又用尾巴抽了几下碰到它头的树。

小狼（叫道）："哎哟，疼死我了。该死的树，也来欺负我。"

小狼："两天没吃东西了，看不清路，总碰头。再找不到吃的，就要走不动了。"小狼抹了抹眼泪。

小狼："谁在唱歌？"小狼的眼睛瞪得圆圆的，四处张望，它看到了小鸡。

小狼："一只小鸡！"小狼又四处张望。"没人看着它，哈哈，我找到吃的喽。"小狼一步步朝小鸡靠近。

小狼（恶狠狠地说）："小鸡，小鸡，别唱了！哭吧，哭吧，因为你遇上我了，我都快要饿死了，我要吃了你。"

小鸡听见小狼的声音，吓得站在原地没动："哎呀，小狼啊，小狼，你可看清楚了，不要吃错了啊。"小鸡瞪着圆圆的眼睛望着小狼。

小狼："吃错了？吃错了是怎么回事？"小狼眼睛瞪得更圆了。

小鸡："我不是小鸡，我是为了吃小鸡才变成小鸡的模样的，你没看出来吗？我是小老虎，瞧瞧我金黄色的毛，瞧瞧这羽毛上的黑条条花纹。"

小鸡转了个圈，让小狼看它的羽毛，一边四处张望。

小鸡（自言自语）："爸爸妈妈不在，伙伴们不在，只有大灰狼在。吓死我了啊。"小鸡瞪着更圆了的眼睛望着小狼。

小鸡："看清楚了吗？我身上的毛和老虎的毛一模一样。"

小狼："看清楚了，你不是老虎就是老虎的亲戚。我可不敢吃你，我吃了你，老虎爸爸、老虎妈妈、老虎爷爷、老虎奶奶、老虎外公、老虎外婆都不会放过我的。"

小狼瞪着不太圆了的眼睛望着小鸡，慢慢地向后退。小狼的屁股撞到一棵树上。停住后退，又瞪圆了眼睛。

小狼："你怎么那么小？像我的耳朵那么小。"

小鸡："我是'小老虎'啊，是老虎的孙子，所以小。对了，刚才，我看见一只白色的小兔子跑到那边去了，你快去吃了它吧。你跑得那么快，一定能追上它。"

小鸡用翅膀指着和自己家相反的方向。

小狼顺着小鸡指的方向飞跑过去。小鸡张开了翅膀，连跑带飞地回了家。

小狼："哪里有兔子啊？我一定是上当了。小鸡骗子，我一定要吃了它。"

小狼转身向回跑。

小狼："小鸡，你出来，你给我出来。"哪里还有小鸡的影子。

小狼又气又饿，倒在地上……

活动目标：

1. 培养学生根据人物特点用恰当的语气和表情说话的能力。

2. 培养学生大胆表述的能力，能认真听、大胆说。

活动准备：

1. 小鸡和小狼头饰若干。

2. 将教室布置成小树林：用纸做一棵树和小鸡的家。

活动过程：

1. 先把童话剧的情节用讲故事的形式讲给学生听。

2. 老师把童话剧用小黑板或幻灯片展示出来，分别带学生说旁白、小鸡和小狼说的话，并让学生模仿老师的表情和动作。

3. 让学生分成小鸡和小狼两组进行表演。老师讲童话剧的旁白，当听到旁白时，要求小鸡和小狼根据旁白的内容做表情或动作；轮到小鸡或小狼说话时，请学生边说边表演。

4. 请几组学生上台来表演，让其他学生评比：哪一组表演得最好？

如果所学课文适合进行分角色表演，可以在学完课文后，事先让学生准备好，然后在课堂上进行表演。

活动五：配音表演游戏

活动目标：

1. 培养学生根据人物特点用恰当的语气和表情说话的能力。

2. 培养学生大胆表述的能力，能认真听、大胆说。

活动准备：

老师准备一个故事，要求有三个以上的角色，适合表演。如果有条件，最好用视频播放给学生看。

活动过程：

1. 让学生认真地听一遍故事。

2. 将学生按故事中的角色分成几组，每组学生表演故事中的一个角色。老师再将故事放一遍，要求学生边听边按照故事的内容做动作。

3. 请表演得比较好的同学上台来表演，同时请另外一些学生分别为每个角色配音。（类似双簧节目，表演的人只演不出声，配音的人根据表演的人说台词。）

（三）语言要素游戏

针对语言要素的掌握设计的游戏包括语音游戏、汉字游戏、词汇游戏、语法游戏、语篇游戏等。

1. 语音游戏

活动一：音节听写接力赛

活动目标：

1. 培养学生听辨语音的能力。

2. 培养学生的快速反应能力。

活动准备：

老师准备若干需要重点训练的音节。

活动过程：

1. 老师请两组学生上台，每组三个学生。

2. 老师读一个音节，要求第一个学生写声母，第二个学生写韵母，第三个学生写声调。两组学生听到老师读的音节后要快速进行听写接力，每个同学只许写自己要写的那部分。看哪组写得快、写得准。

3. 每轮竞赛老师读 3~5 个音节，然后请下面的学生一起评分，评出每轮的优胜组。

4. 依此进行下一轮游戏。

活动二：顺风耳

活动目标：

1. 培养学生听辨语音的能力。

2. 培养学生的快速反应能力。

3. 培养学生的拼读能力。

活动准备：

老师让学生每人准备一套拼音卡片。可以用声、韵母分开的卡片，也可以用音节卡片。

活动过程：

1. 老师对学生说："我们来比一比，看谁的耳朵最灵，是顺风耳，请听仔细。"

2. 老师读一个音，如"bào"，让学生迅速找出相应的声母、韵母或音节卡片，找到后马上举起来。学生举起卡片的同时还要大声说："找到了，找到了，bào，bào，bào。"

3. 比一比：看谁找得对、准，读得快、准。

活动三：小小邮递员

活动目标：

1. 培养学生准确认读拼音字母、音节的能力。

2. 培养学生将拼音字母按声母、韵母和音节分类的能力。

活动准备：

老师准备若干拼音卡片，每张卡片上写一个声母、韵母或一个音节；三个小邮箱，分别在上面贴上声母、韵母和音节的标签。

活动过程：

1. 老师对学生说："邮递员叔叔太忙了，有好多信来不及送出去，请你来做邮递员把信投到相对应的信箱里，好吗？"

2. 让学生齐说："丁零零，丁零零，邮递员阿姨（叔叔）来送信，小小信封是谁的，请你赶快找一找。"

3. 在学生说儿歌的同时，老师请一位学生来发卡片。发到卡片的学生就上台举起卡片并大声读卡片上的拼音字母，如"d、d、d，是声母"，然后投入"声母"邮箱。

4. 如果投对了，其他学生就说："对，对，对，快投信。"如果投错了，就说："错，错，错，投错了。"然后请一位学生来帮助他认读并分类。

活动四：找朋友

活动目标：

1. 培养学生声韵调的拼合能力。可用于拼音复习阶段。

2. 培养学生的快速反应能力。

活动准备：

老师准备用所教拼音字母做成的卡片一套。

活动过程：

1. 老师将学生分成两组。给一组的学生发声母卡，另一组发韵母卡。

2. 老师读一个音节，比如"bo"。拿 b 卡片的学生应跑上台，说："小朋友，我是 b。"然后拿 o 卡片的学生再跑上台说："小朋友，我是 o。"然后两个学生一起说："我们俩是好朋友，请大家把我们拼出来。"说完后，下面的学生就要很大声地拼出"bo"这个音节。

3. 然后进行下一个音节的游戏。在游戏中，学生们不知不觉训练了声韵母的听辨、发音及拼读能力。

活动五：谁的眼睛亮晶晶

活动目标：

1. 培养学生正确标声调的能力。

2. 培养学生的快速反应能力。

活动准备：

老师准备若干纸片，每张纸片上写一个音节，这些音节所标的声调位置是错误的。老师可准备一些特别容易出错的音节，如复韵母 ui 和 iu 的标调、ü 上两点的省略规则等。

活动过程：

1. 老师出示标调有错误的音节（标调可移动），并告诉学生：在这些音节中藏着一个小错误，比一比谁的眼睛最亮，能把问题找出来。

2. 老师请一位学生上来找一找。找对了，就让学生们一起说："小眼睛，亮晶晶。"如果找错了，就让其他学生帮助他一起找出来。

3. 依此反复进行。

活动六：打"拼音牌"

活动目标：

1. 培养学生声韵调的拼合能力。可用于拼音复习阶段。

2. 培养学生的快速反应能力。

活动准备：

让学生每人准备一套拼音卡。

活动过程：

1. 老师将学生分成两人一组。

2. 教学生用拼音卡打"拼音牌"。一方先出一张"拼音牌"，口里还要念"我出……（如我出'b'）"，然后该对方出牌，所出的"牌"要能与对方的"牌"相拼，(如出 "an"，出牌者还要念 "我出 an，b-an—ban，班级的班")，拼对了对方的牌就被赢过来了。如果拼得不对，自己的牌就被对方赢过去了。

3. 最后看谁赢的牌多。在开心的玩耍中，不知不觉地复习了字母，训练了学生拼读汉语拼音的能力。

活动七：我给老师当助手

活动目标：

1. 培养学生听辨声、韵、调的能力。

2. 培养学生的快速反应能力。

活动准备：

老师准备若干纸片，每张纸片上写一个字或词语的拼音，这些字或词语可以是前一次学过的，也可以是本课刚学的。要求拼音中有一部分未写完整，或者未写声调，或者未写声母，或者未写韵母。

活动过程：

1. 在新课讲授前的复习环节，或者在教完生字词之后，老师可用下面的方式告诉学生："老师昨天做了一些拼音卡片，可是今天发现这些卡片上拼音的一部分不见了，哪位同学愿意帮助老师把这些不见的部分补出来？"(学生听到这些话之后，会认为自己在帮助老师，而不是在完成老师安排的任务，会很乐意参加。)

2. 请一位学生上台，老师读音节，然后让学生根据老师读的音把拼音卡上的内容补全。补好后，请其他学生判断是否正确。如果正确，老师就奖励一颗小星星给这位学生。

3. 再请另一位学生上台补写拼音。依此反复进行。

2. 汉字游戏

活动一：看谁会写的汉字多

活动目标：

1. 培养学生的联想及写字能力。

2. 复习学过的汉字。

活动准备：

老师先准备一些学生学过的偏旁，这些偏旁必须比较常用，能用来构成许多不同的字。

活动过程：

1. 老师请两组学生上来，每组三至四人。

2. 先请这些学生背朝黑板，老师在黑板上写上两个偏旁，每组一个，例如"扌"，要求学生用这个偏旁写汉字，如"打、提、把……"。为保证比赛的公平，两个偏旁的够字能力应大体相当。

3. 老师写好后，说"开始"，然后两组学生分别用这个偏旁写汉字，每人一次只许写一个，写完后把笔给下一位学生接着写。老师为两组计时，看在规定时间内哪一组写出的汉字最多。多的一组获胜。如果写出的数量一样，就看哪一组的字写得更漂亮。输的那个组，可让他们集体表演语言节目，如说绕口令、背儿歌、唱中文歌等。

4. 依此反复进行。

活动二：看谁拼的汉字多

活动目标：

1. 培养学生的联想及组字能力。

2. 复习学过的汉字及偏旁、部件。

活动准备：

老师先准备一些卡片，在卡片上写一些学生学过的偏旁或部件，每张卡片上写一个偏旁或部件，这些偏旁或部件必须比较常用，能用来构成许多不同的字。

活动过程：

1. 老师将全班学生分成两个大组，再将每个大组分成几个小组。

2. 老师给每大组第一小组的学生一叠相同的卡片，让这些学生在规定的时间内用这些卡片拼字，看哪个小组拼出的字多，根据拼出的字的多少给分。

3. 第一个小组拼完后，再请第二、第三个小组继续拼。

4. 最后看哪个大组得分高，用奖品或表演节目的形式适当予以奖惩。

活动三：看谁拼得快又准

活动目标：

1. 培养学生的组字能力。

2. 复习学过的汉字及偏旁、部件。

活动准备：

老师先准备一些卡片，在卡片上写一些学生学过的偏旁或部件，每张卡片上写一个偏旁或部件。

活动过程：

1. 老师将全班学生分成四人一个小组。

2. 老师给每组学生一叠相同的卡片，让这些学生在规定的时间内用这些卡片拼字，看哪个小组拼得最快、最准确。规定时间可以根据学生的整体水平设计，如一分钟、两分钟等。

3. 评比出优胜组，适当予以奖励。

4. 这个活动的内容可以灵活设计：例如，可设计 10 张部件卡，如"另、亻、讠、扌、古、身、刂、夂、寸、王"，要求学生拼成 3 个左中右结构的字，将多出的那张放在一边，那么可拼出"做、谢、捌"3 个字，还剩"王"。也可以设计为 9 张部件卡，要求学生拼成 4 个左右结构或上下结构的字，将多出的那张放在一边等。如果学生的汉字量还有限时，可以采用等额拼字的方式，如 9 张卡拼出 3 个字；当学生有一定识字量及识字能力时，就可通过增设多余部件卡的方式提高难度。

活动四：说笔顺游戏

活动目标：

1. 培养学生的快速思考及反应能力。

2. 复习学过的汉字的笔顺。

活动准备：

老师先准备一些学生学过的汉字，然后根据班上学生的人数制作一些笔顺卡片，每人发一张写着一种笔顺的卡片。

活动过程：

1. 老师请全班同学做好准备。

2. 老师开始问，如："'顺'的第七画是什么？"

3. 学生开始数笔顺，"'顺'的第七画"是横折，这样手里拿着"横折"这种笔顺卡片的同学就要马上走到教室前面来。大家一起看哪一位同学最先上来，哪一位最后才上来。

4. 依此反复进行。

活动五：笔顺接龙

活动目标：

1. 培养学生的快速思考及反应能力。

2. 复习学过的汉字的笔顺。

活动准备：

老师先准备两组学生学过的汉字，每组4～5个字，两组汉字相对应的笔画数要相同。

活动过程：

1. 老师请全班学生做好准备。

2. 老师将两组汉字分成两列分别板书在黑板上。

3. 请一些学生上来，分成两组。每组第一个学生写每个字的第一笔，第二个学生再写每个字的第二笔，第三个学生写每个字的第三笔，依此继续进行，直到写完所有笔画。

4. 两组写完后，看哪一组写笔顺的错误少，再看哪一组的同学用的时间少。最后评比出两组的名次。

活动六：按笔画数将汉字分组

活动目标：

1. 培养学生的快速思考及反应能力，培养学生区分笔画的能力。

2. 复习学过的汉字的笔顺及笔画。

活动准备：

老师先准备一些学生学过的汉字。

活动过程：

1. 老师请全班同学做好准备。

2. 老师将汉字板书在黑板上。

3. 请全班学生根据这些汉字的笔画数将汉字分组。如：

　　三笔字：三、山、下

　　四笔字：太、日、月

　　……

4. 看哪些同学最先分完组，哪些同学的分组正确率最高。

活动七：速记汉字比赛

活动目标：

1. 培养学生的快速思考及记忆能力。

2. 培养学生对汉字的字感。

活动准备：

老师先准备一些汉字，将这些汉字写在一张大纸上。（如果是初学汉字阶段，可将汉字一个一个展示出来，展示一个让学生写一个。）

活动过程：

1. 老师请全班学生做好准备。

2. 老师将写着汉字的大纸贴出来，请全班学生边看边记。

3. 规定的时间到后，老师将大纸收下来，让学生将自己看到的汉字写下来。

4. 看哪一个学生写出的汉字最多。最后评比出全班识记汉字的高手三名，适当予以奖励。

活动八：汉字认读与判断

活动目标：

1. 培养学生的快速思考及反应能力。

2. 复习学过的汉字。

活动准备：

老师先准备一些卡片，每张卡片上写一个学生学过的汉字，要求卡片上写的汉字有的是正确的，有的是错误的。

活动过程：

1. 老师请全班学生做好准备。

2. 老师先请第一组的学生站起来，每个学生认读一张卡片上的汉字，并判断这个汉字的书写是否正确，如果不正确，应该怎么改正。判断正确得 1 分，改正得 1 分。第一组全部学生都说完后给这个组一个总分。

3. 然后请第二组继续认读并判断，依此继续进行，直到各小组都完成这个活动。

4. 看哪一组的得分最少，就请这个小组的学生集体表演一个汉语节目。

活动九：看汉字画圆圈比赛

活动目标：

1. 复习学过的汉字，加强音形对应。

2. 培养学生的记忆能力与快速反应能力。

活动准备：

1. 老师准备学生已学过的若干汉字。

2. 准备三种不同颜色的白板笔。

活动过程：

1. 老师把全班分为两组，每组请一个学生上来，手里拿两支颜色不同的白板笔，分别站在黑板的两边，背朝黑板。

2. 老师把汉字随机写在黑板上，然后让那两个学生转身面向黑板。

3. 老师说："准备，开始。"然后念汉字，学生听到后就立刻用白板笔把听到的汉字画上圆圈，看谁动作快，先画到的学生得分。

4. 老师念完黑板上所有的汉字就进行总结，看哪个组画的汉字最多。

5. 游戏依此反复进行。

3. 词汇游戏

活动一：以字组词

活动目标：

1. 培养学生的联想及组词能力。

2. 复习学过的汉字及词语。

活动准备：

老师先准备一些学生学过的字，这些字必须比较常用，能用来构成别的词语。

活动过程：

1. 老师先说一个字，例如"书"，然后要求学生用这个字来说一个新的词语，如"书——书本、书包、书柜、书架、书店、书报、图书、中文书、英文书、参考书……"说得越多越好。

2. 让学生一个一个接着说。

3. 可将全班学生分成几组，分别接说词语，看哪个组接的词语最多，这一组就获胜。

活动二：看谁组的词语多

活动目标：

1. 培养学生的联想及组词能力。

2. 复习学过的汉字及词语。

活动准备：

老师先准备一张大纸，在纸上写一些学生学过的汉字，这些汉字必须比较常用，能用来构成许多不同的词语。

活动过程：

1. 老师将全班学生分成两个大组，让每组的学生围成一圈。

2. 老师将写着汉字的大纸贴在黑板上，请两组学生在规定的时间内用这些字组词，每组请一位学生将组出的词写在本子上。

3. 规定的时间到后，老师将两组本子收上来，看哪个小组组出的词语多，根据组出的词语的多少给分。

4. 最后看哪个大组得分高，用奖品或表演节目的形式适当予以奖惩。

活动三：词语接龙

活动目标：

1. 培养学生的联想及组词能力。

2. 复习学过的词语。

活动准备：

老师先准备一些学生学过的词语，构成这些词语的字必须比较常用，能用其中的字来构成别的词语。

活动过程：

1. 老师先说一个词，例如"汉语"，要求学生用这个词语中的最后一个字作为第一个字来说一个新的词语，如"语文—文字—字词—词语—语言—言行—行为—为人—人口—口口声声—声音……"（如果学生的词汇量较少，可以只要求后一个词的第一个字与前一个词的后一个字的音相同即可，不要求是同一个字）

2. 让学生一个一个接着说。

3. 可将全班学生分成几组，分别接说词语，看哪个组接的词语最多，这一组就获胜。说得最少的那个组，可让他们集体表演语言节目，如说绕口令、背儿歌、唱中文歌等。

活动四：我跟他们不一样

活动目标：

1. 培养学生的辨别及判断能力。

2. 复习学过的词语。

活动准备：

老师先准备一些学生学过的词语，根据这些词语的意义将它们分成不同的组，每一组词语中有一个词必须与其他的词在某个方面不同类。如：老师念一组词"香蕉、葡萄、苹果、西瓜、白菜、桃",让学生找出不同类的那个词,这组词里这个词应该是"白菜",因为其他的都是水果,而"白菜"是蔬菜。再如下面这组词:电话、电视机、洗衣机、电冰箱、拖拉机,不同的应是"拖拉机",因为其他的都是家用电器。

活动过程:

1. 将全班学生分成几组。

2. 先请一组的学生都站起来,老师对这一组的每个学生说一个词语。

3. 说完之后,请这组学生中认为自己跟其他人不同的坐下去,并说明理由。可以鼓励不同的学生分别坐下去,因为一组词语从不同角度来看,可能会形成多种分类方式,例如,"河南、北京、山东、辽宁、广东"这组词,"北京"可以"坐下去",因为它是首都,是一个城市,而其他都是一个省的名称;而"广东"也可以"坐下去",因为广东在中国的南方,而其他都在北方。

4. 依此反复进行,看哪组学生反应最快最准。

活动五:词语速配

活动目标:

1. 培养学生的联想及组词能力。

2. 复习学过的词语(量词与名词的搭配)。

活动准备:

老师让学生先准备一些空白的卡片。

活动过程:

1. 老师将全班分成两组,一组学生在每张卡片上写上一个量词,另一组学生在每张卡片上写下一个名词。大家所写的词语不能有重复的。

2. 让每个学生手里拿一张写好词语的卡片。

3. 请第一组的第一位同学举起手中的卡片,第二组的第一位同学看他手中的量词能否与自己手中的名词搭配使用,如果不能搭配,就由他说一个可以同那个量词搭配的名词。

4. 然后请第二组的第二位同学将自己的名词举起来,第一组的第二位同学看这个名词能否与自己手中的量词搭配使用,如果不能搭配,就要说出可以搭配的量词来。

5. 按照上面的办法两个小组交替问答。判断正确得 1 分,说出正确答案再得 1 分。看看哪个小组的总分最多。

6. 最后请学生拿着手中的卡片去找能跟自己搭配的朋友。可以多配(即一个跟几个相配)。

活动六：词卡配对

活动目标：

1. 培养学生的认读能力。

2. 巩固学过的词语的字形及拼音。

活动准备：

老师先准备好一些纸片，将生词及拼音分别写在不同的卡片上，每张卡片上只写一个词或拼音。

活动过程：

1. 教完生词后，老师将事先准备好的写有生词或拼音的卡片放在讲台上。

2. 请两个学生上台，要求学生快速地将卡片配对后贴在黑板上，如先贴一张"同学"的汉字卡片，再将写着"tóng xué"的拼音卡片找出来贴在一起。

3. 请下面的学生一起评判台上的学生配对配得是否正确，看哪位学生配对配得又快又好。

4. 最后请学生一起认读黑板上的词语。

活动七：××蹲

活动目标：

1. 通过游戏来巩固已学过的生词。

2. 考验学生临场反应的能力。

活动准备：

在开展游戏活动的上一节课，要求学生把学过的生词做成手工作品（头套）。生词包括：爷爷、奶奶、爸爸、妈妈、哥哥、姐姐、弟弟和妹妹。

此游戏适用于同一类的词语：水果类、动植物类和颜色类等。

活动过程：

1. 讲解规则：老师把学生分成若干组，再把生词头套发给学生，在规定的时间内每一组——上台进行活动，人数淘汰最少的组获胜。如有特殊情况，时间到了，还没有人被淘汰，老师可临时、快速地转换学生的生词头套。

2. 示范游戏：老师把头套带在头上（例如：爷爷），然后唱出："爷爷蹲，爷爷蹲，爷爷蹲完，××蹲。"（被点到的××来继续游戏）

3. 进行游戏：进行活动的学生带上头套并围成一个圆圈。由其中一个学生（例如：爸爸）开始喊口令："爸爸蹲，爸爸蹲，爸爸蹲完，××蹲。"一边喊口令，一边做动作，喊完口令以后，马上指下一个学生继续进行游戏。淘汰人数最少的组获胜。

（本活动由蔡丽老师指导、暨南大学华文学院华文教育专业 2010 级森玛妮等设计。）

活动八：好司机

活动目标：

学习颜色词。

活动准备：

红灯、绿灯、黄灯的牌子。

活动过程：

1. 教师将学生分成 4 人一组。

2. 请一组学生上台，其中一人发出指令，如"红灯停、绿灯行、黄灯慢"，其他 3 个学生每人拿两块灯牌，根据听到的指令出示牌子，并做动作。做错的就淘汰，反复进行，最后未被淘汰的学生为"优秀司机"，得到奖品。

3. 依此反复进行。

活动九：找颜色

活动目标：

1. 学会各种颜色词。

2. 培养学生对各种颜色的认知能力。

活动准备：

1. 准备一块大的塑料板，十种不同颜色（红、黄、蓝、绿、粉、橙、紫、棕、白、黑）的彩色纸。

2. 将红色、黄色、蓝色、绿色、粉色、橙色、紫色、棕色、白色、黑色的彩色纸裁切成一样的大小，贴在塑料板上。这样就完成了一张可供教颜色词时使用的教具。

活动过程：

1. 将颜色教学板拿给每个学生观看，指着贴在板子上的各种颜色纸，告诉学生是什么颜色，如"红色"、"黄色"等，再让学生复述一次，说出是什么颜色。

2. 指着贴在板子上的任何一张颜色纸，比如"红色"，让学生快速说出颜色词，并在教室里找是"红色"的东西，指给老师看，老师要看学生指得对或不对，也就是说，只要是"红色的"，都算是正确的答案。

3. 如此轮流变换说其他颜色。

4. 将颜色纸发给学生，每人发几张，老师说颜色词，手里有这个颜色纸的学生要马上站起来，并将颜色纸举起来。

活动十：摸一摸，猜一猜

活动目标：

学习水果类词语。

活动准备：

各种水果和不透明的袋子一个。

活动过程：

1. 学习关于水果的生词。

2. 将学生分成两人一组，一组学生猜，一组学生摸了后讲述他摸到的东西，让对方猜。猜测组和讲述组轮流派出一名学生负责拿袋子。

3. 游戏结束后，老师可安排学生拿着水果，做出相应的动作，复习本课学习的句型，如：我想吃……；……好吃等。

（本活动由蔡丽老师指导、暨南大学华文学院 2007 级泰国函授学员李丽莉设计。）

活动十一：给牛添尾巴

活动目标：

1. 培养学生用汉语准确表达"左"、"右"、"上"、"下"、"中"的位置。

2. 培养学生的方位表达能力。

活动准备：

1. 没有尾巴的牛的图片。

2. 牛尾巴的图片。

活动过程：

1. 在白板上贴一张没有尾巴的牛的图片。

2. 将全班学生分成几大组，每个组选一个学生出来上台，蒙上眼睛，手里拿着牛的尾巴。

3. 台下组员要用学过的方位词告诉台上的同学往哪一边贴尾巴，上、下、左、右，还是中。台上的学生在大家的语言引导下把牛尾巴贴到恰当的位置。

4. 给每组计时，哪个组用的时间最少，而且贴的位置很正确就胜出。

（本活动由蔡丽老师指导、暨南大学华文学院华文教育专业 2007 级李权政设计。）

活动十二：口是心非

活动目标：

1. 加强对汉语面部器官词语的听辨与认识。

2. 训练学生的反应能力和速度。

活动过程：

1. 首先，将班上学生依座位分成几组。老师走到甲组面前，说出一个面部器官的名称如"眼睛"，并正确指出自己眼睛的位置。

2. 甲组学生必须迅速反应过来，指自己脸上的其他器官，不能跟老师一样。老师注意学生有没有做错。

3. 和每个组连续玩了几次后，可提高游戏难度。老师说出器官名称后，可以正确指出相应部位，或者指出错误部位。

4. 各组学生这时要加强专注力做出反应。如果老师指的是正确的面部器官部位，那同学必须指面部的其他器官；反之，如果老师指的是错误部位，同学必须指出正确部位。

5. 要求游戏过程要快，以达到趣味性效果。

（本活动由蔡丽老师指导、暨南大学华文学院华文教育专业 2010 级刘珮雯等设计。）

活动十三：快速拼词

活动目标：

1. 培养学生的认读能力。

2. 巩固学过的词语。

活动准备：

老师先准备好一些卡片，每张卡片上写一个汉字，这些汉字可以分别拼成词语。

活动过程：

1. 教完生词后，老师拿出事先准备好的写有汉字的卡片。

2. 将全班学生分成 4 人一组，给每组学生一叠字卡。

3. 要求每组学生在规定的时间内将手上的字卡拼成词语，可以根据学生情况设计不同的要求，如将 9 张字卡拼成 4 个双音节词语，将 10 张字卡拼成 3 个三音节词语，并将多余的字卡放在一边。

4. 看哪组拼得又快又好，然后请获胜组将他们拼出的词语贴在黑板上，全班一起认读。

4. 语法与语篇游戏

活动一：月光宝盒

活动目标：

1. 培养学生对词语的解释及理解能力。

2. 培养学生的快速反应能力。

活动准备：

老师准备一个纸盒和若干纸片，每张纸片上写一个词语，这些词语应该是学生学过的。将这些纸放在纸盒中。

活动过程：

1. 老师请一个学生上来，从纸盒中抽取一张纸片，将纸片上的词语给这位学生看，要求学生马上用自己的话或动作来解释这个词语，但不能直接说出这个词语及其中的字。然后请其他学生听完后他的解释后猜他说的是什么词。

2. 如下面的学生能猜出是什么词，就得一分；如不能猜出，就跳过，请学生再从纸盒中抽取下一个词。

3. 为提高参与性，可将全班分为几个小组，每组有两分钟的时间，看哪个组在两分钟的时间内猜到的词语最多。

活动二：用指定词语快速造句

活动目标：

1. 培养学生运用词语的能力。

2. 培养学生的快速反应能力。

活动准备：

老师准备若干纸片，每张纸片上写一个词语，这些词语应该是学生学过的。

活动过程：

1. 老师将学生分成几组。

2. 请每组的学生看到卡片后先读出卡片上的词语，然后用这个词语造句，一个一个学生轮流造句，看在规定的时间（1～2分钟）内能造出几个正确的句子。

3. 请下一组学生继续造句。

4. 看哪一组学生造句的速度最快，哪一组造句的正确率最高。

活动三：说相反

活动目标：

1. 培养学生理解句义及造句的能力。

2. 培养学生的快速反应及判断、应答能力。

活动准备：

老师准备若干句子，这些句子应该是学生学过的。

活动过程：

1. 老师用较快的语速对学生说一个句子，要求学生不仅能马上接说一个与这个句子意思相反的句子，而且主语不能一样。如：

"我个子很高。"——"他个子很矮。""我姐姐个子不高。"……

"我很饿。"——"他不饿。""他很饱。"……

2. 一个学生说完后，请另一个学生判断他说得对不对，如果不对，如何改正。如果对了，请他复述一遍。

活动四："……在哪里？"

活动目标：

1. 让学生具备听说句子"我是……。""……在哪里？""……在这里。"的能力。

2. 培养学生对各种动物的认知能力。

活动准备：

用厚卡纸做成可戴在学生头上的各种动物头饰，有猫、狗、牛、羊、马、猪、兔子、鸡、鸭和老虎。

活动过程：

1. 给每个学生头上戴上动物头饰，让学生一一说出自己和其他学生的动物名称，如"猫"、"兔子"、"老虎"等。

2. 让学生自己说自己是什么动物，如"我是猫"、"我是兔子"、"我是老虎"等。

3. 由老师发问，问学生问题，如"猫在哪里？""兔子在哪里？""老虎在哪里？"等。让学生回答"猫在这里。""兔子在这里。""老虎在这里。"等。

4. 由学生自己轮流去找朋友，提出问题，如"你是什么动物？"，让学生回答说"我是猫"、"我是兔子"、"我是老虎"等。接着再轮流向朋友提另外一个问题，如"猫在哪里？""兔子在哪里？""老虎在哪里？"等。让学生回答"猫在这里。""兔子在这里。""老虎在这里。"等。

5. 依此反复进行练习。

（本活动由蔡丽老师指导、暨南大学华文学院 2007 级泰国函授学员刘莘设计。）

察到的具体、表层的内容，教师还应进一步鼓励、引导学生通过联想、想象，根据图片中所提供的线索，"看"到图片以外的内容，如根据自己对人物的表情、动作的理解，去想象人物的对话，"看"出人物的心理活动等内容。也就是说，要引导学生离开画面进行联想，把画面以外的事物结合到图画上去理解内容。这除了需要具备一定的观察力外，更需要借助想象力进入故事世界，并进入人物的内心世界才能完成。这是一种较高层次的想象，它依赖于学生认知水平的发展及阅读经验的积累。

第五，避免过度依赖图画。在观察教学的过程中，我们发现存在一种过度使用或依赖图画的倾向，有些不适合或不能单纯用图画展示的内容，有的教师在进行教学设计时也仅仅采用图画来进行教学。例如，一位教师教动词"买"，使用下面的图片：

"买"

"买"这个词表达的是最常见的日常生活行为，强调对其用法的掌握，仅仅用图片来展示，虽然可以帮助学生理解其含义，但不能帮助学生掌握其用法，应结合例句讲解或情景演示的方法进行图片说明。

第六，注意图画的组合使用。有时用图画来展示教学信息时，仅凭一张图画不能让学生获得足够的信息，而通过一组图片的对比，就能让需要呈现的信息凸显出来。例如，一位教师教量词"张"，使用下面的图片：

"张"

　　"张"是一个量词，教师出示上图后让学生说这个什么词，学生的第一反应是"纸"，如果要用图画来展示"张"，至少要给出一组图片，分别是一张、两张、多张，引导学生通过对比，明白"张"的含义与用法特点。还可以用图片配合实物来讲解。

三、图画在华文课堂教学中使用示例

　　下面以笔者撰写的生字教学、语法教学、课文教学的教学案例为依据，示例说明图画在华文课堂教学不同教学内容与环节中使用的方法。

示例一：《中文》（修订版）第八册第二课《一堂有趣的中文课》生字教学
（一）教学内容及分析

　　生字教学的主要任务包括字音、字形及字义三个方面：①要求学生能准确读出字的音。②能按正确的笔顺书写笔画正确、结构规范的字。③理解字的意义，能用它来组词造句。

　　在不同教学阶段，生词教学的侧重点会有所不同。本课是小学四年级的一篇课文，四年级阶段生字教学的侧重点如下：①字音：注意易错的声母或韵母；注意区别读音相同或相近的字。②字形：重视结构分析，包括结构类型、部首、笔画数；注意易错笔画的教学；注意区别形近字。③字义：注意培养学生用字组词或造句的能力。

　　在进行生字教学时，可以按字音、字形、字义三个部分对所有生字分别集中进行讲解，也可以一个字一个字地讲，还可以根据生字的特点几个字几个字一组地讲。本课我们采用"几个字一组地讲"的方式，我们根据生字在意义上的联系，将它们分为以下七组：

　　（1）台、板　　　　（2）姓、赵、刘、瘦
　　（3）鬼、脸、舌　　（4）咳、嗽
　　（5）轮、紧、希　　（6）贝、胞、幸、福
　　（7）详

（二）教学目标

1. 学会本课的 19 个生字，要求会读会写。

2. 学会部首：鬼、舌，要求会认会写。

（三）教学过程

1. 带读生字。

（1）教师带读全部生字。

（2）请学生朗读生字，教师正音。

说明：此环节旨在让学生对今天要学的生字有整体感知。

2. 讲解生字。

（1）教师讲解第一组生字：台、板。

1）字形：上下结构，注意部首为"厶"，共5画。

　　组词：讲台、舞台；上台

2）字形：左右结构，部首为"木"，共8画。

　　组词：黑板、木板

　　形近字：反、饭

（2）教师讲解第二组生字：姓、赵、刘、瘦。

1）字形：左右结构，部首为"女"，共8画。

　　组词：姓名、你姓什么？

　　形近字：性

2）字形：半包围结构，部首为"走"，共9画。

　　组词：姓赵

3）字形：左右结构，部首为"刂"，共6画。

　　组词：姓刘

4）字形：半包围结构，部首是"疒"，共14画。

注意分解"叟"的写法。

　　组词：瘦小、很瘦

（3）教师讲解第三组生字：鬼、脸、舌。

1）字形：独体字，部首为"鬼"，共9画。

注意第6笔是撇。

　　组词：鬼脸、鬼话、烟鬼

2）字形：左右结构，部首为"月"，共11画。

　　组词：鬼脸、洗脸、圆脸

3）字形：独体字，部首为"舌"，共6画。

　　组词：舌头

　　部首教学：（在右）活、话、适；（在左）甜

tái
台

bǎn
板

xìng
姓

zhào
赵

liú
刘

shòu
瘦

guǐ
鬼

liǎn
脸

shé
舌

（4）教师讲解第四组生字：咳、嗽。

1）字形：左右结构，部首为"口"，共9画。

　　组词：咳嗽、咳了一下

2）左中右结构，部首为"口"，共14画。

注意右边是"欠"，不是"文"。

　　组词：咳嗽

（5）教师讲解第五组生字：轮、紧、希。

1）字形：左右结构，部首为"车"，共8画。

注意右边是"仑"，不是"仓"。

　　组词：轮流、轮到

2）字形：上下结构，部首为"糸"，共10画。

注意下边是"糸"，不是"系"。

　　组词：紧张

3）字形：上中下结构，部首为"巾"，共7画。

　　组词：希望

（6）教师讲解第六组生字：贝、胞、幸、福。

1）字形：独体字，部首为"贝"，共4画。

　　组词：宝贝

2）字形：左右结构，部首为"月"，共9画。

　　组词：同胞、双胞胎

3）字形：上下结构，部首为"土"，共8画。

注意上面是"土"，不是"士"。

　　组词：幸福、幸运

4）字形：左右结构，部首为"礻"，共13画。

注意左边是"礻"，不是"衤"。

　　组词：幸福、福气、口福

（7）教师讲解第七组生字：详。

1）字形：左右结构，部首为"讠"，共8画。

　　组词：详细

ké
咳

sòu
嗽

lún
轮

jǐn
紧

xī
希

bèi
贝

bāo
胞

xìng
幸

fú
福

xiáng
详

3. 巩固生字。

（1）生字认读。

教师出示生字卡片，请学生认读生字。

（说明：教师应对生字中容易错的部分进行有针对性的提问。）

A. 提问："台"字的部首是什么？

台 台

B. 提问："鬼"字的第6笔是什么？

鬼 鬼

C. 提问："福"字的部首是什么？

福 福

（2）说笔顺游戏。

1）老师请全班同学做好准备。

2）老师开始报生字，如："轮"的第4画是什么？

3）学生开始数笔顺，"轮的第4画"是"提"，看哪一位同学最先答出来。

（3）看图联想生字。

1） （引导学生联想：鬼、脸、舌）

2） （引导学生联想：咳、嗽）

3） （引导学生联想：瘦、希）

4） （引导学生联想：贝、胞、幸、福）

4. 布置作业。

（1）将每个生字按笔画顺序抄写一遍。

（2）练习册第 5 页第 2 题。

示例一图片使用分析：在上述生字教学示例中，在讲解生字部分和巩固生字字形部分使用了字卡，其中，巩固生字字形部分对重点笔画或部件进行了加色处理，旨在加强学生对生字字形的印象，结合每个字的字形特点进行有针对性的讲析。在巩固生字字义练习部分使用了看图说生字的方式，充分利用了图片的直观显义作用，通过引导学生观察图片，联想刚刚学过的生字，达到对字义的一种巩固，同时可强化学生头脑中建立的字义与字形的对应联系。

示例二：《中文》（修订版）第六册第八课《望远镜》句子教学

（一）教学内容及分析

本课重点学习的句子：

（1）望远镜除了用于观察天空之外，还可以用于军事。

（2）谁也说不出道理来。

句子教学安排：

这一课的两个句子分别出现在课文第二自然段和第四自然段，两个句子相隔较远。根据课文的内容，整篇课文可以分为两大部分：第一、二自然段为一部分，第三、四自然段为一部分。因此可以将句子教学分插在课文教学中进行讲解。

句子（1）的语法特点分析：

1. 这个句子重点学习"除了……，还……"这一结构的用法。

2. 这一结构中的"还"也可以用"也"代替，表示在排除已知情况的基础上，补充其他的情况。

3. "除了……"之后还可以加上"之外"，意义基本相当。

4. "除了……"可以用在主语前，也可以用在主语后。

如果前后两个分句的主语一致，则用在主语后，如：小明除了会说英语，还会说汉语。如果前后两个分句的主语不一致，则用在主语前，如：除了小丽会唱这首歌，小军也会唱。

句子（2）的语法特点分析：

1. 这个句子重点学习疑问代词表示任指的用法。

2. 汉语中，常在陈述句里用疑问代词"谁、什么、哪、哪儿、怎么"等表示任指，强调任何人或任何事物都不例外。例如：

谁也说不出道理来。（大家都说不出道理来。）

我什么都没吃。（我任何东西都没吃。）

他哪儿也不想去。（他任何地方都不想去。）

3. 疑问代词表示任指，没有提问作用，句末用句号。

4. 表示任指的疑问代词后面要用副词"都"或"也"，"也"一般用在否定句中。

（二）教学过程

下面展示句子（1）的教学过程，并说明其中图片的使用目的与作用。

1. 展示要学习的句子。

注意：教师应将学生要注意的地方用标记标示出来，以引起学生的注意。

例如：

望远镜除了用于观察天空之外，还可以用于军事。

分析：望远镜可以用于观察天空，望远镜还可以用于军事。

2. 用替换的方式让学生初步学习句子的基本用法。

注意：这个句子除了有主语相同的情况外，也有主语不相同的情况，课文例句是主语相同的情况，因此先教这个小类。

例如：

望远镜除了用于观察天空之外，还可以用于军事。

我	去过北京	去过广州
	会说英语	会说汉语
	喜欢唱歌	喜欢跳舞

3. 用多种练习方式帮助学生掌握新句子用法。

注意：练习时，教师可尽量安排最近学过的课文里的内容进行相关练习。

（1）替换。

望远镜除了用于观察天空之外，还可以用于军事。

明明	很会游泳	很会打篮球
亮亮	学习中文	学习弹钢琴
云云	喜欢看书	喜欢集邮

说明：初次展示句子时，根据该句式的结构特点，使用的是两项替换的方式，此处变为三项替换，增加了主语部分的替换，整体难度有所增加。

（2）用"除了……之外，还……"改写句子。

1）我爱画画儿，我还爱做手工。

→我除了爱画画儿之外，还爱做手工。

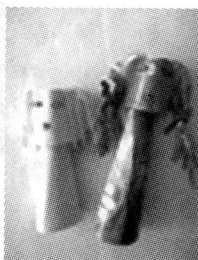

2）方方会骑自行车，方方还会骑马。
→方方除了会骑自行车之外，还会骑马。

（3）看词语用"除了……之外，还……"说句子。
1）公园里　安静　美丽

引导学生说出如下句子：
公园里除了很安静之外，还很美丽。
2）罗丹　画画儿　做雕塑

引导学生说出如下句子：

罗丹除了喜欢画画儿之外，还喜欢做雕塑。

4. 介绍句子的扩展用法。

当学生对主语相同的句子用法完全掌握之后，教师可继续教学生主语不同的句子的用法，但无需对学生讲这些术语，用典型例句展示即可。

例如：

我喜欢游泳，姐姐也喜欢游泳。

→除了我之外，姐姐也喜欢游泳。

巩固练习：

（1）用"除了……之外，……也……"改写句子。

1）姑姑爱集邮，我也爱集邮。

→除了姑姑之外，我也爱集邮。

2）爷爷送了一本书给我，爸爸也送了一本书给我。

→除了爷爷之外，爸爸也送了一本书给我。

（2）看图用"除了……之外，……也……"说句子。

1）

引导学生说出：除了小熊维尼之外，小猪皮杰也在采花。

2)

　　引导学生说出："海洋世界"里，除了海豚之外，海狮也会表演节目。

　　示例二图片使用分析：在上述句子教学示例中，在句子练习部分使用了图片，图片的使用具有一定的层次性，在第二种练习改写句子中，有待改写的完整句子出现，图片是作为一种辅助信息出现的；在第三种练习看词语说句子中，仅有部分关键词语出现，图片承担了部分句子要表达的信息。而在句子扩展用法部分的看图说句子中，没有文字信息出现，学生需要通过观察图片用指定句式说完整句子，此时图片承担了全部要表达的信息。

示例三：《中文》（修订版）第九册第八课《神奇的机器人》课文教学

（一）教学内容及分析

　　《神奇的机器人》是一篇科普文章，主要介绍机器人的功能。通过这篇课文的学习，要让学生体会机器人的神奇之处；此外，要指导学生了解并掌握说明文是如何抓住事物的特点，如何运用一些说明方法来形象、具体地进行描述，达到突出事物特点的目的。

　　在进行科普类的课文教学时，教师应注重学生的课前积累，让学生提前了解相关学习内容并进行预习，这样可使学生获得充分的知识储备。

　　在教本篇课文前，老师可引导学生围绕机器人的种类和功能等问题，通过翻阅课外书、上网、实地观察等方式了解有关资料。课堂上，学生因为有了充分的知识储备，学习课文时，就会对课文中的词句以及机器人在人类生活中发挥的作用有较深刻的理解。这样做，既能培养学生自主探索、学习的能力，又能丰富学生的知识体系，多方面培养学生的学习能力，达到良好的教学效果。

（二）教学过程

1. 导入课文。

本课可采用图片导入的方式，让学生通过有代表性的图片进行课前讨论，一方面可以检查学生的预习情况，另一方面可为课文教学做好准备。

看图片，想一想：你看到了什么？

通过看图说话激发学生的学习兴趣，导入课题。分析课题特征：课文标题"神奇的机器人"在指出说明对象"机器人"的同时，也指出了其特征——神奇。

2．课文教学。

（1）朗读课文，了解课文内容。

1）教师带读课文。

2）请学生分组大声朗读课文。

要求：第一，把生字词读正确，语句读通顺。第二，声音响亮、清楚。

3）读完后教师提问：

A．机器人是什么？最早的机器人是什么时候研制成功的？

B．机器人有哪些本领？（引导学生看图片回答）

说明：课文中谈到机器人广泛应用于工业、农业、国防、科学研究以及日常生活，因此，教师在准备图片时应选择各个行业的有代表性的机器人图片。每展示一张图片，就让学生发表看法，教师应适当进行启发，加深学生对课文内容的理解。如下图：

说明：日常生活中的机器人，它们能说会道，能歌善舞。

（2）分段细读课文，学习课文中的重要词句。

1）学习第一自然段。

A．指定学生读课文第一自然段，师生集体正音。

B．教师讲解第一自然段的词句。

a．讲解"千里眼"、"顺风耳"、"飞毛腿"、"铁胳膊"等词语的意义。

（教师板书要点：眼明、耳聪、脚快、力大）

b．提问：

为什么机器人被人们称为"千里眼"、"顺风耳"、"飞毛腿"、"铁胳膊"？

（引导学生用"……，因而……"这一句式来回答。）

c．学习长句：

随着现代科学技术的不断发展，机器人越来越多地应用于工业、农业、国防、科学研究以及我们的日常生活中，在人类的生产与生活中发挥着越来越重要的作用。

教师先范读句子。

然后请学生看书读这个句子。

再请学生看提示复述句子：（重点训练语篇衔接词）

（随着）现代科学技术的（不断发展），机器人（越来越多）地应用于（工业）、（农业）、（国防）、科学研究（以及）我们的日常生活中，在人类的生产与生活中（发挥着越来越重要的作用）。

2）学习第二至四自然段。

A．安排学生分组读第二至四自然自然段，师生集体正音。

B．请学生默读第二至四段，思考下面的问题。

a．机器人正向着什么方向发展？

（教师板书要点：多功能、智能化）

b．机器人为人类立下了什么功劳？

（引导学生分别说出机器人在太空、在海洋、在工厂、在农村所做的事。）

可用填空的形式：

在太空，机器人（第一个登上了月球），掀开了人类航天史上（新的一页）；继而又（飞上火星），打破了（"火星人"存在）的神话。

在海洋，机器人（神通广大），成为（人类开发海洋）的生力军；在工厂，机器人有着极为（广阔的用武之地），到处都有他们（勤劳的身影）；在农村，机器人（种）庄稼、（造）田地、（剪）羊毛、（摘）橘子……（无所不能），成为第一代的铁农民。

　　c. 语段训练：排序，并加上恰当的标点符号。

（　　）1961 年世界上最早的机器人在美国研制成功

（　　）并且向着多功能、智能化方向发展

（　　）此后，各种类型、各种功能的机器人在世界各地迅速成长起来

（　　）以它们特殊的身份和能力

（　　）为人类立下了不可磨灭的功劳

　　3）学习第五、六自然段。

　　A. 安排学生分组读第五、六自然段，师生集体正音。

　　B. 请学生默读第五、六自然段，思考下面的问题。

　　a. 目前机器人又有了什么变化？

（引导学生使用"能说会道、能歌善舞"等几个词。）

　　b. 目前机器人又有了哪些新的类型？

（引导学生用"有的……，有的……"这一句式来回答，配图。）

　　有的成为书画大师、体育超人、家庭帮手，有的成为医学博士、手术专家、护士小姐……

　　c. 随着新世纪的到来，未来的机器人将会如何？

（引导学生使用"更加"、"更"等词语表达。）

　　随着新世纪的到来，我们有理由相信，未来的机器人将更加神奇，并将发挥更大的作用。

　　3. 总结归纳课文，进行延伸讨论。

　　（1）课文内容小结。

　　通过学习课文，我们对机器人有了初步的了解，知道了机器人的产生、功能、类型等知识。

　　文章采用了总—分—总的说明顺序。

　　（2）思维表达训练：机器人神通广大，在各个领域发挥着巨大的作用，下面请同学们自己来设计一个机器人。

　　1）让学生分组讨论：你想设计一个什么样的机器人，画一画，并说说它的样子和作用。

　　2）课后：请学生将自己想象的机器人写下来，老师将挑出最有创意的作文读给全班同学听。

4. 布置作业。

（1）写一篇配图作文：《我的机器人》，要求写出机器人的特点，300 字。

（2）练习册第 65 页第 7 题。

示例三图片使用分析：在上述课文教学示例中，在导入课文、初读课文、分段细读课文等环节均使用了图片进行教学。导入部分使用的是图片导入的方式，作者选用了两张能体现机器人神奇之处的图片，组织学生讨论，引入课题。初读课文部分，由于课文内容较多，篇幅较长，为让学生在初次阅读课文后对课文有大致了解，作者根据课文内容选择了各种类型的机器人的代表性图片，帮助学生理解机器人在人类生活各个领域的作用。分段细读课文部分结合每部分课文所描述的机器人的特点，选择了相应的机器人图片，例如，学习"有的成为书画大师、体育超人、家庭帮手，有的成为医学博士、手术专家、护士小姐……"这个句子时，就分别选择了书画大师、体育超人、家庭帮手、机器人医生的图片。总结归纳课文部分，组织学生画画自己心目中的机器人，并通过说和写的形式表达出来，将画画与语言训练有机结合。可以看出，图画教学贯穿了这篇课文教学的始终，为加深学生对机器人作用与功能的理解起到了良好的促进作用。

第三节　趣味图画活动设计示例

一、看图说话

图画是生活画面的反映，指导学生看图就是指导学生间接地观察客观事物。由于图画相对来说比较形象、直观，也比较简单，因而看图往往比观察客观事物要容易得多。同时，学生在看图中学到的观察、思考的方法可以用到对客观事物的观察、思考上去。因此，指导学生看图有利于培养他们的观察能力、想象能力和分析比较能力，有利于促进他们认知能力的发展。在学生看懂图义的基础上，指导他们把图义说清楚、说明白，有利于培养学生选择材料、组织材料和遣词造句的能力。正因为这样，在中国，低年级语文教师都非常重视看图说话训练。此外，学生对这种形式的练习十分欢迎，他们觉得这样的练习更有趣味性。所以我们建议，在华文教学中，教师也可以多用图片来进行教学。

"看图说话"可根据训练的语言内容的不同分为多种类型，下面列举了一些实例，供教师们参考。

（一）看图说反义词

"看图说反义词"属于联想类活动。构成反义词的词语多为形容词和动词，而图片所提供的是一些具体的事物，事物的性质、特点和动作是附加在事物之上的，这需要学生通过观察、联想才能获得。因此，通过看图能加深学生对反义词词义的理解，在学生头脑中建立形象的联想机制。

1. 看图，写出意思相反的词

给出图片，并写出一个词语，要求学生看图后写出这个词的反义词。

大（　　　）　　　　　　　　　　高（　　　）

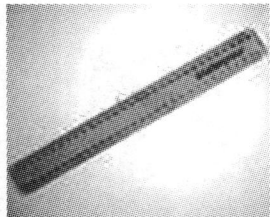   

长（　　　）　　　短（　　　）　　　胖（　　　）　　　瘦（　　　）

2. 看图说反义词，看谁说得多

给出一组图片，这些图片可以从不同的方面进行比较，并构成不同的反义词。教师可要求学生看图后说反义词，并说说怎么想出来的，看谁说得多。例如：

 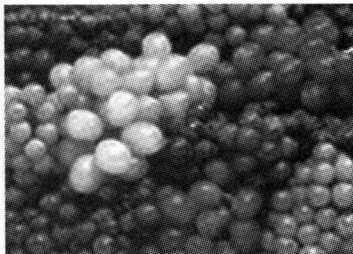

反义词：＿＿＿＿＿＿＿＿＿＿＿＿＿＿＿＿＿＿＿

参考答案：

体积：大　　　　小

数量：少　　　　多

味道：甜　　　　酸

价钱：便宜　　　贵

重量：轻　　　　重

硬度：硬　　　　软

（二）看图填空

"看图填空"也属于联想类活动。图片所提供的是一些具体的事物，事物的性质、特点和动作是附加在事物之上的，需要学生通过观察、联想才能获得。因此，通过看图能加深学生对词义的理解，在学生头脑中建立形象的联想机制。

1．填名词

＿＿＿＿＿＿里有一群＿＿＿＿＿＿。

（答案：池塘里有一群金鱼。）

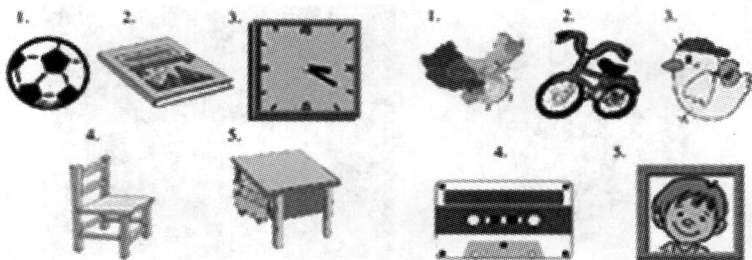

（图片来源：http://www.nyyc.net/jszy/scx/044.htm.）

　　左边的图片中有一个_____，一本_____，一把_____，一张_____，还有一个_____。

　　右边的图片中有一张_____，一辆_____，一只_____，一盒_____，还有一张_____。

　　（答案：左边的图片中有一个<u>足球</u>，一本<u>书</u>，一把<u>椅子</u>，一张<u>桌子</u>，还有一个<u>时钟</u>。

　　右边的图片中有一张<u>地图</u>，一辆<u>自行车</u>，一只<u>小鸡</u>，一盒<u>磁带</u>，还有一张<u>照片</u>。）

　　2. 填量词

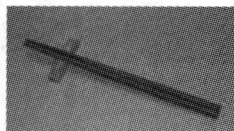
一____筷子

一____电视机

一____伞

一____鞋

一____香蕉

一____词典

　　（答案：一双筷子、一台电视机、一把伞、一双鞋、一串香蕉、一本词典）

　　（三）看一看，找一找

　　"看一看，找一找"属于查找类活动，主要训练学生的语言、思考和观察能力。比如，找一找图中的字母，看你能找到多少个？这种类型的训练看似简单，但由于在设计时充分考虑了不同年龄孩子的认知能力，有目的地设置了一些需要有所思考才能逾越的小障碍，所以，学生们在做这类训练时，需要充分发挥他们的思考和观察能力，才能得以圆满完成。

1. 找出下面图片中的声母

这张图片中的声母有：_____

（答案：b、d、z、l、r、c、t、k、n）

这张图片中的韵母有：_____

（答案：i、e、o、ie）

2. 仔细认读下面的汉字，并把有相同偏旁的字找出来

挑	逃	跳	进	选	抱	拱
踢	洗	担	跑	这	退	择

上面的汉字有相同偏旁的字有以下几组：

兆：挑、逃、跳

扌：挑、担、抱、拱、择

足：踢、跳、跑

辶：逃、进、选、这、退

包：跑、抱

先：洗、选

（四）看图找区别

"看图找区别"属于观察、比较类活动，主要训练学生的语言表达、观察思考和数理逻辑的能力。比较类主要包括找不同点、找缺少了什么和找错误等类型。这种类型的训练，可以让孩子通过对图画的充分观察与思考，经过逻辑推理，最终确定图中缺少了什么，或图中的错误在哪里，或看似相同的两幅图中的不同点到底在哪里，并用语言把这些地方描述出来。经过不断的阶梯式训练，学生们的语言表达能力、观察能力、推理能力将不断得到提高。

1. 仔细看看两幅图，和左边的图相比，右图少了哪些东西？

（答案：左图的杯子有六个点，右图的只有五个；左图的杯子有把儿，右图的杯子没有把儿。）

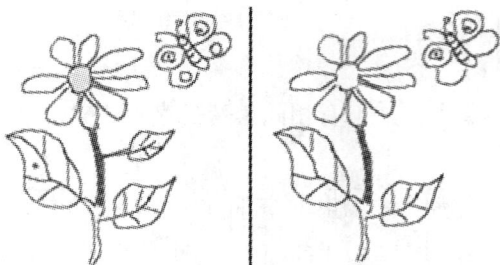

（答案：右图少了一片叶子；右图的叶子上少了一点；右图蝴蝶的翅膀下面的部分少了两个小圆圈。）

2. 这两幅图有几处不同，你找到了吗？

（答案：一共有四处不同。左图上有一只蝴蝶，而右图是一只鸟；左图地上只有五朵花，右图有六朵；左图天上有两片云，右图天上只有一片云；左图右边的那只羊身后没有一根竖着的木条，右图右边的那只羊身后有一根竖着的木条。）

（五）看图说句子

"看图说句子"属于联想类活动。图片所提供的是一些具体的事物，事物的性质、特点和动作是附加在事物之上的，这需要学生通过观察、联想才能获得。因此，通过看图能加深学生对句子的理解，在学生头脑中建立形象的联想机制。

1. 看图，把句子说完整

（图片来源：http://www.nyyc.net/jszy/scx/044.htm.）

新学期开始了，李圆圆在教室里见到了王明明。他们互相不认识，现在他们正在相互打招呼、问对方的名字。

A：你好！

B：_____！

A：你叫什么名字？

B：_____。_____？

A：_____。

2. 看图，用指定的词语说一个句子

（图片来源：http://www.nyyc.net/jszy/scx/044.htm.）

（1）有：＿＿＿＿＿＿＿＿＿＿＿＿。
（2）天气：＿＿＿＿＿＿＿＿＿＿。
（3）可爱：＿＿＿＿＿＿＿＿＿＿。
（4）讲故事：＿＿＿＿＿＿＿＿＿。
（5）聊天：＿＿＿＿＿＿＿＿＿＿。

3. 看图，说说下面的句子对不对

（图片来源：http://www.huedu.net/_jyjs/2003/gzdt/students/product/pic2.jpg.）

房子里有一张蓝色的沙发，沙发上放着四个红色的枕头和三本书。墙上挂着一张全家的照片。沙发前有一张桌子，桌子上面放着一本词典。桌子下面有一只小狗。屋子里很脏，也很安静。

［错误之处：房子里有一张蓝色的沙发，沙发上放着<u>四个</u>红色的（三个）枕头和<u>三本</u>（一本）书。墙上挂着<u>一张全家的照片</u>（一张小猫图片）。沙发前有一张桌子，

桌子上面放着<u>一本词典</u>（一个茶杯、一个盘子和一些水果）。桌子下面有一只<u>小狗</u>（小猫）。房子里很<u>脏</u>（干净），也很安静。］

（六）看图说话

"看图说话"属于联想类活动。看图说话是一种形象、生动、直观的口头表达能力训练方法，看图说话的形式可以多种多样。教师可根据教学需要，从书报杂志上或从网络上选一些生动、有趣、内容不太复杂的图片或连环画，让学生仔细观察，然后用自己的话按要求进行表达。

1. 看图讲故事

先仔细看一看下面的图画，想想这几幅图说的是什么事，再用一段话把这几幅图的意思连起来说一说。

看图讲故事属于描述性看图讲述。

2. 看图编故事

先仔细看一看下面的图画，想想这两幅图说的是什么事，再用一段话把这两幅图的意思连起来说一说，并且给这个故事编一个结尾。

（图片来源：http://www.xa×××.com.cn:8080/user1/33/archives/2006/1219.html.）

看图编故事属于创造性看图讲述。

3. 利用家庭成员的照片介绍自己的家庭情况

让每个学生准备一张自己家庭成员的合影。教师把全班学生分成若干个小组，在小组中学生依次拿出自己的照片，并向其他学生介绍照片中的人物。每个学生讲完后，其他学生可以就没有听懂或感兴趣的方面向介绍照片的学生提问。

4. 利用照片进行介绍（一个人、一件事）

让每个学生带来一张自己最喜欢的照片。教师把全班学生分成若干个小组，在小组中学生依次拿出自己的照片，并向其他学生介绍照片中的人物。每个学生讲完后，其他学生可以就没有听懂或感兴趣的方面向介绍照片的学生提问。

5. 根据描述找图片

教师让每个学生带来一张照片或一幅图片。上课时，教师将这些照片和图片收上来，请一个同学上来随便抽取一张，然后让这个同学根据这张照片或图片上的内容进行描述，其他学生仔细听。在描述过程中，如果下面有同学发现他描述的正是自己带来的那张照片或图片，就马上举手。看看哪些同学在描述时观察最仔细，所用的语句最少。

二、拼图

拼图活动要求学生在仔细观察图片的基础上，按要求将图片进行拼合，这种活动除了能训练学生的观察能力，还能同时训练学生的逻辑思维能力、判断能力、识别能力等认知能力。在华文教学中使用拼图活动，可以使教学更有趣味性。如拼音的组合、偏旁的搭配、以字组词、连词成句等基本训练内容都可以使用这种形式。

（一）拼拼音

（1）下面有一些声母和韵母，拼一拼，看看你一共可以拼出多少个音节。

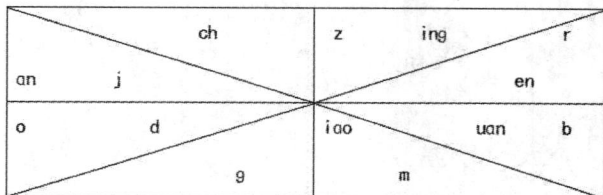

（可以拼成 chan、ban、dan、gan、man、zan、ran、bo、mo、chen、den、ben、gen、men、zen、ren、chuan、duan、guan、zuan、ruan、bing、ding、jing、ming、

biao、diao、jiao、miao）

（2）用下面这些图形拼字母，看看你一共可以拼出多少个字母。

（可以拼成 b、p、d、q）

（二）拼汉字

下面有一些偏旁，看看你可以用这些偏旁拼出多少个汉字。

扌	共	亻	隹	氵
十	寸	讠	也	丁

（可以拼出以下汉字：推、拱、打；淮、汁、池、汀、洪；谁、计、讨、订；供、什、付、他、仃）

（三）拼词语

下面有一些汉字，看看你可以用这些字组成多少个词。

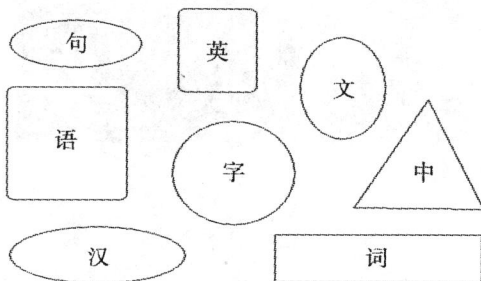

（可以组成下面的词语：汉语、汉字、词语、词句、词中、语文、语句、字词、字句、中文、中英、句中、英汉、英语、英中、英文）

（四）拼句子

教师先把要求学生掌握的句子想好，然后将句子中的词语分开，并打乱顺序后重新排列，让学生将这些词语拼成一个句子。例如："小明的爷爷最喜欢散步。"这个句子一共有以下词语：小明、的、爷爷、最、喜欢、散步，将这些词语编好序号，然后让学生排序。

将下列词语拼成一个句子。

A. 喜欢　　B. 爷爷　　C. 小明　　D. 最　　E. 散步　　F. 的

（答案是半开放性的，可以有多种不同的组合形式，如：小明的爷爷最喜欢散步。小明最喜欢散步的爷爷。散步的爷爷最喜欢小明。散步的小明最喜欢爷爷。）

（五）拼图讲故事

"拼图讲故事"属于图画排序类，主要训练学生的语言表述能力、观察思考能力、数理逻辑和语言的认知能力。这种类型的训练包含了一个以几幅图按因果关系表现的小故事，通过打乱这几幅图的顺序，从而打乱小故事的因果关系。训练的要求是让学生们重新安排这几幅图的顺序，从而使小故事重新变得富有逻辑性。考虑到学生的认知能力，这类训练从一开始只让学生重排两幅图的顺序，到后来重排三幅图的顺序，渐渐推进，让学生逐渐进步。由于故事是语言能力的一种体现，所以，这类练习在训练学生观察思考和逻辑推理能力的基础上，对学生的语言能力也是一次大的磨炼，这将为学生们以后的阅读打下一个良好基础。

（六）连线

1. 连字母

i　　　　　　en

u　　　　　　ang

a　　　　　　n

e　　　　　　ng

o　　　　　　ou

答案：

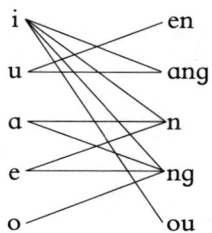

2. 连偏旁

犭　　　　　不
目　　　　　青
艹　　　　　古
忄　　　　　舌
土　　　　　白

答案：

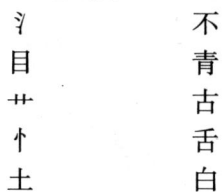

3. 连字组词

意　　　　　议
会　　　　　义
全　　　　　道
知　　　　　到
遇　　　　　纹
花　　　　　文

答案：

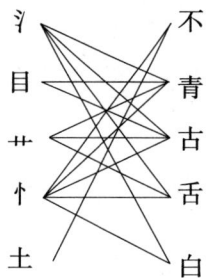

4. 将词语与对应的图片连起来

老虎

狐狸

兔子

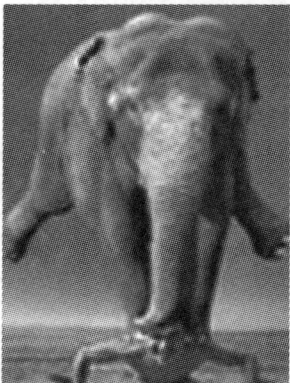

大象

羊

三、画画

1. 听后画画

教师口述一段可以画下来的内容，请学生在本子上画，同时请一个学生在黑板上画，最后让全班同学跟着教师一起描述所画的画。

如《我们的学校》：

我们的学校

从正门进去，可以看到一栋高楼，那是我们学校的办公楼，办公楼的后面是教学楼。食堂在教学楼的西北面。图书馆在教学楼的东边，离东门很近，图书馆前面有一个小水塘。运动场在教学楼的北面。运动场的北面还有一个游泳池。

附图：

我们的学校

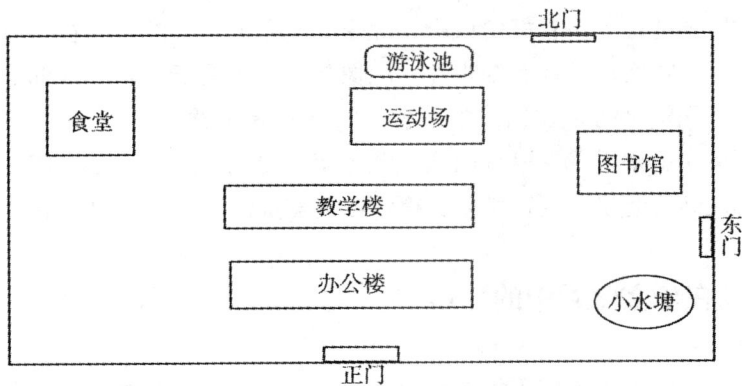

2. 读课文后画画

教师先让学生阅读或朗读课文，再让学生在本子上画，同时请一个学生在黑板上画，最后让全班学生跟着老师一起描述所画的画。

3. 先画画，再向同学们介绍你画的画

让学生各自画一幅画，画完后上交，随后教师再将画发给不同的学生，一人一张，然后，教师请学生上来把自己画的画描绘一遍，其他学生看手中的画，如果认为他描绘的是自己手中的画，就把画举起来。看哪位同学描绘得最形象。

第九章　唱歌学华文

第一节　唱歌的特点及其在华文学习中的作用

一、唱歌的特点

　　歌曲是有节奏、有韵脚、有意境、充满情趣、朗朗上口的一种说唱形式，唱歌是青少年非常喜爱的一种艺术表现形式，对其语言发展所起的作用是不可低估的。

　　一段好的歌词往往是一首好的诗歌，优秀少儿歌曲的歌词，往往天真活泼、节奏感强、积极向上、富有教育性和知识性，就像是一首首易于上口的童谣。儿童在学唱歌的过程中，最先学会的是歌词，学习歌曲的同时等于学习了一首好的诗歌，这样，学生在不知不觉中就增进了对语言的认识和理解，提高了语言水平。因此，把唱歌和学习语言有机地结合起来，会让学生觉得学习语言是件轻松愉快的事情。

二、唱歌在华文学习中的作用

　　在华文教学中，恰当地使用华文歌曲作为辅助教学手段和材料，符合中小学生的年龄特点，有利于他们学习华文。

　　首先，唱歌可以使课堂更加生动活泼，富有乐趣。音乐具有良好的怡情作用，容易带动情绪，音乐的节奏与旋律，对巩固记忆有很好的效果。诗歌也好，儿歌也好，绕口令也好，若配上一定的旋律进行诵唱，就能将陌生的词语、绕口的发音变成生动美妙的音符，可使教学内容更加生动有趣，增强学生参加的积极性。

　　其次，有助于学生形成良好的语音、语调，增强节奏感。经常唱华文歌曲，能使学生对华文的重音、节奏有初步的认识。久而久之，语感也就慢慢形成了。

　　此外，唱歌时要求吐字清楚，这对锻炼学生的发音器官、培养学生正确发音有很大的帮助。张玉珍、邹晶（2013）认为，汉语语音的音乐性特点使得汉语语音与歌曲更容易结合在一起，通过汉语歌曲的学习，可以让学生了解汉语语音的特点，学会各种音节的发音，学习把握语流中声调的变化。

再次，学唱华文歌曲可促进学生听和说华文的能力。歌曲的反复播放，教师的示范，不断地给学生听觉的输入，可使他们的听辨能力在不知不觉中得以提高。在听的同时，正确的发音在他们脑中形成，那么，说出来的华文也就非常准确了。

最后，歌曲的教学可激发学生的成就感，提高其对华文学习的兴趣。在每次学完歌曲后，给时间和机会让学生们上台表演，教师尽可能地给予他们鼓励、表扬，让学生们在表演完后有一种成就感，在以后的华文学习中，他们会表现得更为积极。

第二节　使用唱歌教学的目标与方法

一、使用唱歌教学活动的目标

1. 通过唱歌教学，使课堂更加富有乐趣，生动活泼，从而提高学生学习华文的兴趣

唱歌有让人心情愉悦、集中思想、增强记忆力等积极作用，在华文教学过程中恰当地运用唱歌教学，可以营造一个轻松、愉快的学习环境，让学生在声情并茂的演唱中、在美妙音乐的浸润中，理解作品所表达的内容，保持对学习的兴趣。

2. 通过唱歌教学，帮助学生形成良好的语音、语调，促进学生听和说华文的能力，增强学生的华文语感

歌曲都有一定的节奏和旋律，歌词往往也押韵，歌曲的诵唱有利于培养学生对华文语音特点的掌握，训练学生发音器官的灵活性，巩固学生对发音方法的掌握，同时可以培养学生对华文的积极情感，这对提高华文学习效果都大有益处。

3. 通过歌曲，让学生们领略大千世界的五彩缤纷，体会古往今来人们对真善美的追求，从而受到陶冶和教育

优秀的歌曲像阳光、像雨露、像清泉，可以滋润学生们天真稚嫩的心灵。例如，歌曲《好妈妈》告诉学生妈妈劳动的辛苦以及应该怎么爱护妈妈，引导学生懂得尊敬父母、培养孝心和爱心；《小草》让学生明白即使在平凡的工作岗位，即使像小草一样微不足道，也要为社会默默贡献自己的力量，体现自己的价值；《小白船》描绘了

小朋友在仰望宁静的夜空时对充满奥秘的神奇宇宙所产生的丰富想象和对美好事物的向往之情，有利于发展学生的想象力，激发他们的创造力。

二、唱歌活动的使用方法

1. 将唱歌作为教学的辅助形式和手段

将唱歌作为教学辅助形式和手段的方式又可以分为两种：第一，教师根据教学内容选择相应的歌曲，歌词本身与教学内容密切相关，有利于教学内容的理解与消化。如教《数星星的孩子》这篇课文时，可以让学生学唱《小星星》这首歌，"一闪一闪亮晶晶，满天都是小星星，挂在天上放光明，它是我们的小眼睛。一闪一闪亮晶晶，满天都是小星星。"歌词描述了星星的美丽可爱，与课文中张衡看到满天美丽的星星就想数清楚天上到底有多少星星这一内容匹配，可以起到帮助学生加深对课文内容理解的作用。第二，用唱歌的形式练习教学内容。例如，教古诗时，在学完古诗之后，可以给古诗谱上旋律，用吟唱的方式再现古诗，引导学生通过多种形式感受古诗的美。在教材里各种体裁的课文中，儿歌、绕口令、谜语、诗歌都是短小精练的文体，与歌词风格一致，均可采用吟唱的形式。

2. 将歌曲本身作为教学内容

歌曲本身也可以作为教学内容，作为教学素材的歌曲是以歌词学习为首要目标的，是要通过学唱歌来强化巩固语言学习的效果。因此，编入教材时编写者考虑的主要是歌词的内容因素，音乐旋律与知识不是教学的重点和目标。例如，《幼儿华语》多数单元在"欢乐时光"部分都会安排一首歌谣，以幼中第一册为例，单元一是《头发　肩膀　膝盖　脚》："头发，肩膀，膝盖，脚，膝盖，脚，膝盖，脚。头发，肩膀，膝盖，脚，眼睛，耳朵，鼻子，嘴。"单元三是《笑一个吧》："笑一个吧，笑一个吧，幼儿园里多快乐，又唱歌呀，又跳舞呀，幼儿园里多快乐。你的笑脸像花朵，他的笑脸像苹果，哈哈哈哈哈哈哈哈，快乐的孩子就是我。"单元四是《洗手》："哗哗流水清又清，洗洗小手讲卫生，大家伸出手来比一比，看看谁的最干净。"教材中只出现歌词，歌词文字底部是五线谱，在教学时，教师需要根据教师用书用唱歌的形式带学生学习相关内容，也就是说歌曲本身是教学内容，但教学重点在掌握歌词。

三、唱歌活动的一般教学过程

（一）欣赏歌曲

在正式教唱歌曲之前，教师先唱一遍给学生听，让学生在欣赏的过程中，对要学的歌曲有一个初步的印象。如果有相应的音频材料的话，可以放给学生听，效果将会更好。

（二）解释歌词

教唱歌曲之前，教师应把歌词中的生字词或难懂的句子先挑出来，通过事先准备好的教具、图片或用肢体语言等直观形象的方式进行解释，尽量避免枯燥、呆板、机械地照本宣科地讲解。在字词句讲析的基础上，让学生明白歌词的大意。

（三）示范诵读

解释完歌词之后，教师先带学生诵读。由于学生善于模仿，教师在示范时应尽量做到发音正确、吐字清晰、语调和节奏准确，还可根据歌词内容配上一些适当的表情和动作，便于学生理解和模仿。

朗读歌词环节，刚开始可在歌词文本之上标注拼音，帮助学生扫除生字词障碍，诵读几遍之后，就可以去掉拼音，以便学生独立识字，减少对拼音的依赖。诵读的形式尽量多样，可以全班齐读、小老师带读、分组读、个人读、轮流读、开火车读等。

在诵读环节，呈现歌词时尽量配上相关的图片，深化学生对歌词相关内容的理解。

（四）反复教唱

在学生能熟练诵读歌词的基础上，再进行诵唱教学。教师先一句一句地教学生唱，随着唱的次数的增加，每一次教唱的内容可随之增加，由一次教一句增加到教两句、三句甚至一段，直到学生完全学会歌曲为止。

在学生大致学会歌曲之时，可以播放有原唱的音频，让学生跟着音频完整地练唱几次，然后再去掉原唱，让学生跟着旋律练唱。

（五）演唱歌曲

当学生学会歌曲之后，教师可请学生来演唱，可以单独演唱，也可以集体演唱，如男生齐唱、女生齐唱、小组齐唱、全班齐唱等，看谁唱得最好听。教师对唱得好的学生应及时给予表扬，以激发学生的积极性。

（六）歌曲表演

请学生分组准备，要求根据歌词内容和旋律特点，配上恰当的表情与动作，先在台下练习，然后请学生分组上台表演自己创编的歌曲。挑选出表演得最好的一组，由他们带着全班学生一起进行歌曲表演。

四、唱歌教学活动中应注意的问题

在教唱歌曲时，教师应注意以下几方面的问题：

（1）要让学生理解歌词。教师不能满足于让学生学会唱歌，而应让学生理解歌词的内容，只有这样，才能充分发挥歌词的语言学习价值以及歌曲的教育作用，也才能真正通过教唱歌曲提高学生的华文水平。

（2）在条件允许的情况下，老师应尽量使用多媒体手段营造良好的唱歌环境，让学生感受到音乐的魅力。多媒体教学手段如果运用得当，可以给课堂增添活力，塑造一个生动活泼的学习环境，丰富学生的听觉经验，使华文学习充满惊喜与愉悦。另外，多使用示范演唱，开始时让学生尽量多听，然后理解、模仿、跟读、跟唱，这样可让学生掌握正确的发音、语调，纠正学生不妥的发音等，使他们在愉悦的气氛中轻松学华文。

（3）在教学过程中要善于灵活处理。如果所教的歌曲学生非常熟悉，能开口跟唱，那么教师只需多放两遍示范演唱音乐，提示一下正确的发音，然后让同学们跟唱即可。在教学中，也会碰到一些较难的、从未接触过的歌曲，这时我们可以在平时多做一些铺垫，如利用课间、课余时间播放学过的中文歌曲，让学生有更多的机会接触华文。

（4）教唱歌曲的侧重点在语音练习，不要过分追求旋律、节奏的精确度，重点应放在发音、语调上，力求每个词的发音都准确无误。

（5）歌词的内容尽可能用动作、表情、图片等方式表现出来。例如《小青蛙》这首歌，就可采用动作表演法，把歌词的内容用体态动作或表情表现出来，即边说边唱边做动作，动作不宜过于复杂，能体现歌词主要内容即可。

《小青蛙》歌词内容如下：小青蛙呀，小青蛙呀，在池塘里游玩。东边跳跳，西边跳跳，多么快乐逍遥。咕哇呱呱，咕哇呱呱，咕哇，咕哇，咕哇。咕哇呱呱，咕哇呱呱，咕哇，咕哇，咕哇。这则儿歌表现了小青蛙在池塘里快乐地游来游去、跳来跳去的情景。在演唱时，可以让学生边唱边模仿小青蛙的动作。

第一句"小青蛙呀，小青蛙呀，在池塘里游玩"，可做青蛙跳动作，要领是：①做好预备动作，两脚分开，两腿屈膝，手心向前，五指张开。②音乐响，"小青蛙呀"这句，第一、二拍，先向下蹲，下蹲时双手臂弯曲，放在头两侧；第三、四拍双腿站直，重心移至左脚，同时双手上举，五指张开，手心向前。③第二句"小青蛙呀"，同样的动作向反方向重复一次。第一、二拍，先向下蹲，下蹲时双手臂弯曲，放在头两侧；第三、四拍双腿站直，重心移至右脚，同时双手上举，五指张开，手心向前。④"在池塘里游玩"重复上面这组动作。

第二句"东边跳跳，西边跳跳，多么快乐逍遥"，动作可设计如下：①"东边跳跳"保持青蛙跳基本姿势，按照音乐节奏向右边跳两次。②"西边跳跳"保持青蛙跳基本姿势，按照音乐节奏向左边跳两次。③"多么快乐逍遥"保持青蛙跳基本姿势，按照音乐节奏左右摇摆身体，脸带微笑，表现出愉快逍遥的感觉。

第三、四句"咕哇呱呱，咕哇呱呱，咕哇，咕哇，咕哇。咕哇呱呱，咕哇呱呱，咕哇，咕哇，咕哇。"动作可设计如下：①做好预备动作，两脚分开，两腿屈膝，手心向前，五指张开。②音乐响，"咕哇呱呱"这句，第一、二拍，先向下蹲，下蹲时双手臂弯曲，放在头两侧；第三、四拍左腿站直，重心移至左脚，右腿屈膝抬起，同时双手上举，五指张开，手心向前。③第二句"咕哇呱呱"，同样的动作向反方向重复一次。第一、二拍，先向下蹲，下蹲时双手臂弯曲，放在头两侧；第三、四拍右腿站直，重心移至右脚，左腿屈膝抬起，同时双手上举，五指张开，手心向前。④"咕哇，咕哇，咕哇"重复上面这组动作。同时，做可爱、调皮的表情。

五、唱歌教学示例

下面以《在农场》这首儿童歌曲教学为例，具体展示唱歌教学设计的全过程。

一、教学对象
生活在海外的小学生（初学汉语者）。

二、教学内容
本课是一则儿童歌曲，是教师自选的教学内容，形象描写了农场里各种动物的声音特点，通过课文学习引导学生培养注意观察身边事物的习惯。歌词共三段，内容如下：

猪儿在农场噜噜，猪儿在农场噜噜。猪儿在农场噜噜叫，猪儿噜噜噜。
牛儿在农场哞哞，牛儿在农场哞哞。牛儿在农场哞哞叫，牛儿哞哞哞。
鸭儿在农场嘎嘎，鸭儿在农场嘎嘎。鸭儿在农场嘎嘎叫，鸭儿嘎嘎嘎。

三、教学目标
1. 理解歌词内容，知道农场里常见的动物以及各种动物声音的特点。

2. 能流利地朗读和背诵课文。

3. 能声情并茂地进行歌曲表演。

4. 培养模仿能力，养成观察身边事物的习惯。

四、教学重点

1. 能准确地认读课文中的生字词，能流利地朗读课文。

2. 了解课文的主要内容，掌握拟声词的特点。

五、教具准备

1. 与课文中具体事物相对应的图片。

2. 作为奖励用的卡通贴纸若干张。

六、教学时间

45 分钟。

七、教学步骤

（一）导入

采用挂图和贴图的形式引导学生说说他们认识的动物，结合歌词内容设计"猪、牛、鸭"三种动物的图片。每展示一种动物的图片，引导学生一起模仿这种动物的叫声。选择图片时，可以选择实物图片和卡通图片各一张，以便学生准确辨识。如：

（二）歌曲教学

1. 展示歌曲。

老师播放歌曲视频，让学生看完后回答几个简单的问题。

（1）这首歌曲里一共出现了几种动物？分别是哪些？

（2）你能模仿这些动物的叫声吗？

在引导学生回答的过程中，教学"噜噜、哞哞、嘎嘎"这几个拟声词。

2. 分段学习歌词。

带学生一段一段地学习歌词，每学一段，分别采用带学生一边有节奏地拍掌一边诵读、跟音乐唱读、边演边读的形式，让每个学生都能得到充分的演练机会。

诵读的节奏如下：

猪儿/在农场/噜/噜/，猪儿/在农场/噜/噜/。猪儿/在农场/噜噜/叫，猪儿/噜/噜/噜。

牛儿/在农场/哞/哞/，牛儿/在农场/哞/哞/。牛儿/在农场/哞哞/叫，牛儿/哞/哞/哞。

鸭儿/在农场/嘎/嘎/，鸭儿/在农场/嘎/嘎/。鸭儿/在农场/嘎嘎/叫，鸭儿/嘎/嘎/嘎。

3. 教唱歌曲。

在学生已熟练掌握歌词内容的基础上，加上旋律，教唱歌曲。

（1）老师一句一句带唱。

（2）请学生跟老师一起一边击掌一边跟唱。

（3）播放歌曲音乐，请学生跟着音乐一起唱。

（4）请学生分组唱。

4. 歌曲表演。

请全体学生围成一圈，每个学生发一个动物头饰，老师播放歌曲录音，要求学生跟着录音唱歌，唱到自己所扮演的动物时就走到中间表演，其他同学一边唱一边有节奏地拍掌。

5. 拓展练习。

（1）集体讨论：请学生说说自己还知道哪些动物的中文名称和叫声，引导学生模仿歌词内容进行创作，如"鸡儿在农场唧唧，鸡儿在农场唧唧。鸡儿在农场唧唧叫，鸡儿唧唧唧"，"猫儿在农场喵喵，猫儿在农场喵喵。猫儿在农场喵喵叫，猫儿喵喵喵"，"小狗在农场汪汪，小狗在农场汪汪。小狗在农场汪汪叫，小狗汪汪汪"。

（2）分组创编：请学生分组创编歌曲，并上台表演。

第三节　歌曲精选与教学指导

我们从各类材料中精选了一些适合青少年的优秀华文歌曲（共 30 首），供教师选用。[①]

[①]　以下所选 30 首歌曲中的教学参考部分是作者以各种材料中的歌曲赏析文字为蓝本，根据华文教学的教学对象特点和需求等情况撰写的。

1. 两只老虎

两只老虎

1=C 4/4

```
1 2 3 1 | 1 2 3 1 | 3 4 5 - | 3 4 5 - |
两 只 老 虎， 两 只 老 虎， 跑 得  快，    跑 得  快。

5.6 5.4 3 1 | 5.6 5.4 3 1 | 1 5 1 - | 1 5 1 - ‖
一只 没有 眼 睛， 一只 没有 耳 朵， 真 奇 怪，  真 奇 怪。
```

歌曲教学参考：

《两只老虎》这首歌旋律简洁明快，歌词浅显易懂，适合幼儿园学习阶段的学生练唱。通过这首幼儿歌曲，可以让学生熟悉身体器官的名称，了解词语"奇怪"的意思。

在练唱时，教师可设计简单的动作，让学生们边唱边跳，特别是最后两句"真奇怪"，教师可用夸张的面部表情帮助学生理解它的意思。

教师还可以事先准备好"老虎"头饰，让学生进行配乐情景表演，教师邀请两个小朋友上台表演小老虎，另外几个小朋友上台表演看到老虎的孩子，台下的小朋友一起唱，看哪个小朋友表演得最形象。

2. 好妈妈

好妈妈

潘振声 词曲

1=F 2/4

```
（5 5 65 | 3 33 3 0 | 5 33 3 2 | 1   0）| 3 35 2 2 | 1   0 | 3 35 6 6 |
                                            我的  好 妈 妈，   下班  回到

5   0 | 2 3 5 6 | 3 2 3 0 | 5 6 5 3 | 2 0 | 3. 3 3 2 | 1 6 5 0 |
家，      劳 动了 一  天   多么 辛苦 呀。  妈 妈妈妈  快坐下，

3. 3 3 2 | 1 6 5 0 | 5 6 1 2 | 3   - | 5 35 6 6 | 5 3 2 0 |
妈 妈妈妈  快坐下， 请喝 一杯 茶，       让我 亲亲 您  吧，

5 35 6 6 | 5 3 2 0 | 5 33 2 | 1   - | 3.  5 | 2 0 2 0 | 1   0 ‖
让我 亲亲 您  吧， 我的 好妈 妈。   我  的  好 妈  妈。
```

歌曲教学参考：

《好妈妈》是一首以母子亲情为题材的儿童歌曲，是一首孩子唱给妈妈的歌。歌曲旋律优美感人，歌词感情自然、朴实、真挚，充分表现了儿童天真、善良的天性和

热爱母亲的纯真感情，适合幼儿园的学生学唱。通过这首歌的学习，增进学生对妈妈的尊敬、喜爱之情，教育学生要关心、体贴自己的妈妈，从小就要帮助妈妈做一些力所能及的事情，以回报妈妈的养育之恩。

在教唱这首歌曲时，为引起学生情感上的共鸣，可启发、引导学生思考并谈谈自己对妈妈的了解或对妈妈的感情等，如"妈妈的职业"、"妈妈的爱好"、"妈妈最喜欢吃的东西"、"喜欢妈妈的微笑"、"最爱听妈妈讲故事"、"我帮妈妈做家务"等；还可引导学生说说妈妈对自己的关心、爱护，如"妈妈教我唱儿歌"、"妈妈送我上医院"、"妈妈为我做好吃的"、"妈妈给我洗衣服"等。

3. 小星星

小星星

1＝C $\frac{4}{4}$

法国民歌

| 1 | 1 | 5 | 5 | 6 | 6 | 5 | - | 4 | 4 | 3 | 3 | 2 | 2 | 1 | - |
| 一 | 闪 | 一 | 闪 | 亮 | 晶 | 晶， | | 满 | 天 | 都 | 是 | 小 | 星 | 星， | |

| 5 | 5 | 4 | 4 | 3 | 3 | 2 | - | 5 | 5 | 4 | 4 | 3 | 3 | 2 | - |
| 挂 | 在 | 天 | 上 | 放 | 光 | 明， | | 它 | 是 | 我 | 们 | 的 | 小 | 眼 | 睛。 |

| 1 | 1 | 5 | 5 | 6 | 6 | 5 | - | 4 | 4 | 3 | 3 | 2 | 2 | 1 | - |
| 一 | 闪 | 一 | 闪 | 亮 | 晶 | 晶， | | 满 | 天 | 都 | 是 | 小 | 星 | 星。 | |

歌曲教学参考：

《小星星》，又名《闪烁的小星》，是一首轻快、活泼的法国民歌，其旋律优美欢畅，歌词简练朴实，形象、生动地描绘了晴朗、静谧的夜空中星星熠熠闪烁的景色，抒发了对大自然的热爱、向往之情。这首歌适合幼儿园的学生练唱。

在教唱这首歌曲时，教师可事先准备一些银色闪光纸做的星星。活动时，让每个学生两手各拿一个银色星星，在音乐旋律伴奏和教师的带领下，一边唱着歌曲，一边在教室里走动，同时两手交替在头上和身体两侧晃动，使学生体验到满天星星闪闪烁烁的意境。

教师在教学时，注意引导学生在歌唱、表演等活动中，通过对星星的观察及富有情感的想象，感受自然带给人类的幸福和快乐。

4. 数鸭子

数鸭子

王嘉桢 词
胡小环 曲

1=C 4/4

X X X X X | XX XX XX 0 | XX XX XX XXX | XX XX XX 0 |

（白）门 前 大桥 下， 游过 一群 鸭， 快来 快来 数一数， 二四 六七八。

‖: (i i 5 5 3 6 5 3 | 2 1 2 3 1 0) | 3 1 3 3 1 |

门 前 大桥 下，
赶 鸭 老爷爷，

3 3 5 6 5 0 | 6 6 5 5 4 4 4 | 2 3 2 1 2 0 |

游过 一群 鸭， 快来 快来 数一数， 二四 六七 八，
胡子 白花 花， 唱呀 唱着 家乡戏， 还会 说笑 话，

3 1 0 3 1 0 | 3 3 5 6 6 0 | i 5 5 6 3 |

咕 嘎 咕 嘎 真呀 真多 呀， 数 不清 到 底
小 孩 小 孩 快快 上学 校， 别 考个 鸭 蛋

2 1 2 3 5 — | i 5 5 6 3 | 2 1 2 3 1 — :‖

多 少 鸭， 数 不清 到 底 多 少 鸭。
抱 回 家， 别 考个 鸭 蛋 抱 回 家。

X X X X X | XX XX XX 0 | XX XX XX XXX | XX XX XX 0 ‖

（白）门 前 大桥 下， 游过 一群 鸭， 快来 快来 数一数，二四 六七 八。

歌曲教学参考：

《数鸭子》是一首具有说唱风格的歌曲，歌曲的旋律与语言的韵律配合和谐，生动活泼，极富童趣。这是一首适合小学低年级阶段学生练唱的表演歌曲。歌词描写了小朋友看到鸭群游过大桥，兴奋地数鸭子的情景。通过这首歌，可以让学生熟悉汉语数数的方法，同时教育孩子要热爱学习。

为激发学生学习歌曲的兴趣，教师可事先准备一些图片，通过图像来辅助学习，加深他们对音乐作品的理解。教学时，可让学生们一边欣赏图画，一边学习歌曲，并想象歌曲中小鸭子的可爱神态、老爷爷的慈祥亲切，体会歌曲的明快和活泼，使学生进入歌曲所描绘的情境，产生情感共鸣。

在练唱时，教师可设计简单的动作，让学生们边唱边跳，营造活跃的课堂气氛，

以获得良好的教学效果。《数鸭子》的歌词适合于用动作来表现。例如，"门前大桥下"可让学生举起双手，在头顶上合拢，做成拱形桥的样子；"游过一群鸭"可让小朋友模仿小鸭子游泳的样子，将双手放在身体两侧翘起，双腿弯曲，臀部左右快速摇动；"快来快来数一数，二四六七八"让学生招手做呼唤同伴状，然后做指点数数的样子；"咕嘎咕嘎"让孩子学鸭子伸脖子的样子；"赶鸭老爷爷，胡子白花花"，可让学生模仿手摸胡须、弯着腰走路的老爷爷。

5. 小燕子

小燕子
电影《护士日记》插曲

王璐、王云阶 词
王云阶 曲

1=C 4/4

```
3 5 1̇ 6 5  -  | 3 5 6 1̇ 5  -  | 1̇. 3̇ 2̇ 1̇ | 2̇ 1̇ 6 1̇ 5  -  |
小 燕 子，     穿 花 衣，     年 年 春 天  到 这 里，
小 燕 子，     告 诉 你，     今 年 这 里  更 美 丽，

3. 5 6 5 6 | 1̇ 2̇ 5 6  -  | 3 1 2  -  | 2 2 3 5 5 | 1̇ 2 3 5  -  :|
我 问 燕 子 你 为 啥 来，燕 子 说：这 里 的 春 天 真 美 丽。
我 们 盖 起 了 大 工 厂，

3. 1̇ 6 5 | 3̇ 2̇ 1̇ 2  -  | 2. 3 5  -  | 1̇. 3̇ 2̇ 1̇ | 2̇ 1̇ 5 6 1̇  -  |
装   上 了 新 机 器。 欢 迎 你， 长 期   住 在 这 里。
```

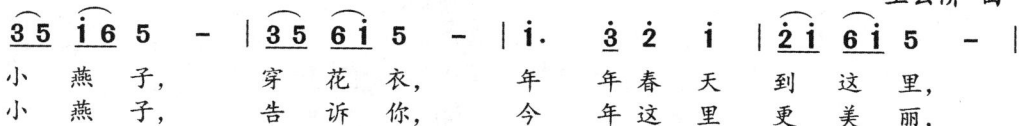

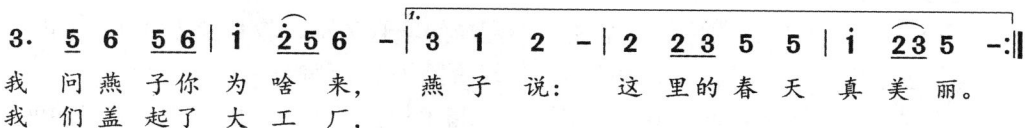

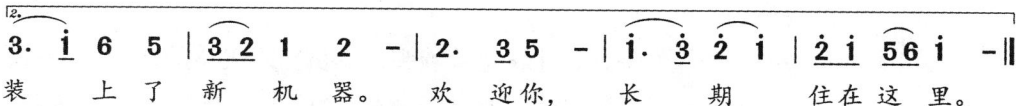

歌曲教学参考：

《小燕子》是一首轻快、柔和的儿童歌曲。通过这首歌的学习，教育学生爱护益鸟，热爱大自然，保护环境。

《小燕子》是电影《护士日记》中的插曲，这首歌自该影片播出之后便成为孩子们喜爱的歌曲，多年来一直传唱不衰。歌曲第一段用孩子的口吻描绘了小女孩与小燕子之间朋友般的亲密交谈；第二段以小女孩向小燕子作介绍的形式，歌唱了祖国的新面貌，歌颂了社会主义建设日新月异的巨大成就，同时也反映了人与自然和谐相处的美好景象。

这首歌适合小学低年级阶段的学生练唱，考虑到学生对歌词中社会背景的理解程度，在海外教学的教师可只选用第一段进行教学。教唱这首歌曲时，教师可设计一些动作进行歌曲表演。

6. 小蜜蜂

小蜜蜂

1=C 2/4   外国童谣

5 3   3 | 4 2   2 | 1 2   3 4 | 5 5   5 |
小 蜜 蜂，   嗡 嗡 嗡，   大家 一起 来 做 工。

5 3   3 | 4 2   2 | 1 3   5 5 | 3   — |
来 匆 匆，   去 匆 匆，   做工 兴味 浓。

2 2   2 2 | 2 3   4 | 3 3   3 3 | 3 4   5 |
天暖 花开 不做 工，   将来 哪里 能 过 冬？

5 3   3 | 4 2   2 | 1 3   5 5 | 1   —   ‖
快 做 工，   快 做 工，   别学 懒惰 虫。

歌曲教学参考：

《小蜜蜂》这首歌以欢快的情绪歌唱小蜜蜂的辛勤劳动，教育学生从小要热爱劳动。这首歌节奏明快、活泼，适合小学低年级阶段的学生练唱。

教学时，教师注意告诉学生"做工"就是指工作、劳动的意思；蜜蜂的劳动就是酿花蜜，我们平时吃的蜂蜜就是小蜜蜂们辛勤劳动酿造出来的，以此教育学生劳动成果来之不易，值得珍惜。

教师可事先准备一些蜜蜂的头饰，让学生戴着头饰模仿蜜蜂飞舞的样子边唱边表演。教唱之后，教师可围绕歌曲内容提问，如"你喜欢小蜜蜂吗？为什么？""蜜蜂在什么季节做工？""蜜蜂喜欢做工吗？"等。

7. 小鸭子

小鸭子

1=E 2/4   潘振声 词曲

中速、稍快

5 5   3 3 | 5 5   3 3 | 2 3   2 | 1. | 1 | 6 6   4 4 |
我们 村里 养了 一群 小 鸭 子，   我 天天 早晨
我们 村里 养了 一群 小 鸭 子，   我 放学 回来

6 6   4 4 | 3 5   3 | 2   — | 1 1   1 | 1 1   6. 1 |
赶着 它们 到池 塘 里。   小鸭 子 向着 我
赶着 它们 到棚 里 去。   小鸭 子 向着 我

4 4 4̲ 5	6 —	7̲ 7̲ 6	5̲ 5̲ 4	3̲ 2̲ 3̲ 4̲

嘎 嘎 嘎 地 叫，　　再 见 吧，　小 鸭 子，　我 要 上 学

嘎 嘎 嘎 地 叫，　　睡 觉 吧，　小 鸭 子，　太 阳 下 山

5 —	7̲ 7̲ 6	5̲ 5̲ 4	3̲ 3̲ 2̲ 2̲	1 — ‖

了。　　再 见 吧，　小 鸭 子，　我 要 上 学 了。

了。　　睡 觉 吧，　小 鸭 子，　太 阳 下 山 了。

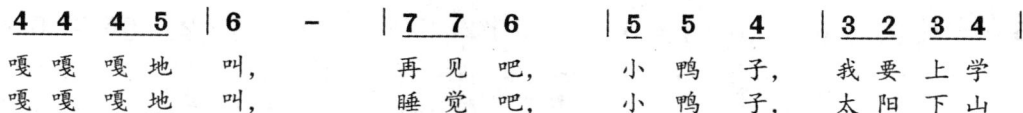

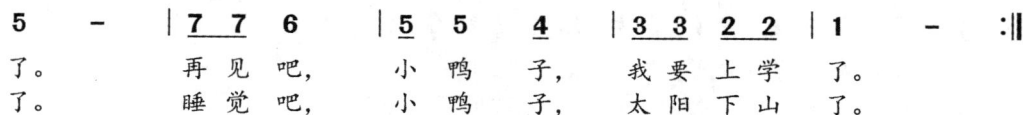

歌曲教学参考：

《小鸭子》是一首脍炙人口的儿童歌曲，歌曲展现的内容富有浓厚的生活气息，贴近孩子的日常生活，易于被小学低年级的学生所接受。歌词由叙述体与对话体共同构成，以拟人的手法描述了主人公小朋友与小鸭子之间朋友式的友好交谈。歌曲的旋律欢快而优美，节奏与歌词的语气、重音结合紧密，唱起来流畅上口。通过这首歌的学习，可教育学生养成良好的学习和生活习惯，还可引导学生树立保护自然、爱护动物的意识。

为帮助学生更好地理解和表现音乐，教师可在课前搜集有关小鸭子生活的图片、录像，让学生通过观察模仿小鸭子的神态和动作，引导学生积极地表现自己对歌曲不同情境的感受，并从中享受到音乐的乐趣。这首歌曲的情节性很强，适合作为语言训练的素材，因此，教师还可引导学生围绕这首歌曲编讲故事。

8. 采蘑菇的小姑娘

采蘑菇的小姑娘

晓　光 词
谷建芬 曲

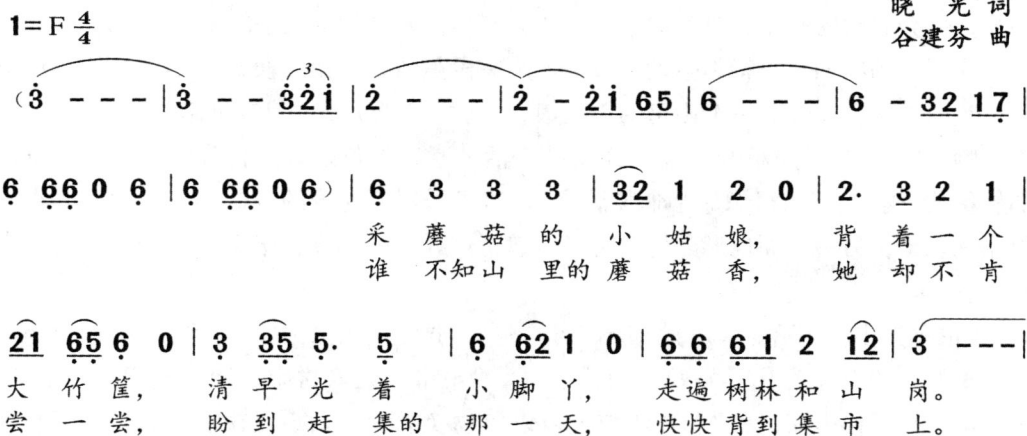

1=F 4/4

(3 — — —	3 — — 3̲2̲1	2 — — —	2 — 2̲1̲ 6̲5̲	6 — — —	6 — 3̲2̲ 1̲7̲

6̲ 6̲6̲0 6̲	6̲ 6̲6̲0 6̲)	6̲ 3 3 3	3̲2̲ 1 2 0	2· 3̲2̲ 1

采 蘑 菇 的 小 姑 娘，　背 着 一 个

谁 不 知 山 里 的 蘑 菇 香，　她 却 不 肯

2̲1̲ 6̲5̲ 6̲ 0	3̲ 3̲5̲ 5̲· 5̲	6̲ 6̲2̲ 1̲ 0	6̲6̲ 6̲1̲ 2 1̲2̲	3 — — —

大 竹 筐，　清 早 光 着 小 脚 丫，　走 遍 树 林 和 山 岗。

尝 一 尝，　盼 到 赶 集 的 那 一 天，　快 快 背 到 集 市 上。

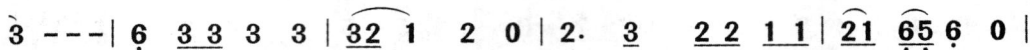

```
3 - - - | 6̣ 3̂3̂3̂ 3̂ | 3̂2̂ 1 2 0 | 2· 3 2̂2̂1̂1̂ | 2̂1̂ 6̣5̣ 6̣ 0 |
```
她 采 的 蘑 菇 最　　多，多 得　　像 那 星 星 数 不 清，
换 上 一 把 小　　镰 刀，再　　换 上 几 块 棒 棒 糖，

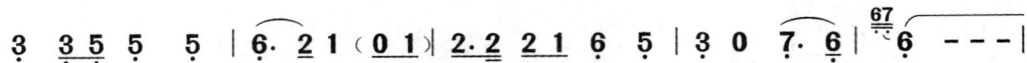

```
3̣ 3̂5̣5̣ 5̣ | 6̣· 2̂1̂ (0 1̣) | 2̂2̂ 2̂2̂1̂ 6̣ 5̣ | 3 0 7̣· 6̣ | 6̣7̣ 6̣ - - - |
```
她 采 的 蘑 菇 最　　大，　　大 得 像 那 小 伞 装　　满　　筐。
和 那 小 伙 伴 一　　起，　　把 劳 动 的 幸 福 来　　分　　享。

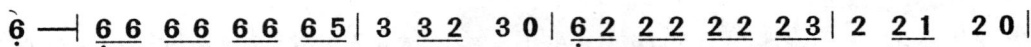

```
6̣ - | 6̣6̣ 6̣6̣ 6̣6̣ 6̣5̣ | 3̂ 3̂2̂ 3 0 | 6̣2̂ 2̂2̂ 2̂2̂ 2̂3̂ | 2̂ 2̂1̂ 2 0 |
```
赛 罗 罗 罗 罗 罗 哩 赛 罗 哩 赛，　　赛 罗 罗 罗 罗 哩 赛 罗 哩 赛，

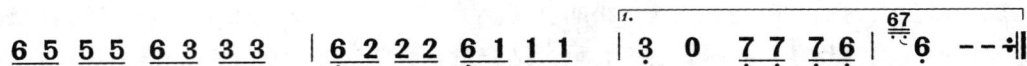

```
6̣5̣ 5̣5̣ 6̣3̂ 3̂3̂ | 6̣2̂ 2̂2̂ 6̣1̂ 1̂1̂ | 3 0 7̣· 7̣6̣ | 6̣7̣ 6̣ - - -‖
```
〔1.〕
赛 罗 罗 哩，赛 罗 罗 哩，　赛 罗 罗 哩，赛 罗 罗 哩，　赛　　罗 哩 罗 哩　赛！

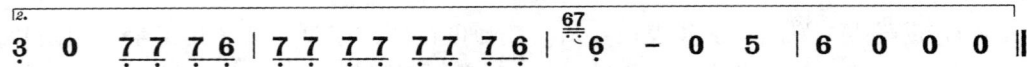

```
〔2.〕
3 0 7̣· 7̣6̣ | 7̣7̣ 7̣7̣ 7̣· 7̣6̣ | 6̣7̣ 6̣ - 0 5̣ | 6̣ 0 0 0 ‖
```
赛　　罗 哩 罗 哩　罗 哩 罗 哩 罗 哩 罗 哩　赛！　　罗　赛！

歌曲教学参考：

《采蘑菇的小姑娘》是一首优秀的少儿歌曲，其主题积极健康，以欢快的旋律和朴实清新的歌词赢得了无数孩子的喜爱，多年来经久不衰。通过学习本歌曲，引导学生学习歌曲中的主人公——小姑娘勤劳能干、吃苦耐劳、善良纯朴、关爱他人的优秀品德，体会劳动的快乐、收获的喜悦，体会与同伴分享劳动成果的幸福心情。

这首歌的歌词写得特别生动、传神。第一段是叙事，第二段是对小姑娘的心理描写。歌曲中的主人公是一个山里的小姑娘，"清早"说明小姑娘有早起的好习惯，"光着小脚丫"、"走遍树林和山岗"说明她生活朴素、吃苦耐劳。收获的蘑菇"多得像那星星数不清"、"大得像那小伞装满筐"，这里采用了比喻的方法，一方面说明小姑娘非常能干，另一方面也形象地向听者传递了这样一个信息：辛勤的劳动一定会有丰硕的收获。

"谁不知山里的蘑菇香，她却不肯尝一尝"这是为什么呢？引起听者的好奇心。接下来的"盼"字点出小姑娘急切的心情。"集市"是农村中定期买卖货物的市场，去集市的日子称为"赶集"。在集市上可以以物换物，小姑娘想在赶集的时候用蘑菇换一把小镰刀，再换上几块棒棒糖，但这些糖她不是只想着自己一个人吃，而是要和小伙伴一起来分享，这说明小姑娘心中有他人。活泼的歌词将采蘑菇的小姑娘欢快、兴奋的心情传递给听者，也将小姑娘身上的中华民族传统美德充分展示出来，值得被一代又一代的孩子传唱。

这首歌曲的情节性很强，而且蕴含了丰富的道理，适合作为语言训练的素材，因此，教师还可引导学生围绕这首歌曲编讲故事。

9. 每当我走过老师窗前

每当我走过老师窗前

金　哲　词
董希哲　曲

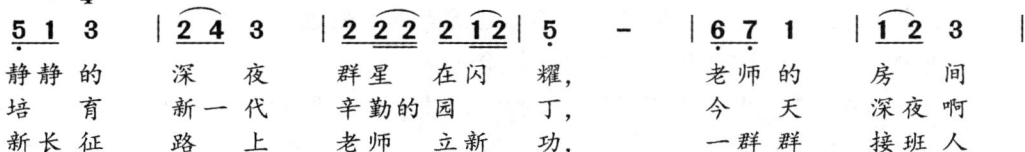

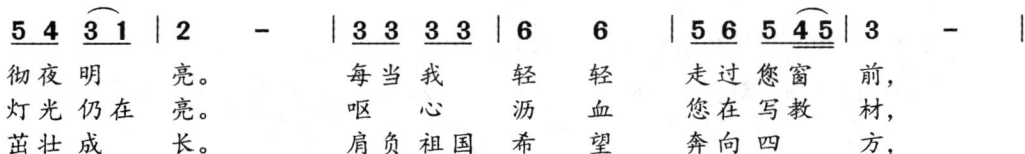

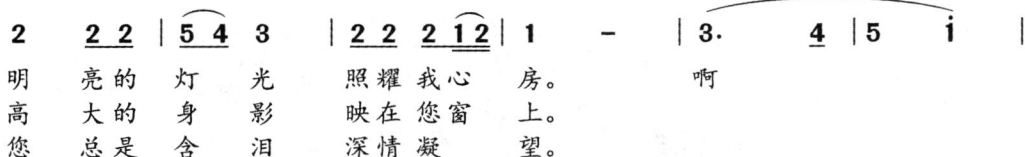

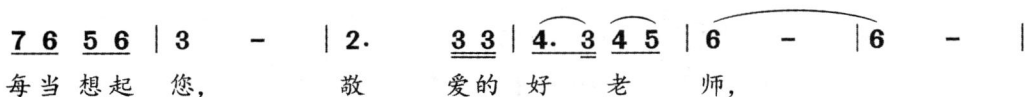

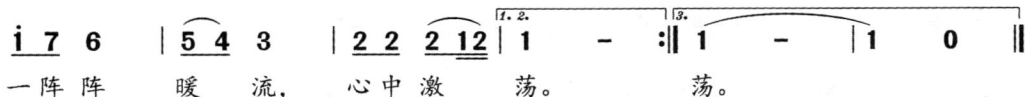

歌曲教学参考：

《每当我走过老师窗前》是一首家喻户晓的赞美老师的儿童歌曲，歌曲旋律深情优美，歌词真挚感人，形象地展现了老师认真负责、关爱学生、呕心沥血、无私奉献的高贵品格以及教师工作的崇高，激发学生对老师的尊敬与爱戴之情。这首歌曲适合小学三、四年级阶段的学生练唱。

这首歌的歌词饱含深情，从学生的角度展开描写，叙事与抒情相结合，先以学生的口吻叙述老师辛勤工作的感人场面以及老师对学生的殷切希望，然后抒发自己对老师的感激、敬爱之情。歌中的老师为了将学生培养成为国家的有用之才，一心扑在教学上，呕心沥血、夜以继日、孜孜不倦。一批又一批的学生茁壮成长，成为社会栋梁之材，老师含泪凝望相送，满腹深情无以言表。这样的老师如何不让人敬佩？教师可通过歌词分析，引导学生体会歌曲所表达的强烈的思想感情，激发他们的尊师、爱师意识。

讲解歌词时，有几处需要注意的地方。第二段的"园丁"喻指老师，因为人们常常将孩子比喻成祖国的花朵，因此将培养孩子的老师比喻成培育花朵的园丁。"新长征"喻指中国的社会主义建设，以此说明社会主义建设跟当年红军二万五千里长征一样，虽历经千辛万苦，但终将获得胜利。教师在教学时可根据学生的理解能力决定是否教学第三段，也可以将"新长征"改为适合学生所在国情况的其他词，如"新时代"、"新世纪"等。

在教唱这首歌曲时，为引起学生情感上的共鸣，可启发、引导学生思考并谈谈自己最喜欢的一位老师、对自己影响最大的老师，或者说说老师为自己做过的令自己最难忘的一件事。

10. 娃哈哈

歌曲教学参考：

《娃哈哈》是一首具有浓郁民族特色的、节奏欢快的新疆民歌。该曲具有新疆舞曲的特点，通过学习这首歌曲，可让学生知道维吾尔族是中国能歌善舞的少数民族之一，初步感受新疆歌曲的基本风格和特点，能用欢乐、热情的情绪演唱歌曲，学会跳简单的新疆舞动作。这首歌适合幼儿园大班或小学一年级的学生练唱。

　　这首歌用幼儿能理解的、朗朗上口的歌词以及明快活泼、优美动听的旋律，描绘了祖国像花园般美丽、小朋友在祖国妈妈的怀抱里幸福成长的美好画面，教育学生热爱自己的祖国。

　　在教学时，教师可配合欢快的舞蹈节奏教学生们摇头、转手腕、垫步、拍手等新疆舞的一些基本动作，使他们不仅能有感情地演唱歌曲，而且还能用肢体语言来表达他们内心的感受，这样可使学生情绪欢快，学习积极性高涨，同时也容易使学生产生情感上的共鸣。

　　11. 小草

歌曲教学参考：

　　《小草》讴歌的是老师，她们人物普通，工作平凡，但心灵美好。这首歌曲适合初中阶段的学生练唱。

　　《小草》为二段体结构，歌曲旋律委婉抒情，歌词质朴无华，形象通俗，抒发了对小草的热爱与歌颂。在教唱这首歌曲时，教师要引导学生明白"小草"的寓意，明白歌词所蕴含的内在含义：即使在平凡的工作岗位，即使像小草一样微不足道，也要为社会默默贡献自己的力量，回报哺育自己的社会，体现自己的人生价值。

　　12. 妈妈的吻

妈妈的吻

傅　林 词
谷建芬 曲

1=F 3/4 4/4

（谱例：简谱，含歌词）

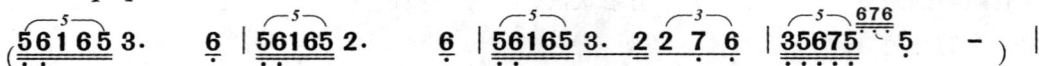

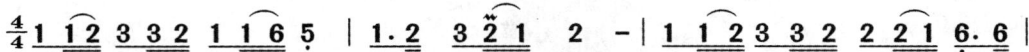

在那遥远的小山村，小呀小山村，我那亲爱的妈妈已
遥望家乡的小山村，小呀小山村，我那亲爱的小燕子可

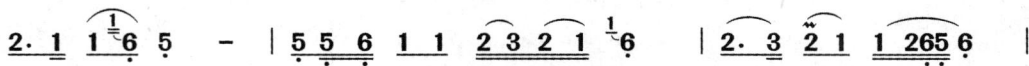

白发鬓鬓，过去的时光难忘怀，难忘怀，
回了家门，女儿有个小小心愿，小小心愿，

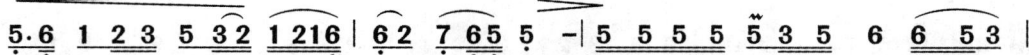

妈妈曾给我多少吻，多少吻。吻干我那脸上的泪花，
再给妈妈一个吻，一个吻。吻干她那思儿的泪珠，

温暖我那幼小的心，妈妈的吻甜蜜的吻，
安抚她那孤独的心，女儿的吻纯洁的吻，

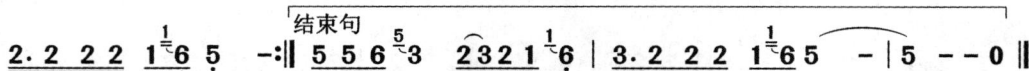

（结束句）

叫我思念到如今。女儿的吻，纯洁的吻，愿她晚年得欢欣。
愿她晚年得欢欣。

　　歌曲教学参考：

　　《妈妈的吻》是一首脍炙人口的歌曲，这首歌曲表现了母亲对儿女无私的爱，更唱出了儿女对母亲满怀感激的深挚情感。歌曲旋律优美深情，叙事性的歌词讲述了妈妈与孩子之间纯洁、浓厚的骨肉亲情。练唱这首歌曲，有利于学生了解母亲的伟大，懂得母亲为自己所付出的汗水，懂得向妈妈表达自己的感激之情。

　　这首歌适合小学高年级阶段的学生练唱。在教唱这首歌曲时，教师可组织学生通过讲述发生在自己身上的、体现妈妈无私的爱的感人故事，来激发学生情感的共鸣。也可以让学生根据自己对妈妈的了解，说一说自己的妈妈，如妈妈的年龄、妈妈最喜欢吃的东西、妈妈最喜欢做的事情、妈妈最大的心愿等。

　　13．世上只有妈妈好

世上只有妈妈好

影片《妈妈再爱我一次》主题歌

蔡振田　词
林国雄　曲

1=C 4/4

```
6.  5 3 5 | 1 6 5 6  -  | 3  5 6 5 3 | 1 6 5 3 2  -  |
世  上只有   妈 妈 好,      有 妈的孩 子   像 块 宝,
世  上只有   妈 妈 好,      没 妈的孩 子   像 根 草,

2.  3 5 5 6 | 3  2  1  - | 5.  3 2 1 6 1 | 5  - - 0 ‖
投  进妈妈的  怀   抱,      幸 福享 不 了。
离  开妈妈的  怀   抱,      幸 福哪 里 找?
```

歌曲教学参考：

　　《世上只有妈妈好》这首歌曲旋律简单，歌词浅显，将母爱的重要表现得淋漓尽致，一直被世人传唱。歌词每句句尾都押韵（押 ao 韵），唱起来特别上口。这首歌适合小学低年级阶段的学生练唱。

　　在教唱这首歌时，教师可适当分析一下歌词，歌词用两个形象的比喻就将有无母爱对一个孩子的重要性表达出来，一个是"宝"，一个是"草"，十分贴切、传神。这里，教师应适当解释一下为什么将没妈的孩子比作"草"，因为"草"一般都是自生自灭、无人种养的。另外，"投"字用得特别好，将孩子见到母亲那种喜悦、急切的心情充分展现出来。

　　演唱时，提醒学生一边想着妈妈亲切的笑容和温暖的怀抱，一边唱，这样才能充满感情。

14. 找朋友

找朋友

佚 名 词
林 绿 曲

1=D 4/4

```
1   1   1   2 | 3   5   5   - | 5   6   5   3 | 2   3   2   - |
找   找   找       找   朋   友       找   到   一   个   好   朋   友。

3   1   1   - | 5   3   2   - | 1   2   3   5 | 2   3   1   - ‖
敬   个   礼       握   握   手       我   是   你   的   好   朋   友。
```

歌曲教学参考：

《找朋友》是一首游戏歌曲，歌曲的旋律很简单，歌词也浅显易懂，贴近孩子的生活，适合幼儿园阶段的学生练唱。

教师可用边唱边做游戏的形式进行教学，引导学生边唱边按歌词做敬礼、握手、拥抱的动作。教师可先示范一次动作，让学生模仿，再请一名学生与教师共同表演，教师扮演邀请者，学生扮演被邀请者，强调在演唱"我是你的好朋友"那一句时面对面站好并拥抱。然后再组织全班的学生一起做游戏，每唱一遍就交换一次朋友。

通过这首歌曲的学习，让学生明白如何跟别人交朋友，掌握交往时的基本礼仪。

15. 丢手绢

丢手绢

鲍 侃 词
关鹤岩 曲

1=♭B 2/4

```
5.   3 | 5.   3 | 5   3   2   3 | 5   - | 5   5   3 | 6   5 |
丢       丢       丢   手   绢       悄悄   地   放   在

3   5   3   2 | 1   2 | 3   5 | 3   2   1   2 | 3   - |
小   朋   友   的   后   面   大   家   不   要   告   诉   他

6   5   6   5 | 2   3   5 | 6   5   6   5 | 2   3 | 1   - ‖
快点   快点   捉   住   他   快点   快点   捉   住   他！
```

歌曲教学参考：

《丢手绢》是一首游戏歌曲，歌曲旋律活泼、有趣，歌词内容生动形象、充满童趣，适合幼儿园与小学低年级阶段的学生练唱。

教师在教唱的基础上，可以教学生玩"丢手绢"的游戏。教师让学生们围坐成一圈，自己先扮演丢手绢的人，并带着学生一起清唱歌曲。唱第一句"丢，丢，丢手绢"时，教师在学生身后围着圈走，边走边甩动手中的手绢；唱第二句"悄悄地放在小朋友的后面"时，教师将手绢悄悄放在一个学生的身后，这个学生发现后，应该马上起来去捉教师，如果捉到了，教师就要表演一个节目，如果没捉到，这个学生就要表演一个节目，然后做丢手绢的人。

示范一遍后，请学生轮流扮演丢手绢的人，教师在每次开始玩时带领全体学生清唱歌曲。在欢快的歌声和愉悦的游戏过程中，学生既学会了歌曲，又训练了观察和快速反应能力，可谓是一举两得。

16. 让我们荡起双桨

让我们荡起双桨

乔　羽　词
刘　炽　曲

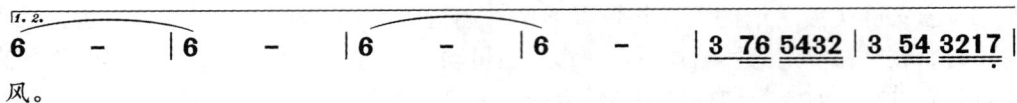

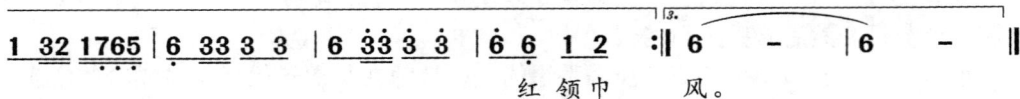

歌曲教学参考：

《让我们荡起双桨》是一首优美、抒情的童声合唱歌曲。这首歌旋律欢快、活跃，充满朝气，歌词积极健康，朗朗上口，易学易唱，多年来一直受到孩子们的喜爱。

歌曲生动传神地描绘了新中国的少年儿童在洒满阳光的湖面上，划着小船尽情游玩、愉快歌唱的欢乐情景。歌词以形象的拟人、借代等写作手法，刻画了儿童天真烂漫的性格，抒发了他们对幸福生活的赞美和对美好未来的向往之情。听到这首歌的人，都会被它欢快的情绪、阳光的画面所感染。通过学唱这首歌曲，可激发学生热爱生活、热爱学习的感情。

在教唱这首歌曲时，教师注意歌词第二段中的"红领巾"指的是少年儿童。红领巾代表五星红旗的一角，将红领巾作为少先队员的标志，就是要他们学习先辈们为真理而奋斗的精神，为建设现代化强国勇敢前进。由于少先队员都要佩戴红领巾，因此人们常常用它来指代少年儿童，这里用的是借代的修辞手法。

17. 铃儿响叮当

铃儿响叮当

（美）彼尔彭特 词曲
邓映易 译配

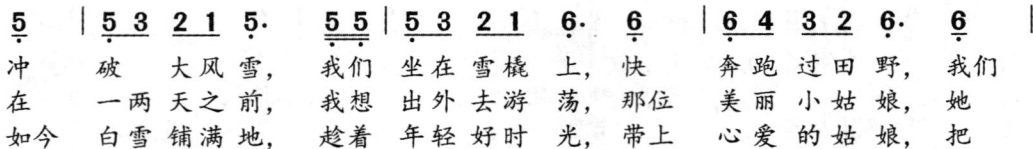

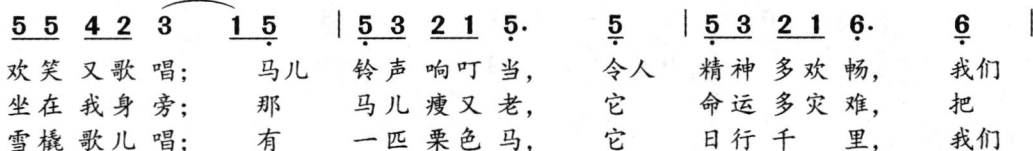

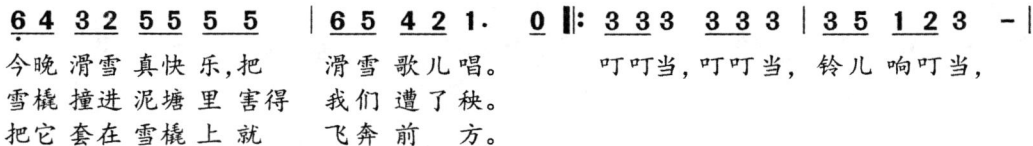

今晚 滑雪 真快乐, 把　滑雪 歌儿 唱。　叮叮当, 叮叮当, 铃儿 响叮当,

雪橇 撞进 泥塘里 害得　我们 遭了 秧。

把它 套在 雪橇上 就　飞奔 前　方。

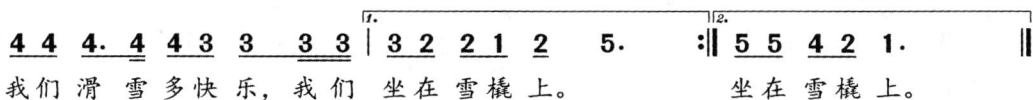

我们 滑 雪 多快乐, 我们 坐在 雪橇上。　坐在 雪橇上。

歌曲教学参考：

《铃儿响叮当》是一首曲调流畅、情绪欢快的美国歌曲。歌曲生动地描绘了一群年轻人冒着大风雪、坐在马拉的雪橇上欢歌笑语的快乐场景，表现了少年们热情、奔放的性格，抒发了对美好生活的热爱之情。这首歌适合小学高年级或初中阶段的学生练唱。

通过学习这首歌曲，让学生体会这首歌曲欢快的情感：人们在雪橇上急速奔驶时的愉悦心情和在圣诞节中尽情狂欢的幸福感，同时让学生感受歌曲中所体现出来的同伴间珍贵的友谊。此外，歌曲中还渗透着对大自然的赞美与歌颂。

由于这首歌是一首圣诞歌曲，其旋律广为人们熟悉，这为教师教学提供了良好的基础，教唱这首歌时，教师只需将注意力放在中文歌词的分析上即可。

18. 小螺号

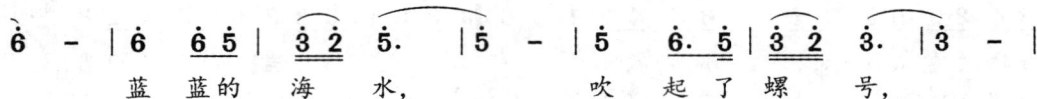

蓝蓝的 海水， 吹 起 了 螺 号，

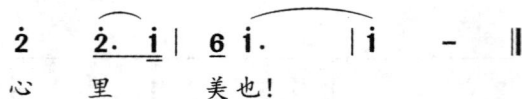

心 里 美也！

歌曲教学参考：

《小螺号》这首歌曲旋律生动、跳跃、明快，歌词描写生活在海边的小朋友吹起螺号满怀喜悦等待父亲捕鱼归来的生活场景，表现了孩子热爱生活、对美好生活充满希望以及父子情深的积极情感，音乐形象鲜明，深受孩子们的喜爱。

教学时，教师要引导学生了解螺号。海螺是生活在海里的一种海洋生物，个头一般比较大，可以做成号角或工艺品。螺号是用较大的海螺做成的号角，生活在海边的人常用吹螺号的方式传递信息。

在教唱时，教师要指导学生用欢快的声音演唱，声音要略带跳跃感，这样，有利于学生更好地表现歌曲的情感。

19. 可爱的蓝精灵

可爱的蓝精灵

瞿 琮 词
郑秋枫 曲

1=C 2/4
活泼跳跃

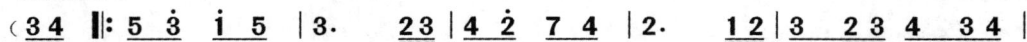

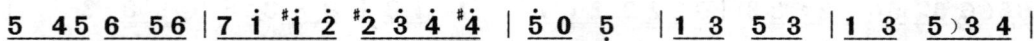

在那

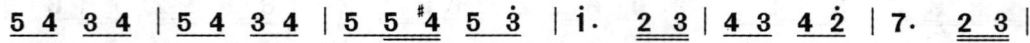

山的那边 海的那边 有一群蓝精 灵，他们 活泼又聪 明，他们

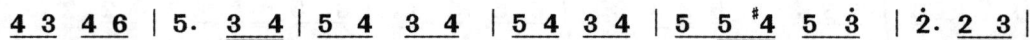

调皮又灵 敏，他们 自由自在 生活在那 绿色的大森 林，他们

善良勇敢 相互都关 心。 哦， 可 爱 的 蓝 精

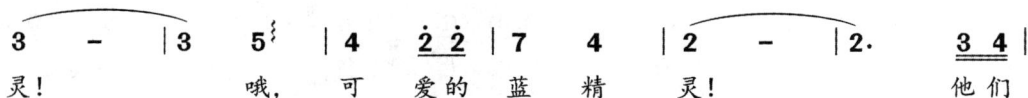

灵！　　　　哦，可　爱的 蓝 精　灵！　　　　他们

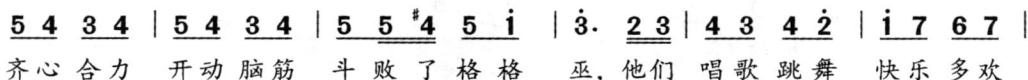

齐心合力 开动脑筋 斗败了格格 巫，他们 唱歌跳舞 快乐多欢

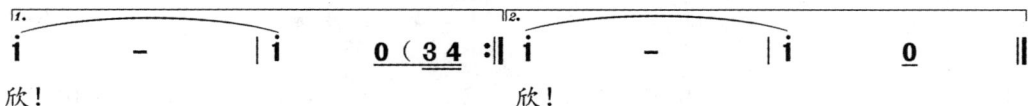

欣！　　　　　　　　　　欣！

歌曲教学参考：

《可爱的蓝精灵》是美国动画片《蓝精灵》（*The Smurfs*）的主题歌，这部动画片描述了一群勤劳善良、充满智慧的蓝精灵友爱互助、共同战胜邪恶巫师格格巫的故事，展现了蓝精灵们高尚的情怀和善良的品质，说明了善良终将战胜邪恶这个道理。

歌曲《可爱的蓝精灵》为二段体结构，第一乐段包括4个乐句（从歌曲开头到"他们善良勇敢相互都关心"这一句），这一乐段节奏紧凑、明快，是对活泼可爱的蓝精灵的描绘，演唱时声音要略带跳跃感；第二乐段前两个乐句节奏舒展、连贯，是对蓝精灵的抒情赞美，演唱时注意要饱含对蓝精灵的喜爱欣赏之情，后两个乐句重复了第一乐段的音乐形象。这首歌适合小学高年级阶段的学生练唱。

这首歌也是一首脍炙人口的歌曲，其旋律广为人们熟悉，教师可启发学生在学会歌曲后自己用动作、表情表达歌曲所传达的情绪。

20．猴哥

猴　哥

动画片《西游记》主题曲

晓　青　记谱

猴哥

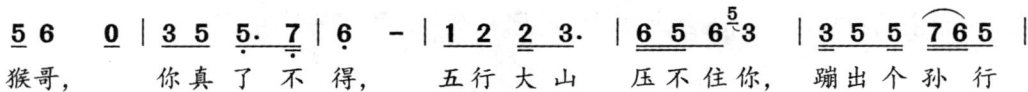

猴哥，　你真了不得，　五行大山 压不住你，蹦出个孙行

3 － ｜ i 6 ｜ 5̲6̲ 0 ｜ 3̲5̲ 5̲.7̲ ｜ 6̣ － ｜ 3̲5̲5̲5̲3̲ 5̲6̲ 0 ｜
者。　　猴 哥 猴 哥，　你 真 太 难 得，　紧 箍 咒 再 念

6̲5̲3̲3 ｜ 3̲5̲5̲ 7̲6̲5̲ ｜ 6 － ｜ 6 － ｜ 2̲2̲ 6̲1̲ ｜ 2̲.3̲2̲ ｜
没 能 改 变　老 孙 的 本　　色。　　　　拔 一 根 毫 毛

2̲2̲3̲2̲6̲1̲ ｜ 3 － ｜ 2̲2̲ 6̲1̲ ｜ 2̲.3̲2̲ ｜ 2̲1̲5̲.6̣̲ ｜ 6̣ － ｜
吹 出 猴 万 个，　眨 一 眨 眼 皮　能 把 鬼 识 破，

6̣ 5 ｜ 0̲3̲2̲ ｜ 6̲6̲ 6̲5̲3̲ ｜ 3 － ｜ 6̲.5̲6̲ ｜ 3 5 ｜
翻 个　跟 头 十 万 八 千 里，　抖 一 抖 威 风

5̲5̲3̲5̲6̲7̲ ｜ 6 － ｜ 6̲1̲6̲5̲ 3̲2̲3̲ ｜ 6̲1̲6̲5̲ 3̲3̲2̲ ｜ 2̲2̲3̲ 6̲1̲ ｜
山 崩 地 也 裂。　哪 里 有 难 都 想 你，　哪 里 有 难 都 有 哥，　身 经 百 战

2̲.3̲2̲ ｜ 2̲3̲5̲3̲ 7̲6̲5̲ ｜ 5 － ｜ 6̲1̲6̲5̲ 3̲2̲3̲ ｜ 6̲1̲6̲5̲ 3̲3̲2̲ ｜
打 头 阵，惩 恶 扬 善 心 如　佛。　你 的 美 名 万 人 传，　你 的 故 事 千 家 说，

2̲2̲3̲ 2̲1̲6̲ ｜ 3̲2̲3̲ 5 ｜ 6̲ i 3̲2̲1̲ ｜ i － ｜ i － ‖
金 箍 棒 啊 永 闪 烁，扫 清 天 下　浊。

歌曲教学参考：

《猴哥》是动画片《西游记》的片尾曲，这首歌曲一经播出就赢得了广大小朋友们的喜爱。《西游记》中的孙悟空本来就是一个本领高超、降妖除魔、疾恶如仇、心直口快、性格豪爽的深受孩子们欢迎的英雄人物。而《猴哥》这首歌曲用充满豪气的旋律、准确到位的歌词将孙悟空的英雄形象描绘得生动活泼、栩栩如生。这首歌适合小学高年级阶段的学生练唱。

在教唱这首歌曲时，教师注意重点分析一下后半段的歌词，后半段的歌词书面化色彩较强，出现了较多的书面表达方式，如"山崩地裂"、"身经百战"、"惩恶扬善"、"扫清天下浊"等，教师对这些表达方式应适当进行讲解。由于歌曲中含有较多关于孙悟空的典故，因此适合让对《西游记》有一定了解的学生练唱。

21. 童年的小摇车

童年的小摇车

歌曲教学参考：

《童年的小摇车》旋律深情优美，歌词叙述与抒情相结合，意味深长，唱起来让人回味无穷。这首歌适合初中阶段的学生练唱。

每个人都有童年，童年总有属于自己的模糊却令人难以忘怀的回忆。歌中的小摇车，就寄托着主人公对美好童年时光的真挚感情。用"小摇车"这样一个最平常、最普通的旧物来寄托自己的情思，小小摇车象征的是妈妈双手抚慰过的童年时光，是母爱滋润了的童年岁月。睹物思情，追忆童年，实际上是在间接歌颂母爱的伟大，正是温暖的母爱造就了童年的美丽回忆。

在教唱这首歌曲时，教师可引导学生说说自己的童年，说说自己对童年最深刻的记忆是什么。

22. 刷牙歌

刷牙歌

许常德 词
郭 子 曲

1=♭B 4/4

‖: 0 5 5 5 0 5. | 0 6 6 6 0 6. | 0 7 7 7 0 7. | 0 i i i 0 i :‖
哇……　　哇……　　哇……　　哇……

0 i i i 0 i 5̣ ‖: 1 0 0 5̣ 1 0 0 5̣ | 1 1 1 1 0 5̣ :‖ 1 1 1 1 0 1
哇……　　我 刷 我 刷 我 刷 刷 刷，　我 刷 刷 刷，　我

3 3 2 1 1 0 1 | 5 5 4 3 3 0 2 | 4 4 3 2 2 0 2 | 7 7 6 5 5 0 1
上上下下，　我 前前后后，　我 仔仔细细，　我 轻轻柔柔，　我

3 3 2 1 5 5 4 3 | 6 6 5 4 7 7 6 5 | 0 5 5 5 4 | 0 5 6 5 1 X X
快快乐乐，睡前起床，三餐饭后，刷牙漱口，　因为牙齿，是我的好朋友，

0 5 6 5 i i i i | i - 0 0 | 1 6 5 6 5 6 i | i 0 0 0
是我的好朋　友。　　好吃 的东西真多，

6 6 6 5 6 6 6 5 | 3 - - - | 4 4 4 4 3 | 4 5 4 4 -
稀里哗啦通通塞入 口，　最怕是满嘴 的蛀 虫，

5 5 5 5 5 1 | 5 6 5 5 - | 3. 2 3 3 5 | 5 - 0 0
什么好糖哎 都 咬 不动。　嘿……

6 6 6 5 6 5 4 | i i 2̇ i i 5 | 4. 3 4 3 2 | 2 - 0 0
你的牙齿有 一个大窟窿，　嘿 嘿……

0 4 3 1 2 | 0 4 3 1 2 1 | 1 - 0 0 0 | 0 0 0 3 |

牙 医 永 远　　和 我 不 同 国,("弟弟妹妹,我们来刷牙。")(齐)我

‖: 5 0 3 5 0 3 | 5 5 5 5 0 | 4 4 4 4 X X | X X X X 0 3 :‖

刷　我刷　我刷刷刷,　　牙膏轻轻给他　挤一下,　　我

[2.]
0 4 4 3 4 5 | 0 6 5 6 2 i | i - - - | 0 0 0 0 :‖ 0 0 0 0 3 |

我 不 要 大 家　叫我 大黄牙。("你是大黄牙,我不是大黄牙。")　　　我

‖: 5 0 3 5 0 3 | 5 6 5 5 0 3 :‖… | 5 5 6 6 7 7 i i | i 2 i i - ‖

刷　我刷　我刷刷我刷刷刷　　哇·········

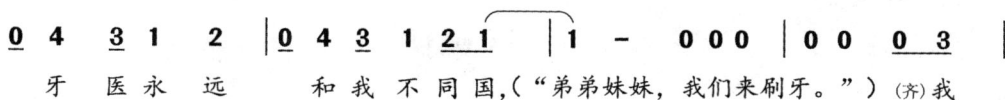

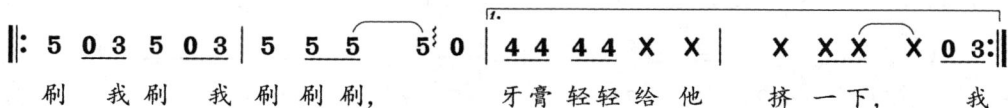

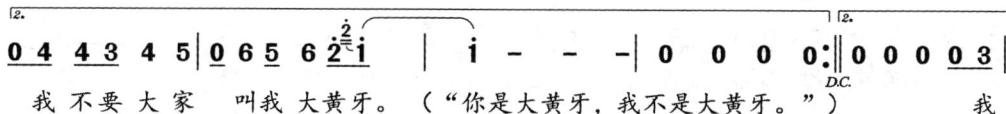

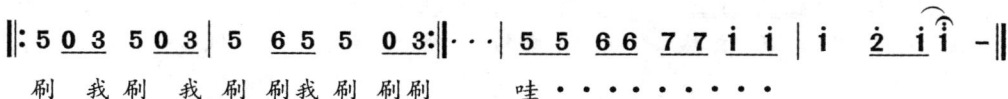

歌曲教学参考:

《刷牙歌》是一首以护牙教育为题材的幼儿歌曲,通过这首歌的学习,可以帮助儿童了解牙齿保健的一些常识,引导儿童学习刷牙的正确方法,养成勤刷牙的良好个人卫生习惯。这首歌适合幼儿园阶段的学生练唱。

由于刷牙极其生活化,是学生熟悉的话题,因此,可以引导学生进行讨论,如教师可以向学生提以下问题:"我们为什么要刷牙?你每天刷几次牙?什么时候刷?每次时间大概有多长?怎样刷?"教师还可以带领孩子一边唱一边根据歌曲的内容律动,把日常生活中的肢体动作融入舞蹈中,激发学生的学习兴趣。

23. 明天会更好

明天会更好

1=B 4/4

罗大佑 词曲

（3 4|5 - - 5 3 2|1 - - 1 3 4|5 - 5 i 5 3 4|4 - - 4 3 4|

5 - 5 i i̇.7̲|6 - - 6 3 4|5 - 5 4 3 2 1|1 - - 1）3 4|

轻轻

5 5 5 5 5 6 5 4 0 3 4|5 5 3 2 1 2 0 3 2|
敲醒 沉睡的心灵，　　慢慢张开你的眼睛，　　看看

1 1 1 1 i i 7 i 7 5 0|6 5 4 4 4 5 6 5 - |i i 6 3 5 6 5.|
忙碌的世界是否依然　孤独地转　个不停。　春风不解风　情，

6 6 5 1 2 3. 2|1. 1 1 2 3 3 2 2|2̇ 2̇ 7 6 6 5.|
吹动少年的心，让　昨日脸上的泪痕　随 记忆风干 了。

0 0 3 4 ‖ 5 5 5 5 5 6 5 4 0 3 4|5 5 3 2 1 2 0 3 2|
抬头 寻找天空的翅膀，候鸟 出现它的影迹，带来
敲醒 沉睡的心灵，　慢慢张开你的眼睛，看看

1 1 1 i i 7 7 i i 7 5|6 5 4 4 4 5 6 5 - |i i 6 3 5 6 5.|
远处的饥荒无情的战火依然存在　的消息。玉山白雪飘 零，
忙碌的世界是　否依然孤独地转　个不停。日出唤醒清晨，

6 6 5 1 2 3. 2|1. 1 1 2 3 3 2 6|5. 3 2 5 3 2 1 - |
燃烧少年的心，使 真情融化成音符，倾　诉遥远的祝　福。
大地光彩重生，让 和风指出的音响，谱　成生命的乐　章。

（1 5 6 i 7 i 5 7 ）|6 6 6 7 i 6 7 7 7 i 2̇ 7|i 7 6 5 5 5 1 2 3 - |
唱出你的热情,伸出你的双手，让我拥抱　着你的梦，
唱出你的热情,伸出你的双手，让我拥抱　着你的梦，

趣味活动四：歌词创编比赛

1. 在学过一些中文歌曲之后，可以开展歌词创编比赛。

2. 根据学生的语言水平决定是现场比赛还是让学生在课外准备好比赛内容。

3. 请学生任意选择一首学过的中文歌曲，改编其中的歌词。歌词内容不要求与原歌词完全相关，只要能配合歌曲的旋律节奏即可。

4. 请学生上台表演自己创编的歌，并将歌词在 PPT 或黑板上展示出来。

5. 全班学生一起给最喜欢的创编歌曲投票，选出最受欢迎的创编者。

说明：创编歌词是对学生写作能力的一种锻炼形式，学生需要根据旋律和节拍来选择恰当的音节数和词语，句数也需要匹配，相对而言，难度较高，但对学生来说，有挑战的任务会更有成就感，更能增强他们的自信心。

趣味活动五：大风吹

1. 老师做一些大圈，然后一起抽词卡，给每个学生一张，让他们将文字面朝内贴在自己胸前。

2. 请学生围成圈走，老师发出指令，如："大风吹，吹穿红色衣服的人。"穿红色衣服的人就应该跑到圆圈的中间。

3. 外圈的同学可指定一位穿红色衣服的同学揭开自己胸前的词卡，穿红色衣服的同学要根据胸卡上的词语来唱一句含有这个词语的歌。依此反复。

4. 老师给每位参与的学生计分，听到指令能准确、迅速站到内圈的同学每次得 1 分，准确唱出歌词的每次得 2 分。最后评出得分最高者，奖励小奖品。

说明：用大风吹的游戏形式来增加学生参与演唱的积极性。被风吹到的同学需要唱出词卡中的歌词，考察的是其汉字认读能力及对歌曲的掌握情况。

趣味活动六：点唱机

1. 请一位学生上台做点唱员。

2. 点唱员在黑板上写出一句歌词，然后点唱。

3. 点唱员点到谁，谁就要唱出这句歌词中的一个字，如果一句有 7 个字，那么点唱员就需点 7 人，7 人逐字按顺序唱出这句歌。

4. 最后一个人唱完后，7 人再从头齐唱一次，要求连贯、流畅，像一个人唱出来的一样。

5. 由第一位点唱员选择下一名点唱员。依此反复。

说明：点唱员需要板书歌词，是对其书写能力的一种锻炼。被点唱的同学需要逐字唱出板书歌词，考察的是其汉字认读能力及对歌曲的掌握情况。其余学生在这个过程中，也都得到了汉字认读及歌曲内容巩固方面的训练。

趣味活动七：歌曲竞唱

1. 老师可将全班学生分为两大组，也可以根据实际情况分为更多组。

2. 用 PPT 准备一些学过的歌曲中的歌词。闪现歌词，每句歌词的出现时间设为 2 秒。

3. 请两组学生举手竞唱，最先举手的组获得演唱机会，把闪现的歌词唱出来。如演唱正确，则得红花一枚。

4. 评比，看哪组获得的红花最多。

说明：闪现歌词，考察的是学生汉字快速认读能力及对歌曲的掌握情况。其余学生在这个过程中，也都得到了汉字认读及歌曲内容巩固方面的训练。

趣味活动八：寻找听风者

1. 老师播放音乐旋律，不出现歌词，请全班同学认真聆听。

2. 每 2 秒暂停一次，看有没有同学听出所播放的是哪一句。听出的同学举手回答。

3. 老师登记每次听出的同学所用的时间。

4. 评比用时最短的同学，给予奖励。

说明：这个活动要求学生尽量在最短时间内依据旋律特点找到相应歌词，有利于让学生全神贯注地投入到旋律听辨及歌词搜索的过程中，旨在调动学生参与的积极性，营造良好的听记歌词环境，通过歌词的反复诵唱，加强语言素材的积累。

趣味活动九：对歌

1. 老师将全班学生分成两大组，两组成员自行给小组命名，要求取一个有特别意义的中文组名，开展对歌比赛。

2. 比赛程序是：两组各派组长一名上台抽签，决定由哪组先起头。抽到起头权的组，如甲组的组员任意唱一句歌，由乙组的组员来接下一句，若能接上，则得 1 分，不能接上，则不计分。接下来，角色互换，由乙组的组员起歌，甲组组员接歌。如此循环往复。

3. 如果轮到起歌的组不能顺利起歌，则扣 1 分。

4. 统计两组的得分情况，评出优胜组，颁发奖品。除评集体奖外，还可以评比个人奖，评出起歌次数和对歌次数最多的学生。

说明：在学生学过一些中文歌曲之后，可以开展对歌活动，培养学生课外习唱中文歌的习惯。歌曲演唱对于语言学习有较大的促进作用，学生在课外经常哼唱一些好的中文歌曲，对于培养语言积极情感和语感、提高汉语水平是有积极作用的。

趣味活动十：小小演唱会

1. 老师请全班学生自行组成演唱团，挑选歌曲，组织排练。每个演唱团可以准备两首歌曲。演唱的形式不限，既可以使用伴奏带，也可以自带乐器表演，不但可以选用合唱、独唱、伴唱等多种形式，还可以伴舞。

2. 活动开展前先请各演唱团代表抽签决定出场顺序，安排小司仪，由小司仪根据上报的歌曲准备司仪词并排练。

3. 举行班级演唱会，邀请任课老师或其他班级的学生担任评委，给每个演唱团评分。

4. 每个参赛组合要说说为什么选择这首歌曲，表达了什么内容。

5. 评出最佳演唱组合和最佳表演奖。

说明：这个活动适合安排在班会或第二课堂活动时间举行。整个活动的策划和实施都由学生自主完成，每个角色都有一定的任务，都能在训练和表演的过程中得到语言等方面的综合训练。小司仪主要是语言运用的综合训练，观众们是听力的训练，而给演唱团提供的则是语言与音乐表演的综合锻炼平台。

参考文献

1. 陈鹤琴：《创建中国化科学化的现代幼儿教育》，北京：金城出版社 2002 年版。

2. 陈器之：《中国历代文学精华译注》，长沙：湖南出版社 1995 年版。

3. 成令方：《学寓于戏：汉语教学游戏举例》，载《第二届国际汉语教学讨论会论文选》，北京：北京语言学院出版社 1988 年版。

4. 崔永华、杨寄洲：《汉语课堂教学技巧》，北京：北京语言文化大学出版社 2002 年版。

5. 方守金：《遵循诗歌特性开展诗歌教学——中小学诗歌教学浅说》，《广东教育学院学报》2003 年第 1 期。

6. 耿阿齐：《英语谜语和绕口令集锦》，北京：金盾出版社 2005 年版。

7. 康长运：《想像力与幼儿图画故事书的阅读》，《学前教育研究》2002 年第 3 期。

8. 韩玉昌、杨文兵、隋雷：《图画与中、英文词识别加工的眼动研究》，《心理科学杂志》2003 年第 3 期。

9. 洪心：《谜语，为语文教学增添情趣》，《基础教育研究》2007 年第 9 期。

10. 胡则远：《论大学英语课堂中的英语诗歌教学模式》，《华中师范大学学报》（人文社会科学版）2011 年第 1 期。

11. 黄立：《图片在基础汉语教学中的应用——兼谈基础汉语教材的趣味性问题》，载《北大海外教育》（第一辑），北京：北京大学出版社 1997 年版。

12. 贾益民：《中文》（修订版），广州：暨南大学出版社 2007 年版。

13. 贾益民：《华文教材教法》，广州：暨南大学出版社 2012 年版。

14. 贾益民：《华文教育概论》，广州：暨南大学出版社 2012 年版。

15. 蒋德均：《中学诗歌教学方法探微》，《教育评论》2005 年第 1 期。

16. ［德］卡特琳·默勒著，王乾坤译：《边猜边画》，北京：国际文化出版公司 2005 年版。

17. 李芳芳：《儿歌在小学英语教学中的地位及作用》，《科教信息》2008 年第 17 期。

18. 李泉：《论对外汉语教材的趣味性》，载《中国对外汉语教学学会第七次学术讨论会论文选》，北京：人民教育出版社 2002 年版。

19. 李泉：《对外汉语教材通论》，北京：商务印书馆 2012 年版。

20. 吕必松：《对外汉语教学概论（讲义）》，国家教委对外汉语教师资格审查委员会办公室 1996 年版。

21. 刘德联：《注重教学的趣味性》，载戴桂芙、刘德联编：《对外汉语教学法研究》，北京：北京大学出版社 1996 年版。

22. 刘颂浩：《论阅读教材的趣味性》，《语言教学与研究》2000 年第 3 期。

23. 刘炜：《绕口令在英语教学中的运用》，《山东师范大学外国语学院学报》（基础英语教育）2013 年第 1 期。

24. 刘珣：《对外汉语教育学引论》，北京：北京语言文化大学出版社 2000 年版。

25. 马国彦：《从哲学视角试析汉语作为第二语言的教学——以语言游戏说为例》，《河南大学学报》（社会科学版）2006 年第 2 期。

26. 孟国：《趣味性原则在对外汉语教学中的作用和地位》，《语言教学与研究》2005 年第 6 期。

27. 潘家明：《回归诗性的阅读——兼论中学语文诗歌教学》，《教育与教学研究》2010 年第 3 期。

28. 彭俊：《汉语》（修订版），广州：暨南大学出版社 2007 年版。

29. 彭小川：《如何提高华裔子弟学习华文的兴趣》，《暨南大学华文学院学报》2002 年第 1 期。

30. 彭小川：《试论华文教学的深入浅出问题》，《暨南学报》（人文科学与社会科学版）1998 年第 4 期。

31. 彭小川：《对外汉语语法课语段教学刍议》，《语言文字应用》1999 年第 3 期。

32. 彭小川、许琨：《汉语二语教学中教学手段运用的针对性问题》，《暨南大学华文院学报》2010 年第 1 期。

33. 唐露萍：《儿歌在儿童早期言语发展中的作用浅析》，《咸宁学院学报》2007 年第 5 期。

34. 王振华：《英语绕口令集锦》，开封：河南大学出版社 1991 年版。

35. 吴晓宁：《有趣的绕口令》，北京：金盾出版社 2006 年版。

36. 萧素秋：《对外儿童汉语教学的游戏方法探讨》，载《第六届国际汉语教学讨论会论文选》，北京：北京大学出版社 2000 年版。

37. 薛红霞：《绕口令在俄语实践课中的应用》，《俄语学习》2004 年第 4 期。

38. 闫建华、张平：《英语专业诗歌教学新探》，《外语教学》2004 年第 2 期。

39. 杨和能、韦建群：《用谜语激活课堂》，《中国民族教育》2007 年第 10 期。

40. 杨文惠：《轻松教汉语——汉语课堂教学实用技巧 72 法》，北京：世界图书出版公司 2009 年版。

41. 杨佑文：《维特根斯坦"语言游戏说"与二语习得》，《外语学刊》2011 年第 2 期。

42. 佚名：《促进幼儿语言能力发展的游戏举例》，http：//xbd61. com/articleShow. asp？articleID = 178171。

43. 昝淑华：《试谈小学英语儿歌教学》，《教育实践与研究》2003 年第 5 期。

44. 张玉珍、邹晶：《唱歌学汉语语音》，《吉林广播电视大学学报》2013 年第 3 期。

45. 赵金铭：《论对外汉语教材评估》，《语言教学与研究》1998 年第 3 期。

46. 赵镜中、赖玉连、范姜翠玉：《兴趣源自丰富的"课文"形式——关于图画书与儿童语文的对话》，《人民教育》2007 年第 12 期。

47. 赵贤州、陆有仪：《对外汉语教学通论》，上海：上海外语教育出版社 1996 年版。

48. 周健：《汉语课堂教学技巧与游戏》，北京：北京语言文化大学出版社 1998 年版。

49. 周健：《汉语课堂教学技巧 325 例》，北京：商务印书馆 2009 年版。

50. 周健、彭小川、张军：《汉语教学法研修教程》，北京：人民教育出版社 2004 年版。

51. 周梦瑜：《小学英语"故事教学"的意义和运用》，《教育导刊》2008 年第 3 期。

52. 朱智贤：《儿童心理学》（第四版），北京：人民教育出版社 2003 年版。

后 记

随着"汉语热"不断升温，世界各国对华文教师的需求量日益增加，海外华文教师的缺口越来越大。同时，现代教育水平的发展对现有华文教师队伍的质量提出了更高的要求。顺应海外对华文师资大量需求的形势，2005 年，中国教育部批准暨南大学开办全国首个华文教育专业，旨在面向海外培养高层次、学历化、专业化的华文师资和华文教育教学管理人才。同年 7 月，暨南大学华文学院成立华文教育系。2007 年，时任系主任的曾毅平教授组织全系青年教师合作编写用于海外华文教师短期培训的教材《海外华文教师培训教程》，该教材分上下两册，包括华文基础知识、华文听说教学法、华文阅读教学法、华文写作教学法、教学环节与文案编写、华文趣味教学法、华文现代教育技术、华文微型教学八个专题，其中第六个专题"华文趣味教学法"由本人负责编写完成。2009 年，该教材正式出版。本书正是在"华文趣味教学法"编写的基本理念、体例和材料基础之上，根据作者在多轮教学实践中积累的教学材料和经验重新调整、全面修订、丰富充实而成。在全书整体架构方面，保留了绕口令、儿歌、谜语、故事、诗歌、游戏、图画、唱歌等八个专题，删除了原有的"做手工学华文"专题，增加"绪论"部分，对华文趣味教学法的内涵与设计理念、设计与使用的原则及要求进行了详细论述，形成现在的九章体系。在各章具体内容方面，对每个专题的内容都进行了大幅度的修订，增加了许多有实践参考价值的实用性教学示例，对编选材料均增加了教学说明，方便读者在教学时选用。

本书大部分内容都经过了反复的教学实践检验。2007 年 12 月暨南大学华文学院在马来西亚雪兰莪州加影市董教总教育中心举办"汉语作为第二语言教学师资培训班"，本人主讲"华文趣味教学"一课。暨南大学华文教育专业自 2010 年起开设选修课"华文趣味教学法"，一学期授完，总学时数为 40 学时，至今已开设 8 轮，均由本人主讲，总选课人数约达 400 人，包括来自马来西亚、印度尼西亚、泰国、缅甸、菲律宾、柬埔寨、老挝、文莱、美国、加拿大、马达加斯加等国的学员。另外，相关教学内容及理念还曾在本人主讲的多个短期师资培训班课程中使用，包括来自欧洲、美洲、东南亚等多个地区的学员。在教学过程中，课程教学内容与方法得到学员的积极反馈，许多学员都对所学内容在华文教学中的应用价值给予了高度评价，同时，在引导学员开展实践性训练环节的过程中，本人亦从中受到了不少启发。此外，基于本书中部分理念形成的论文，曾在一些学术会议上发表宣读（如2013年8月在"第三届两岸华文教师论坛"发表的《论游戏在华文课堂教学中的运用原则与方法》、2013年9月在新加坡第三届"华文作为第二语言之教与学"国际研讨会上发表的《论提高华文课堂教学趣味性的原则与方法》），得到与会代表的一些肯定与建议。在此，本人一并表示诚挚的感谢。

本书涉及内容广泛，在编写过程中，参考了国内外大量的华文教学、对外汉语教学、汉语国际教育、中小学语文教学等方面的著作及论文，获益甚多，在此表示衷心感谢。为方便学员使用，配合各章主题，书中精选了一些适合作为华文教学素材使用的绕口令、谜语、故事、诗歌、图片、歌曲等，每条素材之后均配有相应的教学使用指导，以便学员掌握素材选择与使用的方法。使用的相关素材均仅为教学示范中的教学素材，未作其他商业用途，由于素材较多，无法一一联系原作者，如需商议作品使用权问题，请原作者与本人或出版社联系。本书还展示了部分教学示例，主要为作者原创的案例，也有对实录的他人教学示例及改编的教案的点评，在论及相关教学示例时，尽量保持客观、真实，如存在谬误与不当之处，敬请各位读者批评指正。

特别感谢恩师彭小川教授，先生多年来一直坚持一线教学，并常年担任暨南大学华文学院教学评课专家，著有教学研究方面的著作和多篇论文，拥有许多独特、卓著的教学见解，并无私地与青年教师分享，本人有幸常得先生指点，受益匪浅。本书初稿完成后，请先生帮助审订书稿，先生在百忙之中欣然应允，从全书整体设计，到行文表述、素材选用，乃至版式设计，都进行了细致评阅，提出了非常宝贵的建议，深表崇敬与感谢。

感谢暨南大学华文学院为本书出版给予的大力支持。同时，向书稿编校过程中付出辛勤劳动的暨南大学出版社人文社科分社社长杜小陆先生和责任编辑潘江曼、龙梦姣女士致以最诚挚的谢意。

本书为广东省高等学校本科特色专业及重点专业"暨南大学华文教育专业"建设点成果，适用对象主要为华文教育、对外汉语、汉语言、汉语言文学等本科专业学生，以及华文师资及汉语国际教育师资培训班学员。上述专业的学员主要为海外中小学华文教师，为体现针对性，本书在教学活动设计及教学示例选用方面均以中小学生为主要教学对象，但在教学实践过程中，我们将书中的教学方式方法运用于成年学生，也受到广泛欢迎，因此，希望本书也能对以成年人为教学对象、以汉语作为第二语言的华文教学有一定的参考价值与启发意义。

本书主要是基于作者十余年来对教学理论及实践的思考与感悟形成的，囿于个人理论水平、视野及能力，必然存在令人诟病之处，希望同行学者们不吝赐教，本人将在今后的教学研究中，不断磨砺，以求进一步完善。

蔡　丽

2015 年 3 月